岩井和由 著

憲法を学ぶ

[三訂版]

嵯峨野書院

三訂版　はしがき

　この三訂版では，前回の改訂版以降の憲法を巡る重要な動きや新たな視点を踏まえ，限られた紙数ではあるがそれらの問題点を反映する形で刊行させていただいた。

　本書は憲法の基本を学ぶことを目的に書かれているが，さらに一歩進めた問題についての学びもできるように，基本は本文において記述し，新たな論点や問題になる部分を《　》の中や＊を付けた部分や脚注に展開するといった少々欲張った形で記述した。何よりもより充実した学びを期したためである。

　そこで，読者はまず本文を読んでいただき基本的知識を修得し，その上で，＊印や《　》の部分，脚注などを読んで欲しい。その結果基本的な知識に加え，より深い憲法の知識の習得や理解が可能になると考えている。また学習の便宜も考え，判例の索引も新たにつけたので，興味ある判例については判例集にもあたってほしい。

　ここ数年の憲法を巡る動きは引き続き激しく，憲法を無視・軽視する内閣の存在もあり憲法秩序はかなり壊されたのではないかと危惧する。その内容は法を学ぶ者にとって，理解不能な法に対する非道と言ってよいほどである。

　元検事総長も含めた幹部検察官 OB らによる検察庁法改正についての意見書には「ルイ14世の言葉として伝えられる『朕は国家である』という中世の亡霊のような言葉を彷彿とさせるような姿勢」「三権分立の否定」とまで記していた。そのような憲法を学ぶ者にとって，21世紀の現代社会にはあり得ないような実例を私たちは目にしている。

　憲法は国家による人権侵害の失敗の歴史を反省し，同じ過ちを防ぐためのチェックリストであるという。国家権力はとてつもなく強く大きな存在であり，国家により，数多くの人権侵害が行なわれてきた。憲法はそのようなことを防ぐための先人の叡知（えいち）として存在している。主権者たる国民としてこの憲法の意義とその精神を学んで欲しく思う。この本がその一助になれば心よりうれしく思う。

最後にこの三訂版を出すにあたっては，嵯峨野書院の編集担当の中江俊治氏・天野葉子氏にことのほか御尽力いただいた。特に天野氏には原稿の整理・校正その他に大変なお世話をいただいた。ここにお二人に対し，心からの感謝を申し上げる。

　　2020年6月

　　　　　　　　　　　　　　　　　　岩　井　和　由

改訂版　はしがき

　初版を出して3年余になるが，この間憲法をめぐっては様々な事態が生起した。その多くが現憲法の基本的な性格を損なうものであったことは誠に残念であった。安倍内閣は閣議決定という手法で，憲法改正にも匹敵する集団的自衛権を是認し，その後いわゆる安保関連法を成立させた。また初版では案の段階であった特定秘密保護法が成立した。加えて2016年には刑事訴訟法・通信傍受法を改正させ盗聴を容易にできる体制を作り，今年6月には共謀罪法案が参議院の委員会決議を略する形で成立した。これらを総合的に見た場合，平和主義を損なわせ，国家の情報は公開せず，個人のプライバシーは監視する，といった形で個人の尊厳を守る憲法の価値を損なう方向に走っているとしか思えない。

　また現政権の国会の審議や運営方法を見るとき，現政権にとっての国会の議決は，単なる手続きとしてしか考えていないのではないかとさえ思われる。2015年には野党からの憲法53条に基づく臨時国会開催の要求にも応じなかった。このようなことから今憲法の立憲主義は危機に瀕しているといわれる。

　明治憲法時代にその立憲主義的な部分が天皇機関説事件により抹殺された後，わが国が滅亡への道をたどったことを思い起こせば，今立憲主義の危機に際し，立憲主義を守ることの重要性を再認識しなければならない。私も今までにない危機感をもっている。

　私の両親の世代は戦争時代とともにあった。私が生まれたとき平和と自由に何よりの価値があると考え私の名前をつけたという。その両親は2016年12月から2017年1月にそれぞれ卒寿を迎えることができた。再びあの時代のようなことにならぬことを念じて，この改訂版は両親に捧げたいと思う。

　この改訂版を出すにあたっては今回も嵯峨野書院の編集担当の平山妙子氏に一方ならぬお世話になった。ここに心からお礼を申し上げる。

　　2017年6月

岩　井　和　由

初版　はしがき

　この本は，初めて憲法を学ぶ学生・社会人を対象とし，なるべくわかりやすく憲法の全体像と基本的な考え方を学ぶことを目的にしている。その上で深く学ぶ契機となる点についても本文外に示してみた。さらに最近の憲法を巡る動きや考えなども憲法の根幹にかかるものについてはできる限り取り上げてみた。その意味で憲法を一度学んだ方の復習にも使えると考えている。

　最近，憲法を巡る動きがかなりあわただしい。政権担当者からは立憲主義の否定まで出る始末である。世界史的に数百年かけて築いてきた考えを真剣に考えた上での発言なのか，その言葉の軽さに驚きと不信を隠せない。

　私は憲法の基本は各個人の尊厳をいかに確保し保障していくかにあると考えている。決して国家のための国民ではなく，国民のためにこそ国家があると考えるのが本来のあるべき姿である。そのために国家は国民によりその行動を制限され，あるいは行動を義務づけられている。その根拠となる規範が憲法に他ならない。このことを私は主権者たる国民がもっと理解して欲しいと考えている。何よりも国民主権国家における国家の主人公は国民なのであり，国の最終的意思決定は国民にあるからである。

　私が個人の人権確保（尊厳の確保）を第1に考える考え方は恩師竹内正先生の影響による。先生は滝川幸辰先生のほぼ最後の弟子で，滝川先生の考えを強く受け継いでおられた。いうまでもなく滝川先生も竹内先生も刑法の研究者であり憲法の研究者ではない。しかし刑法はその基本的考えである罪刑法定主義にみるように，一方で強大な国家権力とそれに対する国民の関係の考え方が基礎にあり，人権保障機能としての刑法というとらえ方が生ずる。この考え方は憲法の考え方の基本に通ずる。私の憲法の理解は刑法の理解にその起点がある。この意味で私は故竹内正先生に感謝と尊敬の念を持ち続けている。

　本書の分量は大学でいえば半期15回の授業で完了する量を考えて書いているので，量的にはかなり限られてはいる。しかし前述した憲法の基本の理解ができることを目指して書いたつもりである。その上で興味を持たれた読者はぜひ

参考文献にあげた体系書などにもチャレンジして欲しいと考えている。

　今回の出版にあたっては，嵯峨野書院の相談役の中村忠義氏にお世話になった。特に編集部の平山妙子氏には校正を始め出版の様々な過程に於いて大変お世話になった。また本書の校正には鳥取短期大学非常勤講師の山中三郎氏にもお世話になった。ここに厚くお礼申し上げる次第である。

　2014年2月

岩　井　和　由

目　　次

第 I 編
憲 法 総 論

　本編は第1章から第4章までで構成される。立憲主義という考え方，すなわちなぜ憲法が制定されたのか，憲法の存在意味を理解するとともにその歴史を確認する。その上で憲法の構成部分として憲法の基本的性格を示している前文を理解する。そしてもと主権者であった天皇の現憲法での位置づけ，すなわち天皇のための国民という関係から国民のための天皇へと大きく転換したのちの現在の天皇の権限を理解する。比較法的にも大きな特色であり現憲法の柱の一つである平和主義について学ぶ。とくに近代民主主義の原理原則でもある立憲主義の理解は憲法の存在意義そのものであるのでしっかり理解して欲しい。

第1章
憲法の意味と歴史

この章の point

憲法の存在することの意味（立憲主義—権力者に憲法を守らせること）を理解すること。世界の人権宣言の歴史を学び，日本における憲法制定の沿革を理解する。

第1節　立憲主義

憲法を学ぶにあたって，まず憲法とはどのような法律であるかの理解が大切である。結論をのべれば，一般の法律は，その多くが国民が守るべき内容を定めているのに対し，憲法はその国の権力者が守るべきものとして定められている（現憲法にも99条で示されている）。

世界の長い歴史の中で憲法は国家権力を制限し，国民の自由と権利を保障するものとして発達してきた。どんな権力といえども憲法の規定にそって統治しなければならないという考え，すなわち立憲主義という考えが，現在の世界の原則となっている。以下，ここに至るまでの沿革を簡単にのべる。

およそ古代より国家といえるものは政治権力を背景とする統一的秩序体であり権力の所在と行使という基本についての定めは存在していた。憲法という名はつけられずとも，また成文として存在していたか否かは問わないが，共同体のルールとして存在し機能していたのである。

ここには権力者といえども一定の行動様式にしたがうという面が見られ，権力保持者の権力濫用に対し権力に服する者の利益を守るという面が出てくる。このような古代にあっても権力者の権力行使に何らかの抑制をもたらす仕組み

を組み込もうとする動きが出てくることは，古代ギリシャや古代ローマ時代[1]にもすでに見られている（古典的立憲主義）。

　また中世においても「国王も神と法の下にある」[2]とあり，国王といえども法には従わなくてはならないとされており（ここに言う法とは国王が自己の意思で出すものでなく，国王の意思からは独立した存在の慣習法の意味）。中世においても立憲主義的思考は存在していた。

　しかし，中世絶対君主主義時代に[3]立憲的思考は一時弱まった。たとえばフランスに見られるように王が主権者であり，主権者たる自己の意思こそが法であるとし，中世的諸身分の特権・既得権を無視し中央集権国家・絶対王政を指向し確立していく。国王権力こそ対内的に最高権力であり，対外的には独立しているのだと考える。このように国王の意思が法であるとし（根拠として王権神授説），中世的な特権や既得権を無視するようになると支配される側は神から主権を授かったのは人民であり，人民は服従する契約を国王にしたに過ぎないとする考えが生ずる。もし身分権や慣習的既得権を王の意思で否定するならそれは契約違反で服従の義務はない（抵抗権に訴えることが可能に）とする。この考えはジョン・ロックに代表される社会契約説*へと発展し絶対王政を否定し，権力の制限と自由の保障につながる。この結果として近代市民革命が起こり近代立憲主義の時代を迎えることとなる。近代市民革命は市民階級の経済活動の自由の欲求の中から，個人の自由を国家から確保していく動きとなり，アメリカやフランスの権利宣言にみられるように国民の権利・自由とそのための国家のあり方を文書化していくという流れとなっていく。この結果19世紀には多くの国で成文憲法**を制定するということになり，そのため成文憲法の普遍化時代といわれるにいたる。この時代の考えを近代立憲主義というがその内容は，権力者の権力濫用を抑えるために憲法を制定するということをいう。当

1）　紀元前509年にはローマは共和制になり，市民集会で選ばれた執政官が統治する時代を迎える。執政官，元老院，市民集会という統治体制が整ったと言われる。

2）　13世紀のイギリスの法律家ヘンリー・ブラクトン編纂の『イングランドの法と慣習法』の中にある言葉。法の支配原理を示す言葉として有名である。

3）　16世紀〜18世紀に見られた。16世紀後半のスペイン・イングランド，17世紀のフラン⤢

初君主の権力を制限することから始まり（立憲君主制），主権者の変更への流れから国民主権・権力分立・基本的人権保障（国家からの自由）へと進化していく。

　近代立憲主義の下で，確保されたブルジョアジーの経済活動の自由は資本主義を普遍化するとともに産業資本主義としての発展を成し遂げる。産業資本主義下では国家は消極国家・夜警国家・自由国家[4]として存在していた。この時代国家作用の中心は立法であった。しかし資本主義がさらに発展し，独占資本主義・国家独占資本主義に発展してくると社会的なさまざまな矛盾が生じてくる。貧富の差は著しくなり，国家による経済のコントロールの必要が生じてくる（大恐慌時のアメリカのニューディール政策など）。この下で社会的不平等や矛盾の解消，行政権の役割の増大・巨大化などの傾向が生じてくる。国家はここで積極的国家・社会福祉国家・行政国家[5]といわれるものへと変化していく。当然国家の役割変化に応じた憲法の変化も生じていく。社会権が制定され国家による人間の尊厳確保が人権の中に入ってくる。社会福祉国家となり行政権の比重が増していく。主権者により創られた憲法による国家のコントロール（法の支配―違憲立法審査制度）などが人権の普遍化の中から生じてくる。このような内容を取り込んだ憲法が現代立憲主義の憲法として現れてきたのである。

　以上をまとめれば現代の立憲主義の憲法の典型的な姿は以下のようになる。

① 　憲法と称する他の法形式とは区別された成文法があること。

② 　その成文法が政府の正当性の唯一の法的根拠であること。

③ 　その成文法は，個人の自立的存在性を尊重する趣旨にたつ基本的人権を保障し，権力の濫用を防止するための統治機構（権力分立）を定めていること。

④ 　その成文法は法律を含む他の法形式に対し強い形式的効力を持って優位

　　ス・スウェーデン,18世紀のプロイセンなどである。

4）　国家の機能を安全保障や治安維持など最小限にとどめた自由主義国家を目指すべきとする考え方。夜警国家ともいう。

5）　行政国家とは，政府が社会の秩序維持にとどまらず，一定の理念の実現を目指して国民の生活，経済活動のあり方に積極的に介入しようとする国家をいう。消極国家，夜警国家，立法国家と対比される。

し（憲法の優位），その優位性を確保するための独立の機関（司法裁判所や憲法裁判所）が違憲審査権を持つこと。

現在の日本国憲法もこの現代的立憲主義の性格を持った憲法に他ならない。

＊　近代的立憲主義の基本となった社会契約説

　ここでジョン・ロックの社会契約説を解説しておく。

　各個人は，生命・自由・財産という各自に固有なものを持っている。これを固有権という。固有権を執行する権利も持っている。しかし各自が固有権を執行する権利を勝手に行使しては権力の行使が乱れてしまう。ここで権力の行使をする者を一本化すべきと考える。この権利を預けて一本化したのが国家である。当然不当な行使を行うようであれば預けた相手を変える権利（抵抗権）もある。権利の行使を預けることが契約と考える。だから社会契約説と言われる。これがアメリカの独立宣言やフランス革命に影響を与えていく。この考えにルネッサンス運動の個人主義やブルジョアジーの経済的不満を取り込んで近代的立憲主義が成立していった。

＊＊　憲法の分類

　憲法はその存在形式や改正手続き制定主体により分類がなされている。

　①　存在形態による分類——成文憲法，不文憲法

　ほとんどの国が成文憲法。不文憲法はイギリスの例がある。

　②　改正手続きによる分類——硬性憲法，軟性憲法

　通常の法律より改正が厳格なものが硬性憲法。法律と同じ手続きによるものが軟性憲法。圧倒的多数が硬性憲法。

　③　制定者による分類——欽定憲法，民定憲法

　国王・君主が制定主体の憲法が「欽定憲法」。国民が制定主体の憲法が「民定憲法」。多くが現在では民定憲法。明治憲法は欽定憲法。

《現代立憲主義の理解》

　民主主義だから多数派になったものの考えに従うべきだというような乱暴な議論を行う政治家もいる。しかし多数決であっても過ちを犯すことは歴史が証明しているし，そのような過ちを犯すからこそ権力者を縛る存在としての憲法の重要性がある。つまり権力者に「憲法を守れ」と命ずることの重要性である。後述立憲主義の否定（11頁）についてを参照。

第2節　憲法の特性

１．基本的価値秩序としての憲法

　憲法はその社会の基本価値を体現している。現憲法のような主権が国民にあるとするもとでの憲法の基本的価値は個人の尊厳であり，そのために人権保障と権力分立を規定している。主権が国民にあると考えるとき憲法制定権力は国民ということになり，権力は憲法制定権力により創られる。ゆえに国政は憲法の命ずるところによりなされることになる。

２．授権規範と制限規範

　憲法は最終的な授権規範といわれる。授権規範とは，他の法規範の制定者に対してその権限を与える（授ける）規範という意味である。また，制限規範とは，国家機関の権力を制限する規範という意味である。国家権力を制限し人権侵害を防ぎ国家の組織にその執行権限を与えるのが憲法であるということである。

３．最高規範性

　憲法は国法秩序の中で最も強い形式的効力を持つ。すなわち最高法規である。現憲法は98条１項において「この憲法は，国の最高法規であつて，その条規に反する法律，命令，詔勅及び国務に関するその他の行為の全部又は一部は，その効力を有しない」と規定する。ここから，違憲立法審査権により憲法の支配（法の支配）を行うことが可能になる。

第3節　憲法の世界史的歴史

　右に示す表は，人権宣言を巡る事項を年代に沿ってまとめたものである。

図表1-1 人権宣言関係の系譜

年号	名称	コメント
1215年	マグナ・カルタ	貴族や僧侶の既得権を成文化したもの，現在も有効
1628年	権利の請願	国民の基本的人権の再確認
1679年	人身保護法	現在も有効，人民の不法逮捕禁止，裁判を受ける権利
1689年	権利章典	名誉革命の成果を成文化，現在も有効
1632年〜1704年	ジョン・ロック	自然法思想，近代人権思想の基礎 アメリカ独立宣言，各州の権利章典，フランス人権宣言，社会契約説
1689年〜1755年	モンテスキュー	代議制，貴族的上院，権力分立
1712年〜1778年	ルソー	代議制に反対，直接民主制，フランス人権宣言に影響
1776年	バージニア権利宣言	天賦人権思想，国家契約説，革命権，司法の独立，迅速な裁判，陪審制
1776年	アメリカ独立宣言（1775〜1783年独立戦争）	国民主権，革命権，生命・自由・幸福追求権 ロック流自由主義
1780年代	アメリカ各州憲法	
1787年	アメリカ合衆国憲法	人権規程は規定されなかった
1789年	フランス人権宣言	国民主権，自由，平等，思想，言論の自由などを規定
1791年	アメリカ憲法修正1〜10条	ここで初めて人権規定を加える
1831年	ベルギー憲法	立憲君主制，地方自治制度
1848年	フランスで普通選挙	
1850年	プロイセン憲法	国王大権を認めつつ議会制と基本的自由権（法律の留保つき）
1863年	リンカーン奴隷解放宣言	南北戦争（1861〜1865年）
1889年	明治憲法	明治22年2月11日公布，明治23年11月29日施行 欽定憲法，プロイセン憲法に範
1918年	ソビエト共和国憲法（レーニン憲法）	前国家的な基本権は否定，労働義務，祖国防衛義務
1919年	ワイマール憲法	社会権，労働者の団結権，所有権は義務を伴う

1936年	スターリン憲法	自由権的人権，初めて教育を受ける権利を制定
1941年	ルーズベルトの4つの自由，大西洋憲章	言論・表現の自由，信教の自由，欠乏からの自由，恐怖からの自由
1945年	国連憲章	
1946年	フランス憲法（第4共和国憲法）	政治的亡命の権利
1946年	日本国憲法	昭和21年11月3日公布，昭和22年5月3日施行
1947年	イタリア共和国憲法	フランス第4共和国憲法をモデル，侵略戦争禁止
1948年	世界人権宣言	4つの自由
1949年	ボン基本法	良心に反する武器を取る軍務は強制されない。ナチス反省による戦う民主主義。1990年東西ドイツ統一後も一部改正のみ
1958年	フランス共和国憲法（第5共和国憲法）	人権規定省略。第4共和国憲法とフランス人権宣言有効と宣言
1993年	ロシア連邦憲法	ソビエト連邦の解体による体制変換に伴い制定

出典：岩井和由著『要説　憲法講義』ふくろう出版，2010年（以下，岩井『要説　憲法講義』と略す）4頁表1-1に加筆

第4節　日本における憲法の歴史

1．明治憲法の制定

　わが国においても実質的な国家の「のり」は存在していた。天皇の地位の承継や幕府の開府など，どのような場合になされるかは一定のルールで行われてきたのである。ただ近代国家にいうような成文の「のり」として成文憲法は規定されてはいなかった。

　明治になり，新体制のもとに近代化を目指す中で成文憲法の制定の機運が高まってゆく。天皇も明治9（1876）年には，元老院議長に対し憲法の起草を命じ，その元老院の案や民間の案[6]などが出される中，伊藤博文を明治15（1882）

6）　民間の案　　私擬憲法といわれる。多くは各国憲法の焼き直しであったが，中には植〻

年にヨーロッパに派遣し，伊藤は主にドイツ・オーストリア系憲法の調査を行って明治16（1883）年8月に帰り，当時のプロイセン憲法を範に明治21（1888）年に成案を作成するに至る。その成案は明治22（1889）年2月11日に大日本帝国憲法として公布され明治23（1890）年11月29日から施行された。

　明治憲法は専主的色彩の強い立憲主義憲法であった。第1に「大日本帝国ハ万世一系ノ天皇之ヲ統治ス」の言葉にみられるように天皇主権を基本としていた。その結果立法・行政・司法の3権は究極的に天皇に集約される形になっていた。第2に権利宣言の部分や権力分立，法治主義，議会制度などの欧米諸国の憲法にみられるような制度も備えていた。ただこれらはいずれも限定的で不完全なものであった。基本は天皇が神勅によりこの国を統治するのだという，国の主（あるじ）たる天皇と臣民の関係を前提とするものであった。すなわち，明治憲法は天皇，皇族，臣民という，統治者，その一族，それ以外の日本人という基本構成に基づいていた。人権規定も天皇とその一族の特権的存在を前提にその基本と矛盾しない範囲での臣民の権利保障の形式であった。たとえば信教の自由1つとっても天皇の信じる宗教を臣民に強制しても問題ないとされたし，言論の自由も皇室の尊厳を冒すような言論は許されないということになっていた。また保障された権利のほとんどが「法律の留保」[7]の下におかれていた。統治機構にしても権力の分立や法治主義，議会制，責任政治などの構造は持ちつつも，天皇の大権を翼賛したり，天皇を輔弼（ほひつ）するため等の大きな限界が存在したのである。

　この結果，天皇の大権，統帥権，非常時の独裁などが全面にでて，最終的には中国出兵から太平洋戦争に突入，日本国民のみならず侵略したアジア諸国の人々に多大の犠牲者を生み出した上で，壊滅的敗北への道を許すことになった。

　木枝盛によるといわれる立志社の「日本国国憲案」（明治13年）等非常に自由で民主的なものもあった。なお，この案は後述憲法研究会編の「憲法草案要綱」にも影響を与えているといわれる。

7）　法律の留保とは憲法の条文に「法律の範囲内において」とか，「法律に定めたる場合を除くの他」等をつけ，法律の定めがあれば権利の制約ができることを可能にするという意味。

しかしこのような憲法であっても憲法を制定するということの意味については，なかなか十分な理解はできなかったようである。この点について興味深い話が，宮沢俊義『憲法Ⅱ』に紹介されている。1888年6月22日，枢密院の審議において森有礼から「本章の臣民の権利義務を改めて臣民の分際と修正せん。今其理由を略述すれば，権利義務なる字は法律においては記載すべきものなれども，憲法においてはこれを記載することすこぶる穏当ならざるが如し。…中略…臣民は天皇に対しては独り分際を有し，責任を有するものにして権利にあらざるなり。故に憲法の如き重大な法典には，ただ人民の天皇に対する分際を書くのみにてたる。…中略…分際とはすなわち責任なり」との意見が出され，これに対し議長の伊藤博文は「森氏の意見は憲法学及国法学に退去を命じたる説と言うべし。抑^{そもそも}憲法を制定するの精神は第一君権を制限し，第二臣民の権利を保護するにあり。故に若し臣民の権利を列記せず只責任のみを記載せば憲法を設くるの必要なし」（宮沢・憲法Ⅱ183頁　一部略）。この伊藤博文と森有礼の議論はこれに近い議論が現在でも時になされている。憲法には権利ばかり書いてあって義務の記載が少なすぎるとか，道徳的記載がないというような議論である。基本的に立憲主義すなわち憲法は国家，公務員などに対して守ることを命じている法（99条参照）であるということの理解が，わが国にあってはいまだ不十分である結果であるように思う。この理解の不十分さは，2012年に発表された自民党の憲法草案*にも現れている。

　＊　この自民党の憲法草案については多くの憲法研究者からある種驚きの想いを持って受け止められた。「あまりに立憲主義を無視した内容」（伊藤真）あるいは「もしかすると憲法の教科書を1冊も読んだことのない人によってなされているのではないか」（青井未帆），「改憲論議の不真面目さと，（そのような態度の知的背景であろう）近代憲法の諸原理（立憲主義）への無理解」（奥平康弘）等といった驚きの印象が出されている。少なくとも憲法が立憲主義に基づくということはいわゆる改憲派・護憲派にとっても議論の前提として当然のことであった。しかし，この前提を無視した形での議論が出てきたためである。

《立憲主義の否定》

　安倍首相は予算委員会の答弁で「考え方の１つとして，いわば国家権力を縛るものだという考え方がある。」「しかしそれは王権が絶対権力を持っていた時代の主流的な考えであって，いま憲法というのは日本という国の形，理想と未来を，そして目標を語るもの」（朝日新聞2014.2.6社説より）と答えたという。この考えは立憲主義を過去のものとして否定するもので，世界的に見ても受け入れられるものでない。

　また，このような基本的考えがあってか，今までの内閣とは異なったさまざまな憲法無視の行為を行ってきている。従来歴代内閣法制局によりできないとされてきたことを閣議決定で変えてできることにしたり（集団的自衛権問題），臨時国会の開会請求を無視したり，法を改正することなく政府解釈を変更したと言うことで今までできなかったことをできることにした（検察官定年延長問題）。このことは立憲主義を骨抜きにする法の運用に他ならず，近代国家の基本理念たる三権分立の否定にもつながることである。はしがきですでに記したが，検察庁法改正案が出された後，元検事総長らの検察OBが提出した意見書には「『朕は国家である』という中世の亡霊のような言葉を彷彿とさせるような姿勢であり，近代国家の基本原則である三権分立不義の否定にもつながりかねない。……ジョン・ロックは『法が終わるところ，暴政が始まる』」とまで記している。ここまで憲法を無視した政権が生じたうえ長期に存在していることがなぜなのかについても，ワイマール体制の崩壊の例も鑑みて，真剣に検討する必要がある。ジョン・ロックは「暴政は君主制だけに固有のものであると考えることは間違い」と書き残している。

２．日本国憲法制定

　ポツダム宣言[8]を受諾することにより日本は宣言の内容を履行すべき義務を負うが，その内容は大日本帝国憲法の変革を避けて行うことはできず，ここに新たな憲法の制定が課題となった。また，敗戦を機に日本の変革を施行しなければならないとの考えも生じ，これらが合わさる形で憲法改正の問題が生じていった。

　昭和20年10月に連合国最高司令官マッカーサー元帥の示唆が時の幣原内閣総

8）ポツダム宣言　連合国が日本に対し戦争を終結するための降伏の条件を定めて宣言したもの。これを受諾することで日本政府は宣言の条項を忠実に履行しなければならなくなった。その基本は徹底した日本の政治の自由・民主化，平和指向であった。

理大臣に対してなされ，内閣に憲法問題調査委員会が設けられ松本烝治国務大臣を中心に憲法改正の調査に着手した。ただ改正については消極的な態度が支配的で松本大臣の方針もこのようなことから大日本帝国憲法の基本を変えるような大幅な改正は考えていなかった。その結果松本が中心になってまとめた松本案（昭和21年2月）は大日本帝国憲法に若干の修正をした内容のものであった。

　マッカーサーはこれでは日本の国家の基本的構造の変化はないと考えいわゆるマッカーサー草案を昭和21年2月13日，日本に提示し*，結局日本政府はこの案を基礎に若干の修正を行い「憲法改正草案要綱」（昭和21年3月6日）とし，この案を条文化し，衆議院と貴族院で3カ月半の審議を行い修正**可決したうえで原案とし枢密院に諮詢可決，天皇の裁可を経て昭和21年11月3日に公布され昭和22年5月3日より施行されるに至った。

　＊　押しつけ憲法論
　この制定過程を巡って，「押しつけられた」ものであるという論点が言われ続けていることも事実である。すなわち「生まれ」に最大の価値を置く考えである。しかしその内容は法学者にとっても「驚きと喜び」をもって受け入れられ，当時の世論調査によっても多くの国民に歓迎されたことが示されている。
　さらに総司令部案には昭和20年12月27日に発表された日本の在野知識人の「憲法研究会」の作成した「憲法草案要綱」が大きな影響を与えたこともわかってきた（小西豊治著『憲法押しつけ論の幻』など）。すでに8頁の脚注6）でふれたようにこの案自体も自由民権期の私擬憲法の影響を受けている。私擬憲法はフランス人権宣言やアメリカ独立宣言に連なる系譜までさかのぼることもでき，現憲法が憲法の中の嫡流に属するという表現が出てくるのもこのような系譜からである。マッカーサーによる突如の押しつけで導入したという見方は沿革的にも妥当を欠こう。
　また視点としても，我々はなによりもその内容とそれがもたらした日本の成長に重点を置いて考えるべきである。

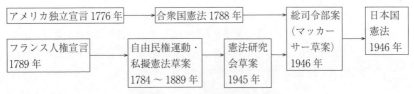

図表 1-2　日本国憲法の系譜

出典：辻村編『基本憲法』19頁

** 国会において行われた修正事項

衆議院による修正

① 前文「国民の総意が至高なものであることを宣言し」を「主権が国民に存することを宣言し」と改めた。

② 1条「日本国民の至高の総意に基く」を「主権の存する日本国民の総意に基く」と改めた。

③ 6条2項に最高裁判所の長を天皇が任命する事を加えた。

④ 9条1項冒頭に「日本国民は，正義と秩序を基調とする国際平和を希求し」を加え2項冒頭に「前項の目的を達するため」との一句を加えた。

⑤ 日本国民たる要件は法律で定めるとの10条を追加。

⑥ 国家賠償に関する17条を追加。

⑦ 生存権の保障に関する25条1項を加えた。

⑧ 納税の義務に関する30条を加えた。

⑨ 刑事補償に関する40条を加えた。

⑩ 67条を内閣総理大臣は国会議員の中から指名するに改めた。

⑪ 68条のうち内閣総理大臣が「国会の承認により」国務大臣を任命するというのを，国会の承認を不要としそれに代えて，国務大臣の過半数は国会議員でなければならないとした。

⑫ 88条に「世襲財産以外の皇室財産は，すべて国に属する。皇室財産から生ずる収益は，すべて国庫の収入とし，法律の定める皇室の支出は，予算に計上して国会の議決を経なければならない」を「すべて皇室財産は，国に属する。すべて皇室の費用は，予算に計上して国会の議決を経なければならない」と改めた。

⑬ 97条が現に生存中の華族だけには華族たる身分を認めていたのを削除。

貴族院による修正

① 15条に公務員の選挙においては成年者による普通選挙を保障する旨の3項を加

えた。

② 66条に内閣総理大臣および国務大臣は文民でなければならない旨の2項を追加。

以上を見ればかなり重要な条文も含まれている。それぞれの条文について，慎重，かつ活発に検討されたうえでの追加がなされており，単に提出された案を鵜呑みに承認可決したものでないことが理解できる。

3．現行憲法制定行為の性質

この憲法制定行為は大日本帝国憲法改正として行われた。形式的には改正手続きによっている。しかしその内容は全条文を一変した上，内容・基本原理のすべてが変更されている。すなわち天皇主権は国民主権に書き換えられており，議会は政府原案に自由に積極的改正を加えている。このようなことは旧73条の適用の限界を超えている。改正といいつつ内実は新憲法の制定である。法論理上は法的連続性を持たせる説明は困難である。

しかし，このような形をとったのは，実質的に新憲法制定行為を便宜上は改正手続きという形で行ったと考えられる。敗戦の混乱の中スムーズな革命的行為を行った措置であったと評価しうる。

前文で「日本国民は……この憲法を確定する」といい，上諭で「朕は，国民の総意に基いて，新日本建設の礎が，定まるに至つたことを，深くよろこび」とし，民定憲法の成立を率直に認め，この憲法が欽定憲法から民定憲法に変わったことを了としたことを示している。これを少し詳しく言うならば，ポツダム宣言受諾により大日本帝国憲法が実質上無効化し，形式上残った状態での形式的規定を使っての新憲法制定を行ったということを表していると解することの例示になろう。

第2章
憲法前文

　　この章の point

前文が現憲法の基本としてのあり方を示していることとその法的性格を理解する。

　前文とは法律の条項の前に書かれている文章であるが，一般に憲法には前文が書かれていることが多く，憲法の制定の由来や趣旨，目的，基本原理などを示している。わが憲法にも前文はあり，この憲法の拠ってたつ特質すなわち，国民が憲法制定権者であること，憲法の価値・原理として国民主権，基本的人権の尊重，平和主義を示している。

1．前文の内容

　憲法の前文1項は第1に，「主権が国民に存する」ことを宣言し「憲法を確定」するとして国民主権と民定憲法であることを宣言する。第2にジョン・ロックの社会契約論（5頁参照）に由来する「国政は，国民の厳粛な信託によるものであ」ることを示し民主制と代表民主制をとることも示す。第3にこれらの原理に反する「一切の憲法，法令及び詔勅を排除する」ことを明示している。

　2項は第1に「日本国民は，恒久の平和を念願し……平和を愛する諸国民の公正と信義に信頼して」と示し，恒久平和の理想と国民の安全と生存を諸国民の公正と信義にゆだねることを示す。第2に「われらは，平和を維持し，専制と隷従，圧迫と偏狭を地上から永遠に除去しようと努めてゐる国際社会において，名誉ある地位を占めたい」と平和と自由の実現のために国際社会において名誉ある地位，すなわちその実現のために国際社会で常に行動することを示し，平和への強い熱意を示す。第3に「全世界の国民が，ひとしく恐怖と欠乏から免れ，平和のうちに生存する権利」として平和的生存権を示し，その権利が

世界全住民の権利であることも示す。

3項では利己的な国家のあり方を否定し,「政治道徳の法則は,普遍的」であるとして国際的にも民主主義的理念を共有すべきことを示す。

4項で,以上に掲げた理念について「国家の名誉にかけ,全力をあげてこの崇高な理想と目的を」達成することを宣言している。

2. 前文の法的性格

(1) 法規範性について

第1に確認しておくことは,前文は憲法の一部であり本文の各条項と同様な法的性格を持つ。したがってもし前文を変えようとするならば憲法改正手続きが必要になる。

(2) 裁 判 規 範 性

では,前文が本文各条項同様の法的性質を持つとしても,裁判規範性を有するかが問題となる。裁判規範性とは,前文の文言を根拠に裁判で争うことができるかという問題である。前文は単に憲法制定の由来や目的や制定の基本原理などを抽象的に表示したものにすぎないとして裁判規範性を否定する立場もある。

しかし,前文の抽象性といっても本文とは相対的なものであり,このことだけで否定に解する根拠にはならない。もし明確な規定がある事項ならばその解釈指針になるし,さらに本文各条項に具体的な記載のない場合において直接この前文を根拠に裁判上の請求の根拠になりうると考えることが望ましいと考え,現在では有力説化している。

この問題は,長沼事件*第1審において前文を根拠に平和的生存権を認めた事で脚光を浴びた。もっとも第2審では崇高な理念ないし目的として規定したものであるとして裁判規範性を否定している(札幌地判昭48.9.7判時712号24頁,札幌高判昭51.8.5行集27巻8号1175頁)。

＊　長沼事件とは

　自衛隊のミサイル基地建設のために保安林指定を解除したことに対し，自衛隊は憲法９条に反する存在であるので，違憲な自衛隊のための保安林解除は違憲無効であると訴えた事件である（179頁参照）。これに対し第１審は「前文を見ると徹底した平和主義の立場をとっており，わが国が再度武器を取って相戦うことを容認する思想は全く見いだすことは出来ない。前文の規定は平和的生存権が全世界の国民に共通する基本的人権そのものであることを宣言するもの。前文中の基本原則はそのいずれを欠いても憲法体制の崩壊をもたらす。憲法の解釈はその基本原理に基づいて行われねばならない。９条は侵略戦争を放棄し自衛戦争まで放棄していない。９条２項により一切の武力を持つことが出来ない。自衛権は放棄していないが戦力不保持の結果として自衛権の行使は非軍事的な方法に限定される。現在の自衛隊は編成，規模，装備，能力から軍隊であり，９条２項に言う戦力に当たる。」として原告の訴えを認めた（札幌地判昭48.9.7）。この２審は前文の解釈は前述本文の通りだが「自衛隊の存在等が９条に違反するか否かの問題は，統治行為（177頁参照）に関する判断であり，国会及び内閣の政治行為として窮極的には国民全体の政治的批判に委ねられるべきものであり，裁判所が判断すべきではない」とした（札幌高判昭51.8.5）。

《平和的生存権について》

　平和的生存権及び前文の裁判規範性について名古屋高等裁判所平成20年4月17日判決において明快にのべているので以下に示す。「平和的生存権は，現代において憲法の保障する基本的人権が平和の基盤なしには存立し得ないことからして，全ての基本的人権の基礎にあってその享有を可能ならしめる基底的権利であるということができ，単に憲法の基本的精神や理念を表明したに留まるものではない。法規範性を有するというべき憲法前文が上記のとおり『平和のうちに生存する権利』を明言している上に，憲法９条が国の行為の側から客観的制度として戦争放棄や戦力不保持を規定し，さらに，人格権を規定する憲法13条をはじめ，憲法第３章が個別的な基本的人権を規定していることからすれば，平和的生存権は，憲法上の法的な権利として認められるべきである。…中略…

　なお，『平和』が抽象的な概念であることや，平和の到達点及び達成する手段・方法も多岐多様であること等を根拠に，平和的生存権の権利性や，具体的権利性の可能性を否定する見解があるが，憲法上の概念はおよそ抽象的なものであって，解釈によってそれが充填されていくものであること，例えば『自由』や『平等』ですら，その達成手段や方法は多岐多様というべきであることからすれば，ひとり平和的生存権のみ，

平和概念の抽象性等のためにその法的権利性や具体的権利性の可能性が否定されなければならない理由は ないというべきである。」

3．国民主権について

（1）主権の意味

　前文は国民主権とともに平和主義，基本的人権尊重主義についてのべている。平和主義については第4章で，基本的人権については第5章にのべているので，主権の意味について，ここでのべておく。

　主権の意味については多義的で3つあるといわれている。第1に国家の包括的支配権を意味する（主権の及ぶ範囲——本州と北海道，四国，九州……に及ぶ）場合。第2に国家権力の最高独立性を意味する（前文3項にいう「自国の主権を維持」の例）場合である。第3に国政についての最高決定権（1条など）という意味で使う場合である。

（2）国民主権について

　国民主権とは国の政治のあり方を最終的に決定する権能が国民にあるという意味と，国家の権力はすべて国民から発しているゆえに正当であるという意味の2つが考えられる。現憲法の国民主権の観念はこの2つの要素の併存と考えられている。

　この国民に主権があるという文言は，前述の国会での修正部分にあるように，憲法改正時に衆議院において書き加えられた[1]。

1）　アメリカ憲法に主権の記載はない。憲法は国会において国民に主権があることを書き加えた。マッカーサー草案に主権の記述がなかったのは，このアメリカ憲法に主権者の記述がなかったためではないかとの指摘（小西『憲法「押しつけ」論の幻』講談社，2006年）もある。

```
                  ┌─── 主権の権力性（国の政治のあり方を最終的に決定する権能）
国民主権の原理 ───┤
                  └─── 主権の正当性（国家権力を正当化する淵源は全国民である）
```

図表 2-1　国民主権の原理の要素

第3章

天　　皇

この章の point

　象徴天皇制という現在のシステムは，旧憲法下での軍部などが天皇の権威を利用することで暴走し，国の破滅に至ったことを反省し，政治的な行為に関与しない形を作っている。天皇の行為がどのような場合にどの程度まで行えるかを理解する。

第1節　天皇の地位とその継承

1．天皇の地位

　憲法第1条は，天皇の地位について「天皇は，日本国の象徴であり日本国民統合の象徴であつて，この地位は，主権の存する日本国民の総意に基く」と規定する。これは明治憲法が神格を持った天皇主権・天皇統治を定めていた（旧憲法1条・3条・4条）のと比べ，その存立根拠が大きく異なることを示している。すなわち明治憲法にあっては天皇の地位はその淵源を神話時代にさかのぼり，当然の権利者として国を統治し，すべての国家権力の究極の所有者であり，元首であり象徴であった。しかし，国民主権の現憲法下にあっては，天皇の存在は国民の意思によるものであり，国の権力は何ら有さず（4条），単に，象徴としての地位にとどまっている（伝統的意味での君主ではない）。

　象徴とは，たとえば鳩が平和の象徴というように，一般に抽象的・非感覚的な存在を表現する具体的な存在をいう。本来君主国家においては君主は象徴としての地位も有しており，明治憲法下の天皇も象徴としての地位は当然持っていた。しかし天皇主権下の象徴（国家の威厳）から国民主権下の象徴（国民のあこがれの中心）へと意味が大きく変化したことに注意すべきである。また「象

徴」という関係は「代表」や「代理」と異なり，社会心理的効果を表すもので，何らの法的効果をもたらすものではない。

図表3-1　明治憲法と日本国憲法における天皇の地位の比較

	明治憲法	日本国憲法
天皇の地位	主権者	日本国と日本国民統合の象徴
地位の根拠	神勅	国民の総意
天皇の性格	神聖にして不可侵	神格は否定
天皇の権能	統治権の総攬者	国政に関する権能はなく限られた国事行為のみ

出典：岩井『要説　憲法講義』14頁

2．天皇と元首・君主

　天皇は元首*であろうか。一般に元首とは対外的に国家を代表する権能を持つ国家機関をいう。現在の象徴天皇はわずかに憲法7条8号・9号に記載する行為を行うのみであり，概念的には元首とはいい得ない（通説―ただ外交上は元首としての接遇を受けている）。では君主であろうか。君主の要件は①独任機関で，②世襲であり，③一定の統治権（少なくとも行政権の一部）を持ち，④対外的に国家を代表する存在であること，等とされる。この要件からは天皇が君主とはいえないが，学説には専制君主制から立憲君主制への歴史的流れを前提に「君臨すれども統治せず」をさらに一歩進め，単にその地位が世襲制であって尊貴の対象であれば君主といいうるとする立場もありこの立場に立てば天皇も君主となる。日本国政府もこの立場をとる。

　　＊　日本国憲法制定の際，明治憲法下と同じく「元首」という言葉を用いることも議論されたが，明治憲法下で天皇の権威を政治利用されたことの反省もあり，国民が「必要以上に権力的に考えるおそれが十分あり……」ということで使用に至らなかった。しかし，2012年に出された自民党の憲法草案では第1条に元首と明記している。

3．皇位の継承

　憲法は第2条において「皇位は，世襲のものであつて，国会の議決した皇室

典範の定めるところにより，これを継承する」と定める。皇位とは天皇の地位であり，世襲とは特定の血族者の中から特定の順によりこれを継承することをいう。世襲の条件は国会の議決した皇室典範という名の法律により決める。この皇室典範によれば，皇位は天皇が崩じたときに，直ちに皇族の男子に，長子主義により継承される。天皇の意思による退位・譲位や，女子への皇位の継承は認められていない。しかし，これらは憲法が禁じているものではないので，皇室典範を改正すれば可能である。また継承の順序の変更も，皇嗣に精神もしくは身体に不治の重患があり，または重大な事故があるときに限り皇室会議の議により例外的に認められる（皇室典範3条）。また皇位の継承があったときは即位の礼が行われ（同24条），政令で元号が改められる。

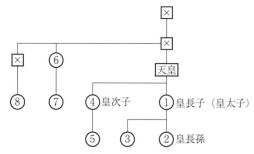

☒　は死亡者。番号は継承順位（ただし男子。女子の場合は下位が繰り上がる）

図表3-2　皇位継承の順位（皇室典範2条）

出典：岩井『要説　憲法講義』15頁図3-1

《皇位の継承》

　皇位の継承を巡っては，一時皇室典範の改正により女性天皇を認めようとする気運が高まった。しかし，秋篠宮家に男子が誕生したことでこの動きは止まってしまった。もし，安定的に今の天皇制を維持しようするならば，男子が必ず産まれる保障はなく，「皇室典範に関する有識者会議」の報告書にあるように女性天皇や女系天皇を認めざるを得まい。女系とは女性天皇が生んだ天皇（男子であっても）をいう。女性天皇であっても天皇が父であれば男系の女性天皇ということになる。男性天皇にこだわる論者はこの男系であることにこだわりを持つ。その基礎には根強い「国体論」があると考え

られる。国体論とは「日本が天照大神から続く神の子孫で万世一系の系譜を持つ天皇家の下に途切れることなく続いてきた世界にもほかに例を見ないすばらしい国であるという考え方」である。当然その伝統は男系によって伝えられたことを前提とし，女系や女性天皇は否定する。しかし現憲法下においては天皇の地位は国民の総意に基づくわけで有り，国民の天皇であって，国家の天皇ではないことを再確認すべきである。したがって，国民の意思の表れとしての皇室典範が改正されれば退位や女性天皇を認めることに何らの障害はない。

《天皇の生前退位特例法》

　日本国憲法では前述したように世襲主義を定め，皇室典範4条には「天皇が崩じたとき」としか規程されていないので生前退位は認められていない。しかし，2016年8月に天皇のお気持ちという形でのメッセージをうけ，「天皇の公務の負担等に関する有識者会議」が設置され「生前退位」を巡る議論がなされ，皇室典範本文の改正ではなく一代限りの特例法で対処することとなり，2017年6月9日に「天皇の退位等に関する皇室典範特例法」が成立し，施行期日については政令で2019年4月30日とされた。この結果退位した天皇は上皇と称し，上皇の后は上皇后と称することとなった。

　しかし高齢は誰にも訪れるものであり，一代限りの特例法ではなく皇室典範自体の改正で対処すべきであったと考える。

第2節　天皇の権能

1．天皇のなし得る行為

　憲法は「天皇は，この憲法の定める国事に関する行為のみを行ひ，国政に関する権能を有しない」（4条1項）と定め，6条と7条に具体的になし得る行為を列挙している（限定列挙）。国事に関する行為とは天皇が国の機関として行う行為をいい，国政に関する行為とは国家統治に関する諸権能をいうが，1条の趣旨から，6条と7条に列挙された行為はすでに他の機関で実質的に決定された国家意思を公証する形式的，名目的，儀礼的行為[1]である。

---

1)　形式的，名目的，儀礼的行為に限ったのは，時の政府が自己の保身・政策実現に「天皇の権威」を利用する可能性があり，それを完全に封じ込めるためといわれる。しかし，↗

またこのような儀礼的行為についても，天皇は単独ではなしえず，内閣の助言と承認を必要とすると憲法は定める（3条・7条）。この助言と承認はとくに区別する必要はなく，天皇の国事行為が内閣の意思に従属し，その結果政治的に無答責であることを示すためだから，一体と解してよい。

2．6条による行為

内閣総理大臣（1項）および最高裁判所長官（2項）の任命であるが，国会および内閣により指名された者を任命し，被任命者を選択することはできない。罷免は含まない。

3．7条による行為

内閣の助言と承認により，以下に列挙する行為を行う。

① 憲法改正，法律，政令，条約の公布（1号）。公布とは成立した法令を国民に表示する行為で，効力発生要件である。公布は官報に掲載して行われる。天皇は公布を拒否できない。

② 国会の召集（2号）。常会，臨時会，特別会について詔書の形式でなされる。

③ 衆議院の解散（3号）。詔書により行われる。

④ 国会議員の総選挙の施行の公示（4号）。衆議院の総選挙と参議院の通常選挙について詔書の形式で行われる。

⑤ 国務大臣およびその他の法定の官吏の任免，ならびに全権委任状および大使・公使の信任状の認証（5号）。認証とは行為の存在や成立を確認し公に証明する行為をいう。効力発生要件ではない。

⑥ 恩赦の認証（6号）。恩赦とは大赦，特赦，減刑，刑の執行の免除，復権をいう。決定は内閣である（73条7号）。

⑦ 栄典の授与（7号）。栄典とは栄誉を表彰するために特定人に与えられる地位をいう。文化勲章などがある。他の機関による栄典の授与を排除する

＼最近の動きの中には天皇の政治的利用と批判される行為を内閣が強いるという面がなきにしもあらずである。現行の天皇制の形式をなぜ選んだかを考える必要がある。

ものではない。

⑧　批准書およびその他の法定の外交文書の認証（8号）。

⑨　外国の大使・公使の接受（9号）。

⑩　儀式の挙行（10号）。天皇が主宰して国家的儀式を行うことである。「大喪の礼」等があるが，特定宗教的性格の儀式[2]は政教分離の原則上排除される。

図表 3-3　任命権者と公布権者

任命権者	被任命者	公布権者	国法の種類
天　皇	内閣総理大臣　最高裁判所長官	天　皇	憲法改正　法律　政令条約
内閣総理大臣	国務大臣	それぞれの関係機関	総理府令　省令　最高裁判所規則人事院規則
内　閣	最高裁判所長官以外の裁判官，検事総長，次長検事，検事長，検査官（会計検査院）など	地方公共団体の長	条　例
法務大臣	検事　副検事		議院規則は公布されず

出典：岩井『要説　憲法講義』17頁

4．公 的 行 為

　天皇の行う行為の中には，上記のような国事行為と純然たる私的行為の他に，公的色彩を帯びた事実行為がある。たとえば，国会の開会式に参列し「お言葉」を賜うが，これは国家機関としての行為ではないが，だからといって私的行為でもない。これに類する行為として他に外国元首との親書の交換や公的色彩を持った国内巡幸などがある。いわゆる公的行為といわれるこれらの行為について，一切を否定する立場もあるが，憲法が天皇に象徴としての地位を認めた以

---

2)　天皇家の行う多くの行事は宗教的色彩の強い行事も多い。大嘗祭は天皇が皇位継承に際して行う宮中祭祀で宗教的行為であり公費で行うことは政教分離原則に反するのではないかと言われる。この点につき皇嗣たる秋篠宮からも疑問が出された。即位の礼は国事行為であるがたとえば大嘗祭は天皇家の宗教的色彩の濃い私的行為であり，本来公費ではなく内廷費でまかなうべきであろう。

上，何らかの行為をなすことも憲法は予定しており，ただ公的性質を有することからそれらの行為には内閣の責任の下で行われると考えるべきであろう（象徴でなく公人としての行為とする立場もある）。

《元号制・君が代・日の丸》

　元号は中国の制度に由来し，645年に「大化」として初めて使われた。明治以降は一世一元制を取っていたが法的根拠がなかったため1979年に元号法が制定された。また，戦前の天皇制と深く結びついて使用されてきた「君が代」と「日の丸」も法的根拠なく長年使用されてきた。これらは1999年8月に法制化された。ただし法制化にあたっては義務づけや強制化はないとされていたが現実には学校現場での処分が行われるなどの使用強制が問題となった。

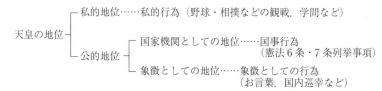

図表3-4　天皇の地位と行為の分類

出典：上田正一・森本敦司・生駒正文編著・岩井和由ほか『アクセス憲法』嵯峨野書院，2006年，14頁（以下『アクセス憲法』と略す）

5. 天 皇 の 責 任

　責任には政治的責任，刑事責任，民事責任が考えられる。政治的責任については，憲法が天皇に一切の政治的権能を与えていない以上あり得ない。天皇の国事行為についても前述のようにすべて内閣の助言と承認により行われる以上，責任は内閣にある。いわゆる公的行為についても同様である。

　刑事責任について憲法は規定していないが，摂政や国事行為の臨時代行者は在任中訴追されないと規定（皇室典範21条，国事行為の臨時代行に関する法律6条）されていることから，天皇はその在任中訴追されないと解される。

　民事責任についても憲法の規定はないが，理論上責任はあると通説は解して

いる。判例は天皇の象徴的地位に鑑み民事裁判権は及ばないとする（最判平元.
11. 20民集43巻10号1160頁）。

6．権能の代行

　憲法（5条）および皇室典範（16条）によれば，天皇が成年に達しないとき（18
歳未満），および，天皇が重患または重大な事故により国事に関する行為を行
うことができないとき（皇室会議で認定）は摂政をおく。摂政は天皇の法定代
行機関である。天皇が成年に達した場合，故障がなくなったとき（認定は皇室
会議）摂政は廃止される。

　摂政は天皇の国事行為を行い，その効果は天皇が行う場合と同じである。た
だ摂政は天皇でないから象徴としての役割はできない。

　また，憲法4条2項は国事行為の委任を定める。これは天皇に精神または身
体の疾患または事故がある場合で摂政をおく程でない場合におかれる。

第3節　皇室の経済

　明治憲法下では皇室経済はその大部分を膨大な私的財産によりまかない皇室
経済自立主義をとっていたが，皇室経済の民主化のために憲法は，皇室財産の
国有移管（88条），皇室費用の国会決議（88条），皇室財産授受の国会決議（8条）
を定めた。

1．皇室財産の国有移管

　皇室財産とは天皇と各皇族の所有する財産であるが，そのうち純然たる私有
財産を除きすべて国有財産とされた。この国有財産のうち皇室の用に供するも
のを皇室用財産（行政財産の一種）という（国財3条2項3号）。

2．皇室費用

皇室費用は，天皇および内廷にある皇族の日常の生活費としての内廷費，内廷諸費以外の宮廷諸費にあてる宮廷費，天皇および内廷にある皇族以外の皇族のための経費としての皇族費があり，宮廷費が宮内庁の管理する公金で他は公金としない。すべての皇室費用は国会の議決を経なければならない。

```
          ┌ 内廷費  天皇と内廷にある皇族を対象  私的収入と同じ
 皇室費用 ├ 宮廷費  国事行為などの宮廷諸費  宮内庁管理の公金
          └ 皇族費  天皇と内廷にある皇族以外の皇族の経費。私的収入と同じ
```

図表 3−5　皇室費用の分類（皇室経済法 3・4・6条による）

出典：岩井『要説　憲法講義』20頁

3．皇室財産の授受

皇室に財産を譲り渡し，または皇室が財産を譲り受け，もしくは賜与する場合，国会の議決（衆議院の優越なし）が必要とされる（8条）。この制限は皇室と皇室以外の者との間での財産授受についてである。ただ①通常の私的経済行為，②外国との交際上の儀礼的贈答，③公共のためになす遺贈または遺産の賜与，④以上の他に皇室のなす賜与または譲り受けにかかる財産の価額が一定額以下の場合，にはその度ごとの国会の議決を経なくてもよいことになっている（皇室経済法 2条）。

《宮内庁にアクセスしてみよう》

現憲法下では皇室自立主義が否定され，皇室に関する事務も全て法令に基づいて処理されている。国事行為以外の皇室関係の事務について，内閣府のもとにおかれた宮内庁が扱っている。宮内庁は旧憲法下の皇室令により設けられた宮内省（天皇を補弼する機関であった）を前身とするが，現憲法下では内閣府の下にあり，規模も権限も縮小されている。宮内庁のホームページ（http://www.kunaicho.go.jp）には，皇室の構成や略歴，天皇皇后両陛下や皇族方の最近の活動，皇室の制度，皇室会議や皇室経済会議，用語などについてわかりやすい説明がある。

第4章

平和主義

■ この章の point

平和主義はこの憲法の柱であり，大きな特徴でもある。この平和主義の意味と，その結果として憲法制定以来70年以上にわたり他国の国民を殺傷することなく現在に至っている。一方で世界有数の規模を誇る自衛隊が存在し，米軍との一体化の動きもある。このような中での憲法の解釈運用の実態と今後のあるべき姿を考えてみよう。

1. 平和主義の意義

日本国憲法は前文，および第9条において平和主義を宣言している。

戦争*ほど人権を侵害するものはない。これはわが国が第二次世界大戦において300万人を超える自国民を死に至らせ，アジア各国の人々に対しても2000万人もの犠牲者を出したことに反省し，日本人の決意を示す形で規定されるに至ったものである。

戦争が人権を侵害することは近時のイラク戦争などをみても明らかである。民主主義や自由を標榜する国であってもいざ戦場にたったとき人権を侵害することは枚挙にいとまがない。ベトナム戦争やイラク戦争，近時ではアフガンの対テロ戦争などでも予想外の人権侵害を引き起こしている。戦争によりもっとも苦しみを受けるのは結局は一般市民である。戦場で命を落とし悲しみや恐怖に包まれる戦争に人間の尊厳を見いだすことはできない。自立した個人を尊重する人権尊重の世界を築くためには，戦争は決してあってはならないのであって，平和主義の理念は人間の尊厳と個人の尊重に欠くべからざるものであるとして憲法に掲げられている。

＊　戦争とは戦時国際法の範囲内で，国家が正規兵力を用い相手国の抵抗力を制圧できる法状態を意味する。戦争では軍隊は敵戦闘員の殺傷を行う権限を与えられる。これには法という技術で制御できない要素が多分に含まれ結果的に人権侵害の極みに至ることは，先の太平洋戦争における原爆の投下や，東京・横浜・大阪などをはじめとする数百回に及ぶ空襲などに示される（空襲により100名以上が犠牲になった都市数74）。ちなみに東京の3月10日の大空襲では一晩で10万人を超す死者を出し，5月29日の横浜大空襲では1時間で1万4千名を超える死者を出している。さらに広島への原爆投下では急性（投下後4カ月まで）の死亡者だけで約14万人弱が亡くなり，その多くが非戦闘員であった。当時の広島市の人口が35万人程度であったことを考えると4割が死亡したわけである。また長崎への原爆投下でも市の人口24万人のうち7万4千名（3割強）が年末までに死亡したといわれる。これらの事実は平和であることが人権尊重にいかに大切であるかを示している。

《戦争の違法化》

　19世紀においては宣戦布告の手続きをした上での，戦時国際法のルールを守った武力行使は適法と考えられていた。だから植民地の獲得や資源の獲得，借金の回収などさまざまな目的での武力行使が行われていた。しかし宣戦布告さえ行えばどちらの国に非があるかを問わず適法になってしまうことに疑問が生じ，20世紀には戦争や武力行使に対する禁止条約が出てくる。1907年に債権回収のための武力行使を禁止するポーター条約が戦争違法化への嚆矢とされる。これに続き1919年の国際連盟規約，1928年のパリ不戦条約（国際紛争を解決するための武力行使の禁止―侵略行為の禁止）と武力行使の違法化が進む。二度の世界大戦後国際連合憲章において原則禁止に至る（国連による集団安全保障制度[1]の導入）。

2．9条の解釈

　憲法は前文と9条により徹底した平和主義を採用していることを示している。すなわち前文で「平和を愛する諸国民の公正と信義に信頼して，われらの安全と生存を保持しようと決意した」と述べた上で9条を制定している。

1）　国連憲章42条による国連の安全保障理事会により侵略排除のための武力行使を認める決議を出す。安全保障理事会が軍指揮を執っている場合が国連軍で，軍指揮を各国もしくは共同で行っている場合を多国籍軍である（ただ国連軍が今までに組織されたことはない）。国連による侵略への対抗措置を「集団安全保障」という。

そこで9条の解釈に移りたい。9条を巡ってはさまざまな議論が行われている。これらはすべて9条の意味をどのように解釈するかで争われている。9条1項は、「日本国民は、正義と秩序を基調とする国際平和を誠実に希求し、国権の発動たる戦争と、武力による威嚇又は武力の行使は、国際紛争を解決する手段としては、永久にこれを放棄する」とある。まず、「正義と秩序を基調とする……希求し」までは、わが国における1つの理想を述べている。つぎに、「国権の発動たる戦争」の意味であるが、国家主権の発動になる戦争であり、宣戦布告や最後通牒といった、戦争に至る国際的に認められた、一定の手続きを経た上での戦争をいう。「武力による威嚇」とは自国の所持する武力を背景として他の国を威嚇することをいう。日本が、かつて中国に対して行った「対華21箇条要求」や日本が受けた「3国干渉」等がこの例である。つぎに「武力の行使」であるが、これは正式な宣戦布告を行わないでする事実上の戦争行為をいう。日本が、中国に対しかつて行った「満州事変(1931年)」「日華事変(1937年)」がその例である。

そしてこれらはすべて「国際紛争を解決する手段としては」放棄することになっている。ここで解釈が分かれる。すなわちA説は侵略戦争を放棄したもので自衛戦争や制裁のための戦争は含まれていないと解する立場（限定放棄説）である。この解釈は国際法上の用語例を根拠にする。これによると「国際紛争を解決するための戦争」とは「国家の政策としての戦争」の意味であり具体的には侵略戦争のことだと解する。一方B説は自衛戦争をも含めすべての戦争が放棄されていると解する立場である。過去の戦争を振り返ったとき、戦争は多くが自衛のためといって始まる。侵略のためといって行う例は希有である。実際侵略なのか自衛なのかの区別をつけることも困難である。また憲法上もし自衛戦争を認めているなら何らかの戦争に関する記述があるはずなのにそのような規定は全くない。これは自衛戦争も含めすべての戦争を意味すると解するのである。

2項は「前項の目的を達するため、陸海空軍その他の戦力は、これを保持しない。国の交戦権はこれを認めない」と規定し、1項の手段としての2項とい

う意味を持つ。前項の目的とは1項が侵略戦争を放棄するためになのか，自衛戦争も含めてすべての戦争の放棄と解するのかによって分かれる。さらに「陸海空軍その他の戦力」の意味である。戦力とはふつう「国家の警察とは区別された，対外的紛争に備えた人的物的組織」と解され，①一切の戦力を保持しない意味，②侵略戦争を行う戦力を保持しないと解する立場に分かれる。政府は「自衛のために必要な最小限度の実力を超える実力」と解し②の立場をとる。

「国の交戦権はこれを認めない」の交戦権の意味についてであるが，①説「戦争をすること自体を認めないと解する」立場と，②説「国際法上交戦国が有する権利すなわち船舶を臨検したり拿捕したり貨物の没収などの権利を指すと考える」立場がある。

この結果，1項について全面放棄説を採り2項①説と交戦権について①説を採ると自衛戦争も含めすべての戦争を認めない立場になる。また1項について自衛戦争は放棄されていないと考えても2項について①説を採るとこれまた自衛権も認めないことになる。2項について戦力について②説を採り交戦権について2項での②説を採れば自衛戦争は認めてよいことになる。これが解釈上の論理である。問題は今までどのように解釈を行えば自衛隊を合憲にすることができるかという目的を持って解釈の道を探ってきたといってよい。条文を素直に読み，前文をはじめとする憲法の平和主義の視点から考えれば，最初にのべた説が基本とならざるを得ない。

3. 9条と現状の日本

9条を巡っては，世界有数の軍備を備えた自衛隊の存在をどう考えるのか，つぎにアメリカ軍の日本での存在を認めた日米安全保障条約をどう考えるのかが一貫して大きな問題となってきた。

① 憲法と自衛隊についてまず考える。

自衛隊は，警察予備隊として1950年に設立され，その後1952年に保安隊を経て1954年に自衛隊となった。自衛隊は「我が国の平和と独立を守り，国の安全を保つため，直接侵略及び間接侵略に対し我が国を防衛することを主たる任務

とし，必要に応じ，公共の秩序の維持に当たる」ことを目的とする（自衛隊法3条1項）。警察予備隊が設立された当時政府の解釈は戦力とは警察力を超える実力部隊をいうとして，カービン銃，軽機関銃，重機関銃での装備の警察予備隊は警察を補完する存在で戦力でないとした。しかし保安隊になると大型火砲や米軍から譲り受けたシャーマン戦車を装備するに至り，人員も11万人となったので，政府解釈は「戦力とは近代戦争遂行に役立つ程度の装備編成を備えたもの」と変更された。現在定員24万7千人余の規模で予算額も5兆円をこえ装備的にも世界有数の実力となった自衛隊に対する政府見解は「自衛のための最小限の実力」であって戦力ではないとされている。しかしここまでくると，詭弁の領域にはいるのではないか。最小限とは実際はどのぐらいなのか，核兵器の所持も最小限のうちに入る可能性があるし，実際そのような主張を行う者もいる。

　しかし，現在の政府見解……「ガラス細工のような」といわれている立場に立っても，9条の存在の結果，自国の個別的防衛権の行使はできても，後述する集団的自衛権をわが国は行使し得ないとの見解に立ってきた。その現実こそ9条の存在を示している。

　②　つぎに日米安全保障条約による米軍の駐留は戦力不保持に反しないかが問題とされてきた。この問題に対し裁判所は憲法が禁止する「戦力は我が国がその主体となつてこれに指揮権，管理権を行使しうる戦力をいうのであり，結局わが国自体の戦力を指し，外国の軍隊は，たとえそれが我が国に駐留するとしても，ここにいう戦力に該当しない」とし，日米安保条約についても「高度の政治性を持つ条約について，……それが一見極めて明白に違憲無効であると認められない限り，裁判所の司法審査権の範囲外」（砂川事件。最大判昭34.12.16刑集13巻13号3225頁）としている。しかし近時，自衛隊が米軍との作戦行動の統合化の道を歩んでいるが，在日米軍の価値観の下での行動により日本が戦争に巻き込まれる可能性が高まってきているともいえる。この問題は集団的自衛権の問題*とも絡んでくる。集団的自衛権は国連憲章で51条に挿入された概念で，

他国に対し武力行使があった場合に自国の権利が侵害されていなくても防衛行動をとるという権利である。憲法の下では自国に侵害があったときのみ防衛行為ができるのであり集団的自衛権は認めることができないと考える。しかし，もしこのまま日米の防衛行為の統合化が進むと自衛と他衛が一体化してしまうことになり，集団的自衛権を認めざるを得なくなり，その場合前述の憲法上砂川事件判決の論理ではもはや合憲の理由にはできなくなろう。

　＊　集団的自衛権については歴代内閣もこれを一貫して否定してきた。しかし近時この解釈を変え，現行憲法下であっても集団的自衛権の行使を可能にする解釈へ舵を切った。これを認めるために例に出したのが，アメリカ軍の艦艇と自衛艦とが共同行動をとっているときにアメリカ艦艇に対し攻撃がなされたとき自衛艦側が反撃をできないのはおかしいという例であるが，これは自衛権の範囲内の問題（内閣法制局長官答弁）で対応できるケースであり，集団的自衛権の基本は本文にある例である。はっきり言えば他国の防衛に他ならない。今までも現実には後方支援は実力の行使に当たらないなどという説明をとって，イラクなどに派遣されるようになってきていた。さらに陸上自衛隊は南スーダンに国連南スーダン派遣団（UNMISS）に350人を派遣したが，安保法制関連法の成立により自衛隊に駆けつけ警護の任務を付与され，新たな部隊が2016年11月に南スーダンに派遣された。南スーダンはPKO参加の前提があるか（紛争当事者間での停戦合意の成立など）についても国連の報告書などから見て疑問が有り，自衛隊の国外での国またはこれに準じる組織との間での武力行使の発生（憲法違反）が危惧された（2017年5月27日全隊員が帰国）。

《内閣法制局の役割》

　この問題について今まであまり触れられてこなかった問題として内閣法制局の役割がある。内閣法制局とは明治維新後の太政官正院に置かれた（1873年）法制課に起源をもち，戦後内閣法制局として現在に至っている（内閣法制局設置法）。重要な役割は法律案の審査を行う審査事務と内閣に意見を述べる意見事務であるが，特に答弁事務を通じ内閣の憲法解釈を示してきた。中には内閣が従来の解釈を変更しようと思う場合もあり，これに対し内閣法制局は維持の方向という状況になることもある。内閣法制局は一面新たな試みを制約する面もあるが，他方立憲主義的，法治主義的役割を担っているともいわれる（浦田一郎編『政府の憲法九条解釈』2013年9月）。2013年には集団的自衛権問題で内閣法制局長官を首相の意見と同じ者に変えた事が話題となった。内

閣法制局はいわゆる護憲派からは戦争放棄の9条の下で安保体制や自衛隊を正当化するという役割を果たしてきたという批判をうけ，改憲派からは集団的自衛権の行使を制約しているとの批判がなされてきた。

　後述するようにわが国の司法裁判所の制度下では違憲審査は付随審査としてなされていることを考えると内閣法制局による審査は，一面事前憲法裁判所のごとき役割を担っているといえる（違憲判決が出にくい理由でもあろう）。法律の違憲審査については内閣法制局による事前審査と，最高裁判所の事後審査という構造になっているのである。

《安保法制関連法について》

　第2次安倍政権下，2014年7月1日に集団的自衛権の政府解釈変更を閣議決定で行い集団的自衛権行使容認に踏み切り，2015年9月に法律11本からなる安全保障関連法案を成立させた。この結果第3国の戦争に対しても「存立危機事態」[2) が生じた場合には日本が参戦しうることが可能となった。政府は「パワーバランスの変化や技術革新の急速な進展，大量破壊兵器などの脅威により我が国を取り巻く安全保障環境が根本的に変更したこと」を理由とし，集団的自衛権行使容認を「従来の政府見解の基本的な論理に基づく自衛のための措置として憲法上許される」とした。しかし，本来このようなことを理由とするならば憲法を改正の上で行うことが立憲主義の要請でありこのような重大な事項を閣議決定を根拠に立法化まで行うことは立憲主義の破壊に他ならない。それ故に，この法案の成立に際しては憲法学者の圧倒的多数，元最高裁判事，元法制局長官などからも強い批判がなされた。また安保法制や立憲主義に関する多くの著作が短期間に刊行され，憲法学者の危機意識を示している。

《日米安保条約》

　「日本国とアメリカ合衆国との間の安全保障条約」（旧安保条約）「日本国とアメリカ合衆国との間の相互協力および安全保障条約」（新安保条約）であるが，憲法に関し

2）　存立危機事態とは日本と密接な関係にある他国に対する武力攻撃が発生し，これによりわが国の存立が脅かされ，国民の生命，自由及び幸福追求の権利が根底から覆される明白な危険のある状態という。しかしこのような状態はわが国と外国が同時に攻撃を受けている状態しかないのではないか。だとすれば個別的自由権対象になる。しかし政府答弁ではホルムズ海峡の閉鎖においても該当すると答弁している。これではどのような場合に武力行使できるか非常に曖昧不明確と言うほかない。

てはさまざまな問題が含まれている。とくにこの新安保条約に基づく日米地位協定（旧安保条約においては日米行政協定）に関してはその不平等性が問題である。入国の管理ができず，刑事・民事事件の治外法権状況，巨大な支配空域の存在などがあり，不平等条約と言ってよい。2020年の新型コロナ禍においても米軍関係者の入国者に対する検疫がなされず，また米軍人の犯罪に対しても裁判権が及ばないとされるなど問題が指摘されている。

第 II 編
権 利 の 保 障

　第II編は第5章から13章までで構成される。いわゆる人権宣言と言われる部分であり，憲法が個人の尊厳の確保のために存在することを考えるとき，憲法の本質部分である。いわゆる人権のリストになるが，人権にもさまざまな種類が有り，人権の種類によりその位置づけの差やその生まれた歴史的背景が異なることを理解して欲しい。多くの人権が明治憲法の時代を反省して規定されていることも理解し，なぜ規定されたのかという背景も理解して欲しい。一方新しい人権と言うことが言われるが，なぜそれらが主張されるに至っているのか，またそれらを現憲法上どのような理論で認めていくのかも考えて欲しい。

第5章

基本的人権総説

基本的人権の概念を理解しよう。どのような人権があり、どのような主体に対してどのような形で認められるのかを理解する。

1．人権の意味

ここで人権とは、人間がただ人間であるということに基づいて当然に権利を有するという考えで、一人ひとりの人間が尊厳なる存在であるという自覚に立脚する。これは憲法13条にも明示されている。

人権の発達の歴史は古くマグナ・カルタ（1215年）までさかのぼるといわれる。その後権利請願・権利章典を経てアメリカ諸州，アメリカ独立宣言，フランス革命などを経て各国の憲法に権利宣言，人権宣言という形で（国家からの自由という形で）一般化していった。ただこれらの人権を実際に謳歌できたのはまだ一定の階層に限られていた。しかし，19世紀も半ばになってくると，産業資本主義の発展に従い労働者階級が形成され彼らも自らの権利の擁護を求めるようになり，参政権もより広く拡大され，人権もより拡大していくことになる。すなわち国家への要求も生じ，いわゆる社会権といわれるものが生じてくるのである。さらに高度に社会が発展してくるに従いさまざまな人権の必要が実感され（プライバシーの権利や環境権など）人権のカタログはそれに応じて増加している。すなわち人間の尊厳を守る状況の変化に応じ人権も変化しつつある。

2．人権の種類

憲法は包括的人権として，個人の尊厳・幸福追求権（13条），や法の下の平等（14条）をかかげ，15条以下にさまざまな人権を保障している。

（1）自　由　権

　自由権とは，市民革命後（18世紀後）広まった人権である。国家が個人の生活や行動に干渉したり介入することを排除する国家からの自由を意味する。精神的自由，経済的自由，人身の自由に分類できる。

（2）社　会　権

　資本主義の発達に伴い生じた貧困や疾病，失業などから経済的弱者・社会的弱者を国家の力で救済することによって個人の尊厳を守っていこうとする人権で，国家による自由といわれる。生存権や教育を受ける権利，勤労の権利，労働基本権がある。

（3）参　政　権

　国民が国政に参加する権利で，選挙権・被選挙権，憲法改正の国民投票権などがある。国民主権の現れでもある。

（4）国務請求・賠償請求権

　前者は国家に積極的行動を請求できる権利の事で，請願権（16条），裁判を受ける権利（32条）などがある。後者は国家賠償請求権（17条），刑事補償請求権（40条）等人権侵害に対する金銭補償を内容とする。

3．人権の享有主体

　人権の享有主体は，憲法が日本人を前提としていることから基本的に日本国民を対象とする。日本国民の要件は法律で定められ（10条），国籍法によれば，①出生時に父か母が日本国民であること，②出生前に死亡した父が死亡時に日本国民であったこと，③日本で生まれた場合，父母ともに知れないか国籍を有しないときとされている。また外国人は一定の要件を満たしたとき帰化することができる。

　人権の享有主体で問題になるのは天皇，法人，未成年者，外国人，在監者な

どで，以下問題点をのべる。

（1）天皇および皇族

　天皇および皇族も自然人であり，日本国民である。しかしだからといって当然一般の日本国民と同様の人間としての基本的人権を享有するかについてはその地位の特殊性から問題がある。すなわち天皇は日本国民統合の象徴という地位があり，その地位は世襲により継承されるということである。また政治活動はできないし，国籍離脱や表現の自由，職業選択の自由，参政権などが認められない。婚姻にあたっても皇室会議の議を必要とし，経済活動についても制約がある。皇族もほぼこれに準ずる制約がある。これらは憲法制度上天皇制を認めていることによるものである。すなわちこの制度と矛盾しない範囲で人権が認められる。

（2）法　　　人

　法人とは自然人ではない「人」であって，法律によって権利義務の主体となることを認められた存在である。たとえば，株式会社や学校法人，組合，財団などである。確かに憲法が予定している人権の享有主体は自然人であるが，現代社会においては法人も社会の重要な構成要素であり，自然人同様社会で活動している以上，可能な限り人権の享有を認めるべきであると解されている（通説）。問題はいかなる人権が認められるかであるが，平等権，請願権，国家賠償請求権，通信の秘密，経済的自由，法定手続きの保障などは認めてよいが，生命とか家族，社会権などは，性質上認められない。

　この問題について有名な判例として八幡製鉄献金事件がある。この事件は八幡製鉄の取締役が同社名で自民党に対し政治献金を行ったことが会社の目的の範囲外の行為であるとして，株主から取締役に対し献金した金額を会社に返金するように訴えた事件である。これに対し最高裁は「会社が，納税の義務を有し自然人たる国民とひとしく国税等の負担に任ずるものである以上，納税者たる立場において，国や地方公共団体の施策に対し，意見の表明その他の行動に

出たとしても，これを禁圧すべき理由はない。のみならず，憲法第3章に定める国民の権利および義務の各条項は，性質上可能なかぎり，内国の法人にも適用されるものと解すべきであるから，会社は，自然人たる国民と同様，国や政党の特定の政策を支持，推進しまたは反対するなどの政治的行為をなす自由を有する」とした（最大判昭45.6.24民集24巻6号625頁）。なお第1審は「本件のような特定政党に対する政治資金寄付行為は，定款所定事業目的外の行為で，定款違反及び取締役の忠実義務に違反」（東京地判昭38.4.5）とした。

　また税理士法の改正にかかる政治献金のために徴収した特別会費の支払いを拒んだ税理士会会員に対し役員の選挙権や被選挙権を停止したことに対し訴えた南九州税理士会事件では「法が税理士会を強制加入の法人としている以上，会員には様々な思想・信条及び主義・主張を有する者が存在することが当然に予想されている。したがって……会員に要請される協力義務にも，おのずから限界がある。特に（政治団体に対する寄付は）会員各人が……自主的に決定すべき事項である……。税理士法49条2項で定められた税理士会の目的の範囲外の行為であり……無効」とした（最三判平8.3.19民集50巻3号615頁）。

（3）外　国　人

　外国人とは日本国籍を有しない人のことである。すなわち外国国籍者か，無国籍者をいう。従来憲法はその国民に対し保障するものであり，外国人に対しては適用されないと考えられていた。しかし現在ではとくに日本国民のみを対象とする人権を除き，人権の性質上可能な限り人権保障が及ぶと考えられている。また日本には歴史沿革上日本に定住している在日韓国人のような人々もおり，外国人といっても旅行者などの短期滞在者や，一定の入国資格を持って在留する外国人，定住者などの差異がある以上個々具体的に考えていくことが必要であると考える。

（4）未　成　年　者

　未成年者も人であり当然人権の享有主体であるが，成年者と比べ未成熟であ

ることから判断能力なども未熟であり，心身共に傷つきやすく，そのためにさまざまな自由の制約がその人権の特質に応じて制限されることになる。たとえば婚姻も一定年齢以下ではできないし*，また年齢を満たしても保護者の同意を必要としたり，資格取得上の制限も多い。

　問題となった例としては，校則によるさまざまな制限の例がある。たとえば校則で丸刈りの強制を行うことはできるのかについては裁判にもなっているし，バイク免許取得などについてもやはり裁判となり問題になった**。

＊　2018年6月13日に成立した改正民法によって，成人年齢が18歳に引き下げられ，また民法731条も改正され結婚最低年齢が男女ともに18歳になった。親の同意が必要な結婚のケースが存在しなくなった。結婚最低年齢に男女差を設けていた理由は，肉体面や精神面の成熟に男女差があることであった。しかし，社会が複雑になっている現代では，肉体面や精神面の成熟だけでなく，社会面や経済面で成熟していることが必要だと考えられるようになり，社会面や経済面の成熟という意味では男女に差がないため，結婚最低年齢が18歳で統一された。改正民法は2022年4月1日から施行される。

＊＊　丸刈り訴訟について（熊本地判昭60.11.13行集36巻11・12号1875頁）
　熊本県下の中学校に通学していたXは，丸刈り強制の校則に対し憲法違反であると訴えた。熊本地裁は，①住居地による差は合理的な差別で憲法14条に反しない，②校則の制定は校長の裁量，③丸刈りの校則は非行化防止や中学生らしさを保つ，清潔さの維持などを制定目的とする。これは一般的な根拠には乏しいが，学校創立以来の慣行，職員会議での確認などに照らせば著しく合理性を欠くとはいえない。としてXが敗訴している。しかし髪型は自己決定権に属する人権として憲法13条から根拠づけられる人権であり，校則による規制はその性質による限界がある。校則は原則的に学校教育に関する事項を規律できるにすぎず校外活動を規制する場合にはきわめて強い正当化事由を必要とする（オートバイ規制ではここが問題となる（最三判平3.9.3判時1401号56頁など）。判例は校則を適法とするが，通学使用はともかく帰宅後の使用や免許取得までの規制はできないだろう）。規制の許される事項であっても過度な規制は許されず（ここに頭髪の自由が含まれる。パーマや過度な長髪は許されないであろう），その意味で丸刈りは髪型選択を全く否定するものであり許されないであろう（この件については阿部泰隆・法学教室65号11頁, 戸波江二・法学教室96号6頁, 浅利祐一・百選Ⅰ48頁など参照）。

(5) 刑事施設被収容者

　刑事施設被収容者とは刑事施設に強制的に収監されている者（既決の受刑者，死刑確定者，未決拘禁者など）をいう。憲法は刑事施設被収容の存在と自立性を認めており（18条・31条）一般国民と異なった人権制約が行われることは予定されている。かつては受刑者は公法上の特別権力関係[1]に服する者としてとらえられていて，行刑機関は行刑目的達成のために必要な範囲内で受刑者に対し法規の根拠なく命令や強制，懲罰などを行うことができると解されてきた。しかし，現在特別関係理論は排除されており，拘禁目的を考え国家が拘禁関係するにあたっての受刑者の法的地位は法律関係として捉え受刑者の人権制限は自由にできるわけではなく，被拘禁者の人権に配慮し拘禁の目的（犯罪者の社会復帰）上必要最小限の制約であるべきであると考えられている。1955年国連の被拘禁者処遇に関する国連最低基準規則は受刑者の法的地位を明確にする意識の結果である。

(6) 公　務　員

　公務員に関しても，かつては特別権力関係の理論が適用されていると考えられたが，前述の趣旨より，現在では特別権力関係理論の適用は否定されている。しかし，公務員には政治活動の自由や労働基本権の制限があり，その理由が問題となる。職務の公平性や政治的中立性が求められるといった理由，職務の公共性などを理由としている。しかし，職務の公共性や中立性があったとしても，公務員も人権の享有主体である以上その制限は必要最低限にしなければならず，一般的一律的な制限は問題がある。公務員の政治活動の自由については後述（78頁）する。

　1）　特別権力関係　　特別関係理論とは特別の目的のために行政主体と行政客体との間に包括的な支配服従の関係があるとして，通常の一般的な支配関係とは異なった関係にあるとする理論。この関係では法治主義の原則は認められず基本的人権も認められないとされていた。ゆえに現憲法下でのこの理論の適用は否定的に考えられている。

4．人権の私人間関係

　憲法は本来公権力（国・自治体）と国民との関係で適用されることを前提としており，私人と私人の関係は各個人がそれぞれ独立した人格の持ち主として自由・対等の関係で処理されることを予定していた（私的自治の原則）。しかし現代社会を見ると巨大な法人が一方に存在し，自由で平等，対等の関係に立って処理する前提がなくなってきた。つまり巨大な民間（私人）の社会的権力が存在するようになり，この社会的権力により人権侵害が起こるようになってきたのである。ここに私人間の関係に対しても憲法の人権規定の適用を考えなくてはならないという認識が生じてきた。そこでこの問題に対し直接憲法の人権規定を適用する説（直接適用説），原則通り憲法の規定は私人間には適用しないと考える説（不適用説），民法の基本原則や公序良俗原則を使って間接的に憲法の規定を適用するという説（間接適用説），人権の種類によって直接的に適用し，そうでない場合は間接的に適用する説などに学説は分かれている。判例*は間接適用説を採用している。しかし16条や18条，27条3項，28条など憲法の規定を直接適用することを予定している規定もあり，間接適用説を基本としつつ人権の種類を個別的に考えて適用を考える説が妥当であろう。

　　＊　私人間適用についての判例（以下以外にも法の下の平等に関し多くの判例がある。51頁参照）
　　①　三菱樹脂事件（最大判昭48.12.12民集27巻11号1536号）
　　私企業が労働者を雇い入れる際に思想信条に関する事項の申告を求めそれを理由に雇用を拒否することができるかが争われ，企業者は経済活動の一環として契約締結の自由を有し特定の思想信条を有することをもって雇い入れることを拒んでも，それを当然に違法とすることはできないし，労働者の採否決定にあたり労働者の思想信条を調査しそのためその者からこれに関連する事項に関する申告を求めることも違法でないとした。しかし，この判例は無効力説に近いとの批判が強い。
　　②　日産自動車女子若年定年制事件（最三判昭56.3.24民集35巻2号300頁）
　　男子55歳女子50歳の定年制を採用する就業規則が憲法14条に反するのではないかで争われた事件。最高裁は性別のみによる不合理な差別を定めたものとして民法90条により無効と解するのが相当とし間接適用説の立場を示した。

他に52頁の住友セメント結婚退職制訴訟（東京地判昭41.12.20労民17巻 6 号1406頁）も参照。

第6章
包括的権利と基本原則

この章の point

　この章でのべるのは，人権の総則的規定と位置づけられる規定である。とくに13条は新しい人権の根拠規定にもなっている。新しい人権の根拠になぜこの規定が使われるかの論理を学ぶ。また，婚姻についても便宜上この章でふれている。

第1節　幸福追求権（13条）

（1）13条の意義

　かつてこの条文はプログラム的性質の条文で，人権や国政のあり方や基本的人権に対する総説的意味を持つにすぎず，実定法上の基本権は14条以下に限定されると解されていた。しかし現在ではこのような考えは採られておらず，幸福追求権は人格的生存に不可欠な権利を包摂する包括的な権利*の根拠となる規定であると解されている。そもそも人権とは人間としての生存に不可欠とされる権利のことである。そのように解すれば，憲法の保障する権利は14条以下に限られない。たとえ13条の内容が包括的であるとしても不明確ではないし，前述のような人権の意味から社会の変化に対応して新しい人権を憲法上保障する必要もあり，さらに憲法制定時にすべての将来必要とされる人権を明文で定めることは実際上不可能でもあるからである。したがって，憲法に明記されていないものであっても，人間の生存のために不可欠な権利である限り憲法13条によって根拠づけられると考える。ただ注意すべきは自分にとって利益があることなら何でも13条の保護があると考えることは人権としての価値を低めることになることに注意すべきである。

この点最初に判例で憲法上の権利と認められたのが肖像権である。（最大判昭44.12.24刑集23巻12号1625頁）この判例によると「憲法13条は……国民の私生活上の自由が，警察権等の国家権力の行使に対しても保護されるべきことを規定しているものということができる。そして，個人の私生活上の自由の一つとして，何人も，その承諾なしに，みだりにその容ぼう，姿態を撮影されない自由を有する」としている。このほか新しい人権としてその後展開された人権はプライバシー権，知る権利，アクセス権，環境権，嫌煙権などがあげられる（これらの新しい人権は13条だけでなく他の条文も根拠に使う。たとえば環境権は13条とともに25条をその根拠とする）。

　そこで問題となるのが新しい人権を認めるとしても安易に認めていっては既存の人権の価値が相対的に低下する（いわゆる人権のインフレ化）のではないか，裁判所の価値判断で人権が認められていくのでは三権分立に反しないか，等の疑問である。そこで新しい人権の根拠となる13条の後段の「幸福追求権」は前段の個人の尊厳と結びついて理解すべきであって，人格的生存に不可欠であるか否か，またその権利が長期間国民生活にとって基本的なものであり，多数の国民がしばしば行使し，他人の基本的人権を侵害しない等の複合的な基準で理解するべきであると解される。以下新しい人権に関して，重要と思われる，プライバシー権，名誉権，自己決定権について簡単に述べる。

　＊　13条の内容については本書のように考える人格的利益説と一般的自由説とがある。一般的自由説ではあらゆる行為の自由を認める方向になり，人権のインフレ化が問題になる。憲法上の権利を保障するには，「個人の人格的生存に不可欠」だからこそという視点が必要である。

　＊＊　13条には「個人の尊重」という言葉が使われる。これは一人ひとりの人間を自立した人格的存在としてとらえ尊重するということで，一人ひとりが固有の価値を有する，ゆえにその存在と価値を尊重するという認識を示す。「人」ではなく「個人」という言葉を使う意味がそこにある。これは「個人主義」の考えである。ただ自分のことばかり考え他のことを考えない「利己主義」とは別物であることも意識しておかなく

てはならない。また日本は伝統的に「集団主義」の社会で一人ひとりの権利より集団の価値を優先する。集団構成員と異なったことに対しては集団の結束力を弱める存在としてとらえる。そこにはみんなと同じことがいいという価値観から「個人」が無視される傾向が強いことも意識しておく必要がある。

（2）プライバシーの権利

アメリカの判例理論の中から発展してきた概念である。当初は私生活を外部からの侵入に伴う精神的苦痛から守るということで「私生活をみだりに公開されない権利」としてとらえられていた。その後この権利は人間の存在や生き方に最も深くかかわるものとして，対公権力の関係で妥当すべきものと解されるに至る。さらに現代国家の管理化傾向の増大，社会のコンピュータ化の進展から，最近は「自己に対する情報をコントロールする権利」ととらえる立場が有力となった。なぜなら，情報化社会の進展の中で，自己情報の閲読，訂正，抹消などを請求する権利を認める必要性が強まってきたことがあげられる。条文上の根拠は，21条2項（通信の秘密の保障），35条（住居侵入・捜索・押収に対する保障），38条1項（不利益供述強要禁止），19条（思想良心の自由），21条（表現の自由）などにより根拠づけられ，これらの条項が妥当しない場合に13条が根拠とされる。

（3）名　誉　権

名誉も人格価値そのものに関わるものであることから，13条によって保護されると考えられる。判例（北方ジャーナル事件）は名誉を「人の品性，徳行，名声，信用等の人格的価値について社会から受ける客観的評価……人格権としての名誉権」と定義づける（最大判昭61.6.11民集40巻4号872頁）。表現の自由と名誉権の保護の問題については，76頁以下に説明する。

（4）自己決定権

自己決定権とは，自己の一定の私的事項について自ら決定する権利のことを

いう。

　現代の管理化された社会において，純粋に私的な事項については自ら決めうるということの意味が重要になってきており，ここに幸福追求権の一内容として位置づけられると考えられるに至っている。自己の生命や身体などについての自己決定（安楽死，尊厳死，治療拒否）や，結婚など人生の選択などについての自己決定（結婚，離婚，氏の選択），生殖活動に対するもの（妊娠，避妊，出産），ライフスタイルについて（髪型や服装）等が考えられる。

《輸血拒否の扱い》

　　輸血を巡る裁判で「患者が，輸血を受けることは自己の宗教上の信念に反するとして，輸血を伴う医療行為を拒否するとの明確な意思を有している場合，このような意思決定をする権利は人格権の一内容として尊重されなければならない。……輸血を伴わない手術を受けることができると期待して入院したことを知っていたという事実関係の下では，医師は手術の際に輸血以外に救命手段がない場合は輸血をするとの方針をとっていることを説明し手術を受けるか否かを本人の意思決定にゆだねるべき（一部筆者要約）」とする（最判平12.2.29民集54巻2号582頁。百選Ⅰ56頁）。

（5）環境権——人格権的環境権

　環境権については25条によって根拠付ける立場も有力である（環境に関わる生存権）。しかし，自然環境との関係で成立する人格権という性質もあり，13条を根拠とすることも可能である。すなわち人格的な属性を発展させるための権利と解すれば生命，身体，名誉などと同様にその1つとして環境的人格権を理解することができる。その結果，自然的生活環境を汚染することにより，自然的生活環境を破壊されたならばその侵害を妨害排除できる権利としての構成が可能である。

　とくに2011年3月11日の原発事故との関係で見てみよう。原発事故は当該地域に住む人に対し水や土やそこに住むあらゆる生命体に対し，見えない形で，しかも長期的に侵害し続ける放射線被曝のおそれという汚染をもたらした。その結果被災地への帰還を避け長期にわたり避難し続ける多くの人々（不安やお

それから）を生み出した。生存に不能というデータがない状態でのこのような
おそれを理由とする環境汚染に対して生存権的環境権では十分にはカバーでき
ない面もある。そこに人格権的環境権の意味があると考える[1]。

　すなわち環境権の根拠条文としては13条と25条があると考える。

第2節　法の下の平等（14条）

（1）近代以前においては不平等や差別は当然のこととして存在してきた。た
とえば江戸時代における士農工商などその一例である。自由と平等は近代市民
革命の大きな理念であった。この平等原則は生まれにより人を差別することを
禁止するものである。

　明治憲法下においても平等原則は存在していた（明治憲法19条）。しかしかな
り不完全であり，主権者としての天皇制を認め華族を認め男女の差別も存在し
た。しかし現憲法は象徴としての天皇制を認める以外はかなり徹底した平等原
則を定めている。

　まず法の下の平等についてであるが，法律の適用のみ平等であっても法の内
容が不平等であっては平等は果たせないので憲法は立法者をも拘束すると解さ
れている。

　つぎに平等の内容であるが，これはすべての人々を形式的に平等に取り扱う
ということではない。もし絶対的に機械的にすべての人を平等に扱ったとして
も，人間は生まれながらにして各人の能力，性別，年齢，収入等が異なる以上
同等に扱うことがかえって不平等で不合理な結論になるからである。すなわち

1）　丸森町廃棄物処分場事件（仙台地決平4.2.28判時1429号109頁）では「人は生存して
　いくのに飲用水の確保が不可欠であり，かつ確保した水が健康を損なうようなものであ
　れば，これも生命あるいは身体の完全性を害するから……そのような侵害の生ずる高
　度の蓋然性のある事態に置かれた者は……侵害行為を予防するため事前に侵害行為の
　差し止めを請求する権利を有する」として人格権的環境権を認めた。

憲法は実質的平等の実現をはかっており，国家が個人それぞれを基本的に平等に扱うという，いわゆる相対的平等を指していると解される。たとえば労働条件について女子を男子より優遇することがあったとしても法の下の平等に反するとはいえない。ではどのような場合に合理的差別（相対的平等）が許されるのか。個人主義的・民主主義的理念に照らしたうえで，人権の性質を考慮し立法目的と達成手段の2つの目的から合理性の有無を判断すべきである。

（2）憲法に例示されている5つの例について解説する。

①　**人種**とは皮膚や毛髪，体型などを理由とする人類学的な分類をいう。黒人，白人などの区別である。この区別は生まれながらに機械的に分類され，どの人種に属するかは全く個人の意思に関係なく決まる以上，このことを以て差別的な扱いを行うのは合理的理由はない。日本は単一民族といわれるが，アイヌ民族やその他外国から帰化した者もおり，これらの者に対し差別的な制度を設けてはならない。

②　**信条**とは歴史的には宗教や信仰を意味していたが，現在はさらに広く世界観や思想も含む。信条による差別は労働問題において問題になることが多い。人権規定の私人間適用において問題となることも多く，この点で争われたのが三菱樹脂事件*である。現在特定のイデオロギーの存在を基礎とする傾向企業以外では思想信条による差別は認められない。

＊　三菱樹脂事件（最判昭48. 12. 12民集27巻11号1536頁）
　　人権規定の私人間適用，思想信条の自由，平等権などさまざまな論点を含んだ事件であった。東北大学出身の学生が入社試験にあたって，在学中の学生運動の経験を申告しなかったために解雇された事件。最高裁は申告を求めることを合憲としたが学説では強い批判が起こった。原告のＴ氏は和解により会社に復帰した。

③　**性別**とは男女の別である。歴史的には女性が不利益を受けることが多かった。かつて選挙権は男性にのみあたえられていたし，旧民法では妻は無能

力者として扱われていたのである。男女同権の言葉に示されるように現在では差別的取扱いは一切否定されている*。ただ男女間には生理的差異があり，そのような違いに応じた取扱いの区別は法の下の平等に反するわけではない**。

* 住友セメント結婚退職制訴訟（東京地判昭41.12.20労民17巻6号1407頁）
　本採用6年後に結婚したことを理由に解雇を通告された女性職員が提訴。会社側は女子職員に対し「結婚または満35歳に達したときは退職する」ことを労働契約の内容とすることを定めていた（念書も提出）。その理由は女性は結婚後は家庭本位となり，欠勤が増える等を理由に労働能率の高い結婚前のみ雇用という経営方針を主張したが，これに対し東京地裁は「女子労働者のみにつき結婚を退職理由とすることは性別を理由とする差別をなし，かつ，結婚の自由を制限するものであって，しかも合理的根拠を見いだし得ない」として労働契約などを公の秩序に反するとして民法90条違反で無効とした。定年差別につき42頁参照。賃金差別についても男女別賃金体系を設けていた銀行の賃金体系を無効としている（秋田相互銀行賃金差別事件。秋田地判昭50.4.10労民26巻2号388頁）。

** 再婚禁止期間規定違憲訴訟
　平成28年6月1日，民法の一部を改正する法律が成立し，女性の再婚禁止期間が6カ月から100日に短縮された。また，女性が前婚の解消もしくは取消しの時に懐胎していなかった場合または女性が前婚の解消もしくは取消しの後に出産した場合には再婚禁止期間の規定を適用しないこととした。この規定が改正されたのは平成27年12月16日に最高裁大法廷（民集69巻8号2427頁）において6カ月の再婚禁止期間をおいていた改正前の民法733条が違憲であるとの判決が出されたことによる（通算10件目の違憲判決）。この問題に関してはたびたびの裁判がなされ，平成7年12月5日にも最高裁は違憲の主張を退けたところである（最判平7.12.5判時1563号81頁）。これに対し諸外国でもこのような規定が削除されつづけ（フランス2004年，韓国2005年）また平成8（1996）年には法制審議会民法部会の答申として出された民法改正要綱案で100日への制限の短縮がされていたところである。平成27年の判例の構成は民法733条の生まれてくる子の法律上の父を定めようとする目的はいいが，手段としての制約が強すぎるので過剰に制約している100日を超える部分が違憲であるとした。この結果が改正法になったのである。ただ，現在も100日の制限が果たして妥当なのか，父親を定める手段は現在さまざまあることを考えるとき制限の手段としての妥当性自体の再考の要はあると考える。

④　**社会的身分**とは人が社会においてしめる継続的な地位や身分をいう。非嫡出子*であること，尊属であること**などがこの例である。

* 　婚外子相続差別訴訟（最大決平25.9.4民集67巻6号1320頁）
　平成25年9月4日最高裁は大法廷で全員一致で民法900条第4号の婚外子の相続分を婚内子の半分とする相続分の差別規定を憲法14条の違反と決定した。同規定に関しては平成7年には合憲と判断していた。この問題についてはすでに大阪高裁などで違憲の確定判決が出されていたり，法制審議会において民法改正要綱にもまとめていた。また国連規約人権委員会による日本への再三の勧告もなされていた。この判例をうけ平成25年12月5日民法の一部改正がなされ嫡出でない子の相続分が嫡出子の相続分と同等になった。

** 　尊属殺重罰規定違憲判決（最大判昭48.4.4刑集27巻3号265頁）この裁判は初めての最高裁の違憲判決としても有名であり，少し詳細に紹介する。
　事件の事実の概要
　被告人は14歳の時実父に姦淫され以後10年以上夫婦同然の生活を強いられて5人もの子どもを生んだ。29歳になり職場の同僚の青年と愛し合い正式な結婚をしようとしたが実父は被告人を支配下に置き醜行を継続しようと10日以上にわたり脅迫虐待したために，被告人は懊悩苦悶の極みに陥りこの忌まわしい境遇から逃れるために実父を殺害し，自首した。刑法200条で起訴され，第1審は刑法200条を憲法違反として刑法199条を適用し過剰防衛にあたるとしつつ心神耗弱として刑を免除したが，2審はこれを破棄し刑法200条は合憲とし，心神耗弱と酌量減刑を適用し懲役3年6カ月の実刑を言い渡したため，同条の違憲を主張して上告。
　判旨
　刑法200条の立法目的は尊属を卑属やその配偶者が殺害することをもって一般に高度の社会的道義的非難に値するものとして通常の殺人の場合より厳重に処罰しこれを禁圧するにある。……尊属に対する尊重報恩は社会生活上の基本的道義というべく……刑法上の保護に値し……尊属を殺害するがごとき行為は……重い非難に値する。……このことを処罰に反映させてもあながち不合理であるとはいえない。……被害者が尊属であることを類型化し法律上刑の加重要件とする規定を設けても……ただちに合理的な根拠を欠くものと断ずることは出来ず……憲法14条1項に違反すると言うことも出来ない。

しかし，「刑罰加重の程度いかんによっては，かかる差別の合理性を否定すべき場合がないとはいえない。すなわち，加重の程度が極端であって……立法目的達成の手段として甚だしく均衡を失し，これを正当化しうべき根拠を見出しえないときは，その差別は著しく不合理なもの……かかる規定は憲法14条１項に反し無効である」「尊属殺の法定刑はそれが死刑又は無期懲役に限られ……あまりに厳しいものというべく……立法目的，すなわち尊属に対する……自然的情愛ないし普遍的倫理の維持尊重の観点を持ってしては，これにつき十分納得すべき説明がつきかね……合理的根拠に基づく差別的取扱いとして正当化することはとうていできない。」「以上のしだいで刑法200条は尊属殺の法定刑を死刑又は無期懲役刑のみに限っている点において，その立法目的達成のため必要な限度を遙かに超え，普通殺に関する刑法199条の法定刑に比し著しく不合理な差別的取扱いをするものと認められ憲法14条１項に違反して無効である。」なお，田中裁判官の「尊属殺人なるが故に差別的取扱いを認めること自体が……14条１項に違反する」の意見がある。

（久保田きぬ子昭和48年度重判９頁，小林武百選Ⅰ62頁など）

　⑤　**門地**とは家柄とか門閥といった出生によって決定される社会的な地位や身分をいう。江戸時代の士農工商などの身分はこれにあたるし，華族・士族などの明治憲法下の身分もこれにあたる。

　⑥　以上14条に記述されている例を述べてきたが，この５つの例は限定的なものではなく例示的に列挙されているものでこれら以外の差別を許す意味ではない。

第３節　婚姻・家族生活の権利 (24条)

（1）明治憲法下では家族に関する定めはなく，民法の家族法により定められていた。その中心は「家」制度であり，家父長主義的，集団主義的家族主義が特徴であった。現憲法はこの封建的，男尊女卑傾向*の強い「家」制度を廃止し，家族間にあっても本質は個人の尊重にあるとして24条を定めた。この規定は14条の平等原則の具体化という意味もあるが，家族生活に関する価値観の多

様化**もふまえ，家族生活における個人の尊厳確保の視点からこれを解釈していくという方向性が示されつつある。

　＊　この条文の生みの親は戦前日本に滞在し，日本の女性が不平等下におかれていることを強く感じていた女性の民政局員（日本国憲法草案作成に携わった）のベアテ・シロタ・ゴードンである。彼女がこのとき出して採用されなかった条文案には，「嫡出でない子は法的に差別を受けない」という条項もあり，これは既述のように婚外子相続差別違憲訴訟に対する平成25年9月4日の決定をうけた平成25年12月5日の民法改正によりやっと実現された。

　＊＊　家庭生活については事実婚や同性カップル，非婚などさまざまな価値観の多様性が現れている。また性同一性障害者についても戸籍の性別記載の変更が認められ変更後の婚姻も可能になっている。

（2）婚姻の自由（24条1項）

　旧民法では婚姻に戸主の同意が必要とされたが，この規定により当事者以外の意思を婚姻の要件にすることはできない。ただし，婚姻届出制度や未成年の婚姻に際しての父母の同意，婚姻年齢の制限などは24条が法律婚制度を前提にしており，24条に反するものではない（但し42頁で記したように民法が改正され男女とわず18才以上で父母の同意なく結婚が可能となる）。

　またこの条文の「両性の合意」という文言により，憲法では同性婚*を認めないという解釈もあるが，この条文は沿革的に見ても両性の「合意のみ」という部分に比重があり，個人の尊厳にとり重要な婚姻制度を考える時，憲法が，同性婚を否定するものとは解されない。

　＊　世界的には2015年現在20カ国で同性婚法が制定されている。登録されたパートナーシップに関する法律も多くの国々で制定されている。日本では2015年3月に東京都渋谷区で同性カップルの認証制度が導入された。2015年6月のアメリカ合衆国最高裁判決では同性婚を基本的人権として，その禁止を違憲と判断した。婚姻にはさまざまな

法的保護があたえられているが，婚姻が単なる子孫維持のためのシステムなのか，なぜ法的な保護があたえられるのかまで踏み込んで考えていく時代になっている。

（3）家族生活（24条2項）

　家族に関しては法律は個人の尊厳と両性の本質的平等に立脚して制定されなければならない。再婚禁止期間や婚外子についてはすでに前述したが，夫婦同姓原則もここで問題になる。民法750条は中立的な条文で夫婦での共通の氏*を定めるとしているが，家制度の影響もありそのほとんどが男性側の氏を選択している。共通の氏ということで氏の変更を強制している面もあり24条に反するという見解も成立しよう。

　＊　婚姻によって「夫又は妻の氏を称する」とする民法750条の問題であるが，約96%は夫の氏を選択している。氏の選択については民法の規定自体は形式的には平等であるが，旧来の「家」に嫁ぐ歴史に由来する観念の残存として，結婚をしたら夫の氏を名乗る風習として残っている結果であろう。平成8年2月に出された民法の一部を改正する法律要綱案では「夫若しくは妻の氏を称し，又は各自の婚姻前の氏を称するものとする」との案を示していた。しかし反対論が強く法案としての提出はされなかった。氏の問題は平等権というより，氏名についての自己決定権ととらえ13条の問題になろう。歴史的には平民に氏の使用が許されたのは明治になってからで，明治9年の太政官指令では夫婦別氏をとっていたが明治31年の旧民法において「家」制度の導入に伴い夫婦とも家の氏を称することから同氏になったものである。夫婦別姓に反対する立場からの理由は家族の一体感の維持や家族の絆，夫婦別姓を望む人の数などをいう。しかし個人の自己決定を多数決で決すべきでないことはいうまでもないことであり，氏名が個人の人格の象徴であることを鑑みれば選択は各個人に任せるべきであり，法律要綱案の方向が妥当であろう。

　　この問題につき，夫婦別姓訴訟がなされ平成27年12月16日に最高裁判決が出された（最大判平27.12.16民集69巻8号2586頁）。訴えの趣旨は，民法750条が「夫婦は，婚姻の際に定めるところに従い，夫又は妻の氏を称する」と定めていること（同姓を求めること）が，憲法13条，14条1項，24条に反するというものであったがこの訴えは認められなかった。最高裁の多数意見（岩井要約）は「氏名は社会的に見れば，個人を他人から識別し特定する機能を有するが，同時にその個人から見れば，人が個人とし

て尊重される基礎で，その個人の人格の象徴で人格権の一内容を構成する……しかし，「氏の変更を強制されない自由」が憲法上保障される権利ではないから13条には違反しない。」また夫婦で氏の選択を夫婦の協議にゆだねているから14条1項にも反しないとする。24条に関しては「24条2項は……制度の構築を第一次的には国会の合理的な立法裁量に委ねるとともに，その立法に当たっては，同条1項も前提としつつ，個人の尊厳と両性の本質的平等に立脚すべきであるとする要請，指針を示すことによって，その裁量の限界を画した……近時，婚姻前の氏を通称として使用することが社会的に広まって……不利益は……一定程度は緩和され得る……以上の点を総合的に考慮すると……合理性を欠く制度であるとは認めることはできない」ので憲法24条に違反しないとするものであったが，女性裁判官3名は全て夫婦別姓を支持した。5名の少数意見の基本的視点は，戦後女性の社会進出が顕著となり婚姻後に稼働する女性も増加し晩婚化も進み，氏を改めることにより生ずる，婚姻前の氏を使用する中で形成されてきた他人から識別し特定される機能が阻害される不利益，個人の信用，評価，名誉感情等の不利益が極めて大きなものになっているという理解である。

　前述の，平成8年の法制審議会の「民法の一部を改正する法律案要綱」の答申や，歴史上の沿革，諸外国の潮流（夫婦別姓をとっている国はほとんどない）を見るとき裁判所の言う「裁量の限界」も変化し夫婦別姓の方向も近いと考える。

　また日本には伝統的には同姓になることを許容するカップルが多く存在する一方，女性の社会的進出の増加に伴い同姓になることを許容しないカップルも増加しているわけであり，姓の選択を個々の判断に委ねること（選択的別姓）は，姓が個人の識別機能や人格の内容を構成していることを考えればその選択は許されるべき方向だと考える。

■第7章■
義　務

この章の point

三つの国民の義務の意味を理解する。

憲法は国民の義務を３つ規定している＊。10頁において述べたように憲法は基本的に国家権力の行使にあたる広い意味での公務員に尊重擁護義務を課しており，国民に対してはここで述べる３つの義務（納税の義務をのぞけば強制的ではない）を課しているにすぎない。

まず，26条２項に規定される**教育の義務**である。これは本人ではなく子どもの保護者に対しての義務である。ここでいう普通教育とは義務教育のことをいう（26条）。もちろんその子女が病弱などで教育を受けることができない場合に免除することは認められる。この義務に対応する形で市町村は義務教育の機関たる小中学校を設置する義務を負う。

つぎに，27条１項に定める**勤労の義務**である。これは強制的な義務ではなく，国民は自らの働きで生活を維持せよといった意味であり，労働を強制するものではない。だから，生活に十分な資力を有する者が職を持たずに生活をしたからといってこの条文に反することにはならない。また勤労が可能であることも条件で，勤労できない者は義務を果たしていないということはできない。

第３に，**納税の義務**（30条）であり，さまざまな国家活動に必要とされる財政を国民主権国家においては国民が支えることは当然なことで，憲法に規定されることによって生ずるものではない。この規定自体は憲法制定時に衆議院において挿入された。

＊　明治憲法下の義務

　およそ人が国家生活を営む上では外に対しては国を守り，内において国家活動を支えるということから①兵役の義務（20条），②納税の義務（21条）を国民の２大義務とした（教育の義務も臣民の３大義務としてあげられているが教育の義務は憲法ではなく勅令によるものである）。

第8章

精神的自由権

第1節　思想および良心の自由 (19条)

この節の point

　憲法が保障する思想良心の自由とはどのようなものなのか。そしてこれらを保障する意味および，その現代的意義について理解する。

　この規定は人間の内心の自由を保護しようとした規定である。

　この内心を外部に発表するときは表現の自由で，対象が学問の場合は学問の自由，宗教のときは信教の自由になる。

　沿革的には欧米では信教の自由と不可分なものとして主張され，人権宣言の中心をなす権利の1つになっている。とくに日本では明治憲法時代，治安維持法のもと特定の思想を反国家的なものとして弾圧の対象にしたという内心の自由を侵害した事を反省しこの規定をおいた。

　思想および良心の自由は心の中の問題である以上公共の福祉の制約を受けず，絶対的に保障される。文言にある思想と良心は，通説はとくにこれを区別していない。

　この保障の内容はまず，①特定「思想」の強制の禁止が挙げられる。つぎに，②「思想」を理由とする不利益取扱いの禁止，次いで，③沈黙の自由があげられる。

　この保障がある結果，国家権力が思想や良心を告白するように強制することはできないことになる。しかし，私人間の関係ではこの保障は相対化され企業

が労働者の採用にあたって思想信条の調査を行い関連事項の申告を求めても違法ではないとされている（前述三菱樹脂事件　最判昭48.12.12民集27巻11号1536頁）。

　判例で，裁判所が謝罪広告を新聞紙上に掲載することを命令したことが思想信条の自由に反するのではないかと問題となったが，単に「陳謝します」というだけでは人格の核心に関わる問題でないとして反しないとされている（最大判昭31.7.4民集10巻 7 号785頁）。

　また，戦後昭和25年のマッカーサー書簡の指令で共産党指導者および共産党員その同調者が政府機関や報道機関，民間企業に至るまで 1 万 2 千名以上も解雇・追放された事件があった。本来，19条の問題になる事例と思われるが，形式上民間会社が行ったものが多かったために憲法問題にならなかったのと（私人間効力の問題），判例はマッカーサー書簡によることで超憲法的法規の問題にしたり（最大決昭27.4.2民集 6 巻 4 号387頁），具体的な言動が原因として解雇を有効（最判昭30.11.22民集 9 巻12号1793頁）とした。しかし，もし現在この事件で裁判になったとき同じ論理は通用しないであろう。14条や19条の問題になると思われる。

　特定政党の加入等を理由とする賃金差別や配転，政党員であるか否かについての回答を求めるなどの行為が一部企業により現在でもなされる事もあり訴訟になることも多い。

《ビッグデータと内心の自由》
　内心の自由を巡っては最近科学技術の進展との絡みで問題が生じてきている。インターネットの一般化により多種多様な cyber space が存在し，大量かつ多方面かつ永年保存可能なデータ収集・蓄積・処理がなされている（ビッグデータ）。このデータを利用するとすれば個人の内心の自由・沈黙の自由を侵すことは簡単にできる。監視社会といわれる中どのように制御していくかが技術の進展とともに問題になろう。

《共謀罪について》（この思想信条の自由の節で示したが人権の様々な箇所で問題がある）
　この法律の正式名称は「組織的な犯罪の処罰及び犯罪収益の規制等に関する法律等の一部を改正する法律」という名称である。この法案は過去 3 回国会に提出され廃案

となった「共謀罪法案」と実質的に同じ内容で，600以上あった対象犯罪を約300に減らした点が異なるだけでのものである（長期4年以上の懲役・禁錮を含む法定刑の犯罪の中から選別）。結果的には参議院の委員会決議を省略するなど乱暴な手続きにより2017年6月15日未明に可決成立された。

この法案については刑法学者，憲法学者，弁護士会を始め多くの反対や疑問が出される中でそれらの疑問に真摯に答えることもなく成立させた点，わが国の政府の現在のあり方に大きな疑問を感じざるを得ないものであった。

この法律の問題点を簡単に示すと，第1に共謀罪という概念が日本の法体系と異質なものであることである。共謀罪とは複数の者で犯罪を共謀すること自体が独立の罪とされるもので実際に犯罪行動に出なくとも犯罪が成立する形態で英米法の体系である。しかし，日本の刑事法は基本的には大陸法系に属する。犯罪は原則として既遂犯を罰し，重大な犯罪についてその未遂を罰しさらに一部の犯罪に予備罪・陰謀罪を設けて対処する形になっている。複数の関与者に対しても共同正犯，教唆犯，幇助犯と行為形態を分けて対処している。加えて共謀共同正犯理論を判例は採っており，共謀した複数の者のうち誰かが実行に着手すれば共謀参加者全てが正犯として扱われる。このような精緻な法体系ができている現体系に共謀罪を導入することは木に竹を接いだようなことになる。

第2にこの法律が必要なのはテロ対策のための国際条約に加盟するために必要という説明である。しかし，この国際条約（国際組織犯罪防止条約）は通称パレルモ条約といわれる条約で，その目的は組織的経済犯罪対策の条約で，いわゆるマフィア対策の条約であって，テロ対策の条約ではない。国民のテロに対する不安を利用した説明であり，加えて国内法を整備しこの条約に加盟しなければオリンピックの開催ができないとまで言うのはどう見ても国民に対し偽りの理由を述べているといってよい。

第3に，日本のテロ対策はかなり充実しており，テロの対策としては，諸外国と比べても日本はかなり広い処罰範囲をすでに有している現実がある。テロ資金提供処罰法をはじめ最近ではドローンが問題になった後すぐにドローンについての立法がなされるなどほぼ穴のない状況になっている。ここに新たに約300もの共謀罪を加える根拠はない。また犯罪の取捨に関しても，かなり恣意的になされているのではないかの疑いがある。横領や背任については罪の軽い方を残し業務上横領や特別背任など重い犯罪が適用を外される理由が不明だし，テロとの関係が不明な森林法違反は入っているのに公職選挙法，政治資金規正法，政党助成法違反はすべて除外され，警察などによる特別公務員職権濫用罪，暴行陵虐罪は重い犯罪でも除外されているなどである。

第4に，最も重要な法案自体の内容である。政府は一般人が捜査対象になることは

ないと言いつつ，犯罪集団に属すれば対象になるというが，その犯罪集団か否かの判断もあいまいなままである。しかしそれでは恣意的な判断がいくらでも可能であるし，それでは刑事法の一大原則である罪刑法定主義（115頁）を無視することになる。しかしこの問題について結局明快な説明がないままであった。共謀はその内容上早期からの捜査になるのに曖昧な基準で個人を捜査対象にすることは，内心を探るものであることから国民の思想信条の自由のほかプライバシーの権利（48頁），表現の自由・結社の自由（第8章第3節）を侵す危険が非常に大きい（以上問題点の整理に当たっては高山佳奈子著「共謀罪の何が問題か」（岩波ブックレット）を参照させていただいた）。このことから国連人権理事会の特別報告者（ジョセフ・カナタチ氏）が国連の正式ペーパーにより「法律の広範な適用範囲によって，プライバシーに関する権利と表現の自由への過度の制限につながる可能性がある」との疑問を公開で首相宛に出したぐらいである（政府は誤解に基づくと反論）。

　最後にこの法案について新たな治安維持法になるのではないかの懸念があることから，戦前の治安維持法の制定に当たっての説明と今回の共謀罪法案の説明の類似性を以下に示す。

1925年「治安維持法」を巡る答弁		2017年「共謀罪」を巡る安倍首相の答弁
「過激運動者が不穏な行動に出る傾向はますます増加」「取り締まり法規が不十分」（若槻礼次郎内相，3月，貴族院）	どうして必要？	「今までの判例ではテロを未然に防ぐことができない。たくさんの人が死ぬ危険性がある」（衆院）
「抽象的文字を使わず具体の文字を用い，決してあいまいな解釈を許さぬ」（若槻内相，2月，衆院）	対象拡大は？	「解釈を恣意的にするより，しっかり明文的に法制度を確立する」（参院）
「無辜の民にまで及ぼすというごときことのないように十分研究考慮を致しました」（小川平吉司法相，3月，貴族院）	一般人も？	「一般の方々がその対象となることはあり得ないことがより明確になるよう検討している」（衆院）
「決して思想にまで立ち入って圧迫するとか研究に干渉するということではない」（小川司法相，3月，貴族院）	思想取り締まり？	「国民の思想や内心まで取り締まる懸念はまったく根拠がない」（参院）

出典：朝日新聞2017年3月15日36面より

《国旗・国歌の問題》

　国旗国歌問題は各地の学校現場で問題（ピアノ伴奏や起立斉唱命令など）となり，これに反した教員に対しての処分を巡り裁判が行われている。基本的には最高裁は違憲の訴えを認めていない。ただし，2012年１月16日判決（最一判平24.1.16判時2147号127頁）においては不起立行為等について一部の者について裁量権の範囲を超え重きに失するものとし，処分の取消しを行っている。

　本来国旗・国歌は国家の権力に服属する人々に国家の一員である意識を持たせるとともに国民として国家の統合下にあることを自覚させる機能を持つ。この意識を持つことは問題ではないが，国家権力から持つべきと強制されるものではない。国家への帰属を自己のアイデンティティーの基礎に強制されることは19条に反する疑いがある。またかつて軍国主義時代の侵略の象徴ととらえる人々もおり，これらの人々に対する国旗・国歌の押しつけも思想信条への侵害であろう。国旗・国歌の法制化に当たり，国旗の掲揚に関し義務づけなどを行うことは考えていないと小渕総理大臣は答えていたが，この法律を根拠に国家の斉唱時における教員の口元を調査するなどが各地の教育委員会において行われたりしている現実がある（26頁参照）。

第２節　信教の自由（20条）

この節の point

　信教の自由の内容および政教分離の内容と，なぜこの自由を保障しなければならないのかについてその原理を理解する。そして現代社会においてこの原理をどのように位置づけていくかについて考える。

1．信教の自由の意味

　中世の宗教弾圧に対する抵抗からさまざまな近代的自由権が生まれたことを考えると，この信教の自由はまさに人権宣言における花形的地位を占める。明治憲法においても徳川時代からのキリスト教禁止に対する諸外国からの圧力もふまえ28条において保障した。しかしこの規定は「日本臣民ハ安寧秩序ヲ妨ケス及臣民タルノ義務ニ背カサル限ニ於テ信教ノ自由ヲ有ス」とあるように最初

から制限付きの自由であった。だから日本国民の義務として国家神道への帰依を求められると、神道と両立する範囲内でしか信教の自由は認められないこととなる。この結果国家神道が戦前における国家主義や軍国主義の精神的よりどころとなったので、その反省から上記条文にみられるように、日本国憲法は信教の自由を無条件に保障するとともに、国家と宗教の分離を明確にしている。

では宗教とはどのようなものか。津地鎮祭訴訟名古屋高裁判決（昭46.5.14行集22巻5号680頁）では「宗教」とは「超自然的、超人間的本質（すなわち絶対者、造物主、至高の存在等、なかんずく神、仏、霊等）の存在を確信し、畏敬崇拝する心情と行為」をいい、個人的宗教たると、集団的宗教たると、はたまた発生的に自然的宗教たると、創始的宗教たるとを問わないと定義する。憲法が徹底した形で信教の自由の保障をしていることを考えるときこのように広くとらえる立場が妥当といえる。

2. 信教の自由の内容

信教の自由は、①内心における信仰の自由と、②宗教的行為の自由、③宗教的結社の自由の3つからなる。

まず、①の内心における信仰の自由とはある特定の宗教を信じる自由、すべての宗教を信じない自由、信仰を告白する自由と告白しない自由からなる。内心における自由であるから絶対的に保障される。

つぎに②の宗教的行為の自由とは宗教上のさまざまな儀式や行事に対し、行ったり参加したり、逆に行わない参加しない自由を意味する。国家は参加の強制はできない。

③の宗教的結社の自由とは同じ宗教を信じる者が宗教団体を結成*したり活動したり、あるいは宗教団体に加入したり加入しない自由をいう。

*　オウム真理教に対する知事の宗教法人法に基づく解散命令が宗教的結社の自由を侵害しないかが争われた。これにつき最高裁（最決平8.1.30民集50巻1号199頁）は「解散命令の制度も……会社の解散命令と同趣旨のものであると解される。……解散命令

によって宗教法人を解散しても，信者は法人格のない宗教団体を存続させ……ることが妨げられるわけではなく……解散命令は信者の宗教上の行為を禁止したり制限したりする法的効果を一切伴わないものである。……解散命令によって宗教団体であるオウム真理教やその信者らが行う宗教上の行為に何らかの支障を生ずることが避けられないとしても，その支障は解散命令に伴う間接的で事実上のものにすぎない」とした。

3．政教分離の原則

　20条1項後段および20条3項に示される。すなわち国家と宗教の分離・絶縁である。国家がすべての宗教に中立的な立場に立ち，国家から特権的待遇を受ける宗教を禁止する。国家がある特定の宗教を優遇することはそれ以外の宗教を差別することになるし，すべての宗教を優遇してもそれは無宗教の自由を害することになる。そのために国家の非宗教性を確立するために規定された。

　しかし現実社会において宗教と国家・公権力との関わり合いを完全に絶つことは不可能でもある。そこで，どこまでの関与なら許容されるかを巡って学説に争いがある。この点について通説的には目的・効果基準をとる。すなわち，①当該行為の目的が世俗的目的を持つか否か，②その効果が宗教を援助，助長，促進または圧迫，干渉するものであるか否か，③国の行為と宗教との間に過度の関わり合いがあるか否か，の基準を採用している。政教分離を巡っては多くの裁判が行われているが主要な判例は図表8−1のごとくである。

　また政教分離を巡っては時の首相や閣僚の靖国神社の公式参拝が問題になる。地裁レベルでは「靖国神社の本殿等に於いて，一礼して祭神である英霊に対し畏敬崇拝の心情を示すことにより行われた行為であるから，本件参拝は憲法20条3項により禁止されている宗教的活動に当たる」とこれを違憲とする判断も下されている（福岡地判平16.4.7）。また，財政面からは89条を定め政教分離を担保している（201頁参照）。

　判例として重要な基準を出した津地鎮祭事件について少し詳しく要点を述べる。

　津地鎮祭事件とは昭和40年，三重県津市の主催で市体育館の起工式が神式の地鎮祭で行われ，これに公金が支出されたことに対し同市の市会議員がこの支

図表8-1 政教分離に関する主要判例

事件名	判決	結論	判決の趣旨
津地鎮祭事件訴訟	控訴審（名古屋高判昭46.5.14行集22巻5号680頁）	違憲	市が挙行した地鎮祭は，神道固有の宗教行為であるから20条3項の規定に違反する。
	上告審（最大判昭52.7.13民集31巻4号533頁）	合憲	市の挙行した地鎮祭は宗教との関わり合いを持つが，その目的はもっぱら世俗的なものと認められ憲法の禁止する宗教活動に当たらない。
自衛官合祀拒否訴訟	第1審（山口地判昭54.3.22）	違憲	国および自衛隊外郭団体が，キリスト教徒である妻の意思に反して殉職自衛官を合祀することは20条3項に違反する。
	上告審（最大判昭63.6.1民集42巻5号277頁）	合憲	合祀は自衛隊外郭団体の単独行為であり宗教との関わり合いは間接的であり宗教活動ということはできない。
箕面市忠魂碑慰霊祭訴訟	忠魂碑第1審（大阪地判昭57.3.24行集33巻3号564頁）	違憲	忠魂碑は宗教的観念の表現である礼拝の対象物となっている宗教施設であるから市が忠魂碑を市有地に移設し無償で貸与していることは市が宗教施設に過度の関わりを持ったといえる。
	慰霊祭第1審（大阪地判昭58.3.1行集34巻3号358頁）	違憲	本件慰霊祭が宗教儀式であることは明らか。国や公共団体が公務員に対して職務命令で参加を強制することは20条2項により禁止。
	上告審（最判平5.2.16民集47巻3号1687頁）	合憲	忠魂碑は戦没者記念碑的な性格のもので，しかも移設は小学校の建替え等のためで，慰霊祭への参列は社会的儀礼として行われたもので，信教の自由の確保という制度の根本目的との関係で相当とされる限度を超えるものではない。
岩手靖国訴訟	第1審（盛岡地判昭62.3.5行集38巻2・3号166頁）	合憲	信教の自由は公人を理由に制限されるものではなく総理大臣等が公人で靖国神社に参拝することは20条1項3項に反しない。
	控訴審（仙台高判平3.1.10行集42巻1号1頁）	違憲	天皇・内閣総理大臣の靖国神社参拝は宗教的意義を持ち，公式参拝はわが国の憲法の拠って立つ政教分離原則に照らし，相当とされる限度を超える。県による玉串料の支出は宗教性の濃厚なものである。

愛媛玉串訴訟	上告審（最大判平9.4.2民集51巻4号1673頁）	違憲	一般に神社の祭祀に際し玉串料を奉納することは社会的儀礼にすぎないものになっているとはいえない。地方公共団体が特定の宗教に対してのみ特別な関わり合いを持つことは県が特定の宗教を特別に支援する印象を与える。憲法制定の経緯に照らせば公共団体と特定の宗教との関わり合いが憲法上許されることにはならない。
砂川空知太神社政教分離訴訟	上告審（最大判平22.1.20民集64巻1号1頁）	違憲	公有地が無償で宗教的施設の敷地としての用に供されている状況が憲法89条に違反するか否かを判断するにあたっては，当該宗教的施設の性格，当該土地が無償で当該施設の敷地としての用に供されるに至った経緯，当該無償提供の態様，これらに対する一般人の評価等諸般の事情を考慮し，社会通念にてらして総合的に判断すべき。

出典：岩井『要説　憲法講義』48-49頁

出は政教分離原則に反するとして訴えた事件である。

　第1審は，本件起工式を「宗教的行事と言うより習俗的行為」として合憲とした。

　第2審（名古屋高判昭46.5.14）は「本件地鎮祭は神社神道に則つて行われている事が認められる。……神社神道が祭祀中心の宗教であつて……神社の祭神（神霊）が個人の宗教的信仰の対象となる以上，……宗教であることは明白である。……本件地鎮祭は，まさに宗教的信仰心の外部的表現であり……単なる慣習による式典として行われたものではないことはいうまでもない。……中略……日本国憲法は完全な政教分離原則を採用……」「政教分離の原則とは……純粋に個人的信条の問題であるから，世俗的権力である国家……の関与すべきことではなく，……これを神聖なものとして公権力の彼方におき，国家は宗教そのものに干渉すべきでない，との国家の非宗教性ないし宗教に対する中立性を意味する。」「政教分離の原則が目的とするところは，第1に信教の自由に対する保障を制度的に補強し確保するところにある。……第2に政教分離の原則は国家と宗教との結合により国家を破壊し，宗教を堕落せしめる危険を防止すること

を目的とする。」「政教分離の原則の侵害の有無は……個人に対する強制の有無を問題にしない。……国又は公共団体が行為主体となって特定の宗教活動を行えば……それだけで政教分離の原則の侵害となる」として津市が主催者の地鎮祭は憲法20条3項に違反するとした。

　最高裁（最大判昭52.7.13民集31巻4号533頁）は「国家と宗教との完全な分離を実現することは実際上不可能に近いものといわなければならない。……かえって不合理な事態（私立学校への補助・寺社の文化財への補助など）を生ずる」それゆえ「国家と宗教とのかかわり合いをもつことを全く許さないものではなく，宗教とのかかわり合いをもたらす行為の目的及び効果にかんがみ，そのかかわり合いが（国の社会的・文化的）諸条件に照らし相当とされる限度を超えるものと認められる場合にこれを許さない」その判断は主催者，式次第など「外面的側面にとらわれることなく，当該行為の行われる場所，当該行為に対する一般人の宗教的評価，当該行為者の当該行為を行うに当たっての意図・目的及び宗教的意識の有無，程度，一般人に与える効果，影響等，諸般の事情を考慮し，社会通念に従って客観的に判断しなければならない」として本件の地鎮祭は社会の一般的慣習に従った儀式を行うもっぱら世俗的なもので，神道を援助，助長，促進または他の宗教を圧迫，干渉を加えるものではないとして，憲法20条3項により禁止される宗教的行為ではない。

　2審は厳格に考え，最高裁はいわゆる目的効果論をとる（昭和46年度重判解説（野村敬三），昭和52年度重判解説（横田耕一），百選Ｉ（日々野勤）などから要約）。

　この見解は一般人の感覚*をもって宗教行為か否かの基準にしているが，少数者の人権保護の観点からするならばこの見解は問題があると考える。基準は控訴審の基準が妥当であろう。とくにわが国は明治憲法下において国家神道のもと多くの宗教を迫害した歴史をも持つ。政教分離を巡る事件の多くが神道がからんでいるのはなぜなのかを再度考えることが必要であろう。

　＊　日本人の宗教観はある種特殊性がある。宗教の雑居性・習俗性があり，冠婚葬祭

にさまざまな宗教を選択する傾向がある（葬式は仏教，結婚は神前あるいはキリスト教など。入試には神頼みを行い初詣は神社やお寺を巡り歩く）。文化庁の宗教年鑑の信者数を見ればその総数は人口の倍前後という不可思議な状態である。しかし，純粋に１つの宗教を信じる信者も多いのであり，一般人の感覚を宗教行為の基準にすることは問題がある。

＊＊大嘗祭と政教分離

　明仁上皇が天皇に即位した際に鹿児島県知事が大嘗祭に出席したことに対し，その旅費の支出に関し政教分離に反するとの住民訴訟がなされた。これに対し最高裁は天皇への社会的儀礼を尽くすためのものであるとして合憲と判断した（最一判平14.7.11民集56巻６号1204頁）。ただ，この判例は「大嘗祭は，天皇が皇祖及び天神地祇に対して安寧と五穀豊穣等を感謝するとともに国家や国民のために安寧と五穀豊穣等を祈念する儀式であり。神道施設が設置された大嘗宮において神道の儀式にのっとり行われた」から宗教的行事であることは認めている。するとこの大嘗祭への公金支出は違憲の疑いが出てくる性質のものである。この点から皇嗣である秋篠宮さまが今上天皇即位に際しての大嘗祭（予算27億1900万円）への公費支出に対し異議の発言をされた（宮廷費でなく内廷費で行うべきと発言）。政府はとくに検討することなく前例踏襲との判断であった。即位の礼と大嘗祭は別個のものであり，前述の最高裁判決も宗教的行為であることを認めており本来十分な検討が必要であったと考える。

第３節　表現の自由（21条）

この節の point

　なぜ憲法は表現の自由を保障するのであろうか。現代における表現の自由を巡る諸問題をどのように考えるべきか。また表現の自由を制限する場合の基本的考え方を理解する。集会結社の問題や通信を巡る現代的状況をどのように考えるべきか。

１．表現の自由の意味

　表現の自由とは内心の思いや意見を外に発表する自由をいう。内心の思いは外部に発表され他者に伝達されて初めて意味があり，自由な発表や表現行為は

人間の人格を発展させることでもあり，人間の精神活動にとって非常に重要な意味がある（自己実現）。さらに表現行為は国家権力への批判に使われることもあるので，過去を振り返れば数々の弾圧の歴史があった。このことは，現在の国民主権国家において自由な意見の発表は民主社会の維持発展のため欠くことができない意味を持つ（国民の自己統治）。この二つの意味から表現の自由は経済的自由などと比べ優越的な地位にあるといわれている。

　表現の自由を保障するのは内心を外に表現することだからその手段は限られない。演説・ビラ・路上パフォーマンス・新聞や雑誌・マスコミなどあらゆる表現手段を含む。

2. 報道の自由

　つぎに報道の自由は表現の自由に含まれるかが問題となる。報道とは事実を伝え知らせることである。そもそも人間が判断するためには正しい情報が伝えられる必要があり，誤った情報や虚偽の情報は人々の判断を誤らせる。その意味で国民には正しい情報を受け取ることが不可欠である。これは民主主義国家の自己統治のために不可欠な要素である。とくに複雑化した現代社会においてはある程度の組織力がないと情報を受け取ることはできない。また現実にも報道を専門とする機関が生じ，いわゆるマスコミというものを形成してきている。さまざまな事実は特定の報道機関を介してしか知ることができなくなってきている。このように情報の送り手と受け手が分離する中で，ここで新たに「知る権利」という概念が生じてくる。そして国民の知る事のために奉仕する報道機関の役割が重要になり，報道機関の報道の自由というものが欠くべからざるものとなり，表現の自由の保障下にあると考えられている。ではさらに報道機関の取材の自由が認められるかの問題が生じるが，尊重すべきではあるが国民の知られない権利を侵す問題もあり簡単にこれを肯定することはできない。

　この「知る権利」はさらに国家による自由という社会権的側面もあると考えられている。前述したように国家が複雑化した社会において積極的に情報を公開する必要が生じてきているからである。そこで情報公開法の制定が権利を具

体化するために必要とされるが，平成11年5月に「行政機関の保有する情報の公開に関する法律」が制定されている。ただこの法律には「知る権利」が明記されていなかったり，不開示情報につき広範な行政裁量が認められているなどまだ不十分である。

　さらに，知るということが自己統治につながる事を考えると，知る権利は参政権的意義もあると考えられる。

《アクセス権──反論権》

　ここでアクセス権という権利がいわれ出している。この権利は一般国民が報道機関に対し自分の意見表明を行う場を提供する事を要求する権利である。なぜこのようなことがいわれるに至ったかというと，マスコミが情報を独占しつつ報道を担う中で一般人は一方的な報道に対し，意見表明を行ったり反論することが可能かという疑問があるからである。ある者がマスコミに一方的な意見広告を行った場合，その対象になった者が反論したくても同じスペースを反論に使用するとすれば多額の広告料がいることになる。これは資金の多い者の意見が結局支配することになるではないかという疑問がある。これは報道機関のモラルの問題もあるし，私企業という問題もある。現在の通説的見解ではこれを認めるには特別の法律が必要と解されている。

3．国家機密と報道の自由（取材の自由）

　国家公務員法100条1項は公務員が「職務上知ることのできた秘密」を漏示することを禁じ，同法111条は漏示行為の「そそのかし」を処罰対象とする。取材行為に関連し「秘密」の意義と「そそのかし」罪の適用をめぐり問題*になる。

　＊　この点について「外務省秘密漏洩事件」が問題になった。この事件は1971年に調印された沖縄返還協定について外務省の極秘電文（米国が払う金銭を日本が肩代わりする密約）を外務省の女性職員から入手し，野党議員に渡した事件である。最高裁は取材の手段や方法が社会通念上不相当として正当な業務行為にはならず違法とし有罪とした（最一決昭53.5.31刑集32巻3号457頁）。ただ最近この密約があったことが当時の外務省高官やアメリカ側の担当者からも発言されている。国家機密の存在は否定はできないものの，その秘密とする要件については議論があるが，実質的にも秘密として

保護するにたるものと考える。単に政府が秘密と認定しただけでは保護すべき秘密にはならない。

《特定秘密保護法の危険性》

　この問題に関連し，特定秘密保護法が2013年12月6日に成立12月13日に公布された。この法律は全27カ条からなる法律である。この法律に関しては様々な論者が様々な視点からの批判を行っている。

　この法律の基本的枠組みをしめすと次のとおりである。【Ⅰ】，対象となる秘密とは行政機関の長が①防衛，②外交，③特定有害活動の防止，④テロリズムの防止に関する事項で「特定秘密」として指定するもの。【Ⅱ】，規制の枠組みとして，特定秘密につき一定の行為を犯罪として処罰する一方，特定評価制度を導入し特定秘密を扱える者に制限を加える。処罰対象の点で特定秘密の漏洩（えい）行為と取得行為の基本類型を定める。これらの行為に対する共謀，教唆，扇動についても罰し，過失による漏洩（えい）についても処罰を行う。【Ⅲ】，適正評価制度というものを導入し特定秘密を漏らすおそれがないかどうかについて秘密取扱者に対し個人情報の調査チェックを実施する。この対象者は国家公務員に限られず警察職員，民間契約業者の従業員も含まれるほか，国会議員を含む公益上特定秘密の提供を受ける者も規制対象とする。

　この法律の問題点は別表に「その他の重要な情報」「～に関する」というような表現で秘密の限定が曖昧で，かなり広く秘密の範囲を拡大することが可能になっている点がある。さらに，特定秘密の指定が行政機関の長であり，またいったん特定秘密に指定されると将来にわたって公開される保証がないことも問題である。指定期間は5年だが何度でも延長が可能となっている。さらに30年，60年の限定を一応設けているが，60年の期限についても次の各号に関するものは除かれると言う形をとり広範囲な除外事項を設けている（4条4項）。その結果実質上ほとんどの秘密を半永久的に国民に知らせないままにすることが可能になる。この点に関し知る権利の保障に資するという文言や報道の自由に配慮という文言が入っているが（22条），努力規定で実効性は疑問である。これ以外にも特定秘密を扱う公務員や関連企業の社員の個人情報（飲酒や信用状況までも）のチェック（適正評価。12条）など基本権侵害の危険性が非常に大きな法案である。国家の秘密は後に公開され検証されることでその指定の正当性が担保されるのであり，その保証がない法案は弾圧法案にさえなってしまうことを思い起こすべきである。

　加えて重罰化と刑事裁判上の問題点も挙げられている。刑罰が科されるのは特定秘密について漏洩（えい）（過失も含む）・取得し，または漏洩取得に関与する行為（漏洩や取得

の共謀・教唆・扇動）をした場合に罰される。刑事裁判や弁護活動にも影響が大きい。

　2013年10月28日の新聞記事（山陰中央新報）によれば「防衛秘密」を管理する防衛省が2011年まで5年間に廃棄した指定秘密文書は約3万4千件であった。一方2002年に防衛秘密の指定制度を導入してから指定が解除されたのは1件にとどまったということである。文書は廃棄されてしまえばなにが指定されたか，指定は妥当だったのかの検証は一切できなくなる。加えて指定解除の異常な少なさを見ても，政府の秘密に対する姿勢がうかがわれる。このような姿勢の下での特定秘密保護法が成立したが，その運用がどのようになるか，物言えぬ国家にならぬように我々はその運用にも注視し続けねばならない。国境なき記者団による報道の自由度ランキングで日本はかつては11位になったこともあったが，福島原発の報道問題や前述の特定秘密保護法の制定などにより2020年度で180カ国中66位である。

4．放送の自由とインターネット

　放送の自由とは電波メディアによる報道の自由をいう。放送の場合出版などと異なるのは電波法の規制（免許制）や，放送法の規制（番組編成上の要求）などが存在する。この理由は放送用電波が有限であることから混信を防止しつつ有効適切に利用するために国家による電波の排他的使用を認める制度が必要で，また放送が直接家庭に入りこみ他のメディアに比し強烈な影響力を及ぼすからとする。しかし，現在利用可能な周波数帯域は拡大してきたし，さまざまな放送手段ができてきたこと（衛星放送・CATVなど），多チャンネル化や通信との融合など情勢が変わりつつあること，社会的影響力自体相対的なものであることから徐々に規制はゆるめざるを得ないと考える。

　その上で2016年のアメリカ大統領選挙から話題になったフェイク（偽）ニュースの問題も急浮上している。当然のことながら虚偽の報道や一方的な偏った情報が許されることではない。放送法4条は，放送事業者に対し「公安および善良な風俗を害さない」「政治的に公正」「事実を曲げない」「意見が対立している問題についてはできるだけ多くの角度から論点を明らかにすること」など番組編集基準の準則としている。またNHKと民放連によってBPO（放送倫理・番組向上機構）が第三者機関として設置され，放送における言論・表現の自由を確保しつつ，視聴者の基本的人権を擁護するため，放送への苦情や放送倫理

の問題に対応している。その内容は主に，視聴者などから問題があると指摘された番組・放送を検証し，意見を公表したりしている。公権力による強制ではなく放送局の自浄作用による解決が望ましい。

5．インターネットを巡る問題

　さらに昨今はインターネットが一般化し，交信可能な情報量も増え，同じ情報を世界規模で考える時代を迎えている。また自由に参加が可能なこと，匿名性の問題などから生ずる名誉毀損表現や猥褻表現，犯罪教唆など犯罪や社会害悪に対する新たな問題が生じてきている。しかし，インターネット上の表現行為そのものを規制する法律はなく名誉毀損になれば刑法上の責任，人格侵害すれば民法の不法行為責任の適用になる。ただし，その拡散性や情報量の膨大さなどの特色があり，検索サイトとプライバシーの問題（最三決平29．1.31民集71巻1号63頁）やさらにはAI技術によるプロファイリングの問題など次々と新たな問題点が生じている。

　またインターネットの発達で放送法の適用事業者以外のインターネットTV局も多く開設され利用形態によっては一方的な宣伝のために媒体になってしまう恐れもある。ネットメディアの拡大とともにその公平性の維持の問題も考えていかねばならないという問題が生じている。

　名誉毀損と表現の自由については後述する。

6．営利的言論の自由

　広告のような営利を目的とする表現にあっても表現の自由の保護の対象になるのであろうか。営利的情報であってもこれを受け取ることの重要性は非営利的情報と異なることはない。ゆえに営利的情報も表現の自由の保護の対象になる。

　しかし，営利的表現は非営利的表現に比べ国民の健康や日常的経済生活に直接影響するところが多く，虚偽や誇大な広告から受け手を保護しなければならないこともあり，その自由度は非営利的言論より低く解される。

判例では，灸の適応症についての広告の全面禁止を規定している「按摩師等」に関する法律[1] を合憲としている（最大判昭36.2.15刑集15巻2号347頁）。

7．猥褻文書と表現の自由

　刑法175条は猥褻文書の頒布，販売，陳列を構成要件として犯罪にしている。これが憲法21条に反しないかが問題となる。猥褻文書とは判例によれば，いたずらに性欲を興奮または刺激せしめ，普通人の性的羞恥心を害し，善良な性的道義観念に反するものをいう（最大判昭32.3.13刑集11巻3号347頁）。つまりこの猥褻文書に該当するならば表現の自由の保障範囲外になるということである。上記基準は裁判所が一貫して採用しているが，性的羞恥心や性的道義観念とは，抽象的で，はなはだ不明確である。時代とともに変化し続ける観念であることを考えると，この定義は過度なパターナリズムに陥ってはいないかの疑問も出されている。その概念によって表現の自由の範囲内であるか否かを決め，刑罰を持って望むのは制約原理としての正当化事由として疑問がある。

　性的秩序や最小限の性的道徳を守るということは大切であるが，だからといって性的表現に該当するならばそれは表現の自由の範囲外という構成ではなく，性的表現も表現の自由としての保障を受けるが一定の場合に制約を受ける場合があると考えることが表現の自由の重要性とその制約原理からは妥当であると考える。

8．名誉毀損・プライバシーと表現の自由

　名誉とは人がその人格的価値に対し受けている社会的評価をいう。第1にこの名誉が憲法上の保護の対象になっているかである（刑法や民法では保護を受ける。刑法230条，民法709条・710条・723条など）。名誉は本来人の人格的価値をあらわすもので外部的にも内心においても人間に不可欠なものである。ゆえに憲法13条により包括的な幸福追求権の一内容として憲法上も保護を受けると考える。

　1）正式名：あん摩師，はり師，きゆう師及び柔道整復師法。

判例も「人格権としての個人の名誉の保護」として憲法上保護されるとしている（最大判昭61.6.11民集40巻4号872頁）。

　一方表現行為は憲法上重要な表現の自由により保護されているわけであり，ここに両者の利益をどのように調和すべきかが問題になる。ここで名誉とは真実のみでなく，たとえ虚構の名誉であっても保護の対象になっていることを確認したい。虚名であってもそれが毀損されないことは重要な利益なのである。しかし，現実には公共の利益のために真実の事実を公表・摘示する必要のある場合が多く，しかも公益のための公正な批判は社会の発展に不可欠である。このような公共の利益を目的とした批判も事実の真否を問わず処罰されるのでは民主主義の要請である言論の自由は重大な制限を受けてしまう。もともと事実を摘示して傷つけられるのは虚偽の名誉である。ここに公のために真実を摘示するという，より優越した利益のための行為については名誉の保護は少なくともその虚名剥奪の限度まで後退することもやむを得ないことである。ここで刑法は230条の2の規定を設け，①公共の利益に関する事実であって，②公益を図る目的でなされたもので，③事実が真実であることの証明があった場合，処罰はされないと定めた。ここに表現の自由と個人の名誉の保護の調和点をとったのである。

　公共の利害に関する事実とは，多数一般の利害に関する事実をいうが，その範囲は事実を公表する相手方の範囲との関連で相対的に決まる。だから国家社会の利益ばかりでなく，一小社会であっても当該社会に属する者に発表するにとどまるときは公共の利害にかかるといえる。公共の利害にかかる限り公生活上の事実に限らず私生活上の事実であってもよい。

　また，もし真実だと思って事実を摘示したが，真実であることの証明ができなかった場合，確実な資料，根拠に照らし相当の理由があるときは故意を欠き名誉毀損の罪は成立しない。

　表現行為によるプライバシーの侵害が不法行為になることはすでに判例も認めており（東京地判昭39.9.28下民集15巻9号2317頁），私事をみだりに公開されないことは法的に保護されるべき人格的利益とされる。プライバシーの権利と表現

の自由の調整にあたっては，被害者の性格（公人か私人か），公表される事実の特性（公の利益か全くの私事か）などを考慮すべきである。

9．公務員の政治活動の自由

　現行法の下での公務員に対する政治活動の自由制限はかなり広範囲に及んでいる。このような制限が許される根拠は何であろうか。制限根拠は政党政治が行われている下での行政においては，行政の中立性の要求がなされるという点に求められる。すなわち行政が中立であって初めて行政の安定性や継続性が維持される。ゆえに行政の担当者たる公務員に対し一定の政治活動を制限することも許されるということになる。一方公務員であっても，人権の享有主体たる個人という本質は有しているわけだから，その制限は行政の中立性を確保するという目的のために必要にして最小限度のものでなければならない。

　しかし現行の国家公務員法や人事院規則は全面的といっていいほど政治活動のほぼすべてを禁じ罰則規定も適用する状況である（国家公務員法102条・110条）。この点，一律な広範囲の規制であり違憲の疑いが濃いといわざるを得ない。判例はこれらの規制を合憲としている（猿払事件*判決）。しかしその上で（判例変更はしないで）最近の判例で公務員の地位等によってはこの規定の適用がないとした（堀越事件**判決）。

　＊　猿払事件（最大判昭49.11.6刑集28巻9号393頁）
　　　この事件は衆議院議員の選挙に際し，猿払村の郵便局員が社会党を支持する目的で勤務時間外に職務を利用する意図なく，支持する友人の候補者の選挙用のポスターを6枚掲示し，184枚の掲示を他に依頼した行為が，国家公務員法102条，人事院規則14-7に違反するとされた事件である。1審は「機械的労務に携わる現業の国家公務員が勤務時間外に国の施設を利用せず職務を利用することなく行った行為にまで刑事罰を適用することは必要最小限度の制限とはいえず違憲である」と判示し2審も1審を支持し無罪とされたが，最高裁は「①行政の中立的運営とこれに対する信頼の確保という規制目的は正当であり，②そのために政治的行為を禁止することは目的との間に合理的関連性があり，③禁止によって得られる利益と失われる利益との均衡がとれているので合憲」とした。

** 堀越事件（最二判平24.12.7刑集66巻12号1722頁）

　公務員の政治活動の自由についての判決である。社会保険庁の年金審査官であった被告が共産党の機関誌を配布したため国家公務員法違反で起訴された事件である。

　この判決では国家公務員法と人事院規則が定める政治的行為の禁止は憲法21条31条に反しないとした上で「管理職的地位になく，その職務の内容や権限に裁量の余地のない一般職国家公務員が，職務と全く無関係に，公務員により組織される団体の活動としての性格を有さず，公務員による行為と認識し得る態様によることなく行った本件の政党の機関紙及び政治的目的を有する文書の配布は，公務員の職務の遂行の政治的中立性を損なうおそれが実質的に認められるものとはいえず，国家公務員法102条1項，人事院規則14-7第6項7号，13号により禁止された行為に当たらない」として無罪とした判決である。公務員なら一律政治行為の禁止というのではなくその地位によってという形にしたのである。

10. 表現の自由の限界

　表現の自由は一般に優越的地位を占める人権といわれるが，表現の自由も無制限ではない。そこでその規制をどのような基準で行うかが問題になる。この問題についてはアメリカで判例の積み重ねの中からいくつかの原則が出されてきた。

　まず「**二重の基準**」論があげられる。この基準は，表現の自由のような精神的自由を規制する基準の方が経済的自由を規制する基準より厳しい基準によるべきであるとする理論である（経済的自由であってもその中でさらに2段階に分ける）。

　そのうえで，精神的自由の規制基準についてもいくつかの基準が出されている。

　第1に**事前抑制の禁止**である。表現活動を事前に抑制することは許されないとする原則である。とくに**検閲の禁止**という形で明文にも表されている。

　現憲法は21条2項前段で検閲を禁止している。検閲とは表現行為に対し公権力が表現が外部に発表される前に，あらかじめ審査をして，不適当と認めるときはその発表を禁止することをいう。憲法がこれを禁ずるのは，このような方法による表現の制限が最も一般的に行われてきたし，また権力者にとって最も

有効な表現の抑圧行為であるからである。この原則で問題になったのが税関検閲問題，青少年保護条例問題，教科書検定等である。

　税関では貨物検査を行う。そのとき個人で鑑賞するために海外旅行先でポルノビデオを購入し持ち込もうとしたところ空港税関で見つかり所有権放棄を求められた。この税関検査は憲法21条2項が禁じている検閲ではないのかが問題になったのである。最高裁は検閲とは「行政権が主体となって思想内容等の表現物を対象としその全部又は一部の発表の禁止を目的として対象とされる一定の表現物につき網羅的一般的に発表前に審査をした上で不適当と認めるものの発表を禁止すること」といい，持ち帰ろうとしたビデオは海外ですでに発表済みであるから事前規制でないし，関税徴収手続きの一環であるから検閲でないとしている。しかし発表されたのが海外であっても日本では未発表であるなら，発表前に思想の自由市場に出る前に規制することの本質は変わらずやはり事前抑制に他ならないであろう。

　青少年保護条例事件（青少年保護条例や，青少年健全育成条例等の名称）は様々な内容を含んでいるが，図書販売で事件になったのが，性的感情を刺激したり，残忍性を助長するため青少年の健全な育成を阻害するおそれのある図書や写真を県知事が「有害書籍」として指定して青少年に対し販売・配布・貸付するために自動販売機に収納することを禁止するとの内容である。この場合事前に「有害図書」に該当するかの検査を行うことになるが判例は「検閲」には当たらないとした（最三判平元9.19刑集43巻8号785頁）。青少年のみならず成人に対する関係もあり，必要やむを得ない制約であったかについて批判もある。

　教科書検定が検閲に該当するかについても長く争われた。教科書として出版するためには事前に文部科学省（裁判時は文部省）の検定に合格しなければならない。もし合格しないと教科書としての出版ができない。社会科の歴史教科書において家永三郎東京教育大学教授が執筆した高校用教科書が検定不合格処分を受けたことにより裁判となった事件である。裁判は3次まで行われたが以下がその主な判旨である。

教科書検定（第１次家永教科書事件第１審（高津判決））

国家は教育内容に介入できる。教科書検定は憲法21条２項の検閲には該当せず，検定の結果，出版の自由が制限されても公共の福祉による制限として受忍すべきである（東京地判昭49.7.16判時751号47頁）。

教科書検定（第１次家永教科書事件上告審）

国は必要かつ相当な範囲において教育内容を決定する権能を有する。検定は記述の実質的内容に及ぶが，普通教育の場においては児童・生徒の側には授業内容を批判する能力は備わっていないし，学校や教師を選択する余地も乏しく教育内容が正確かつ中立・公正で全国的に一定の水準であることを要請される。検定不合格図書は教科書として発行できないが一般図書として発行し思想の自由市場に登場させることは何ら妨げられない。本件検定による表現の自由の制限は合理的で必要やむを得ない限度のものである。(最判平5.3.16民集47巻５号3483頁)。

教科書検定（第２次家永教科書事件第１審（杉本判決））

国家の教育内容への介入は基本的に許されない。教師にも憲法23条により学問・教育の自由が保障されている。教科書検定制度は，それ自体違憲とはいえないが，執筆者の思想（学問研究の成果である学説を含む）の内容の審査にわたるなど検定基準の運用を誤るときは表現の自由を侵すおそれが多分にあるものである。本件不合格処分は教科書執筆者の思想内容の事前審査となっており検閲に該当する（東京地判昭45.7.17行集21巻７号別冊１頁）。

教科書検定（第３次家永教科書事件上告審）

検定自体は合憲だが，検定審議会の判断の過程に検定当時の学説・教育状況についての認識，検定基準に違反するとの評価などに見過ごせない誤りがあれば，裁量権の範囲を逸脱するもので，国家賠償法上違法となると解する（最三判平9.8.29民集51巻７号2921頁）。

以上教科書に関する家永訴訟は32年余に及んだが，教科書検定制度自体については最高裁で合憲性が確認されたことになった。

第2に**明確性の理論**である。精神的自由を規制する立法は明確でなければならないとする。法文が不明確では萎縮効果を及ぼすので無効になるというのである。ちょうど刑法における罪刑法定主義と同じ理論構造である。何が法に反するのかが明確になってなければ，人々は類似の行為を規制されるか否かわからないとして控える，すなわち萎縮効果が生ずる。規定を合理的に限定して解釈したとしても漠然性がぬぐえない場合には法規自体を無効にしなければならない。これが「**漠然性ゆえに無効**」の理論である。また，規制範囲が過度に広汎な場合，たとえ規範自体が明確であったとしても，その規制範囲の広さゆえにどの分野で規制がくるか，違憲的に適用されてくるかの予測がしにくくなり表現行為に脅威をあたえる。だからこの場合にも，「**過度に広汎性ゆえに無効**」とされる。

《徳島市公安条例事件》

デモ行進を行った者が条例の「交通秩序を維持すること」という規定に反するとして起訴された事件。1審，2審は規定が不明確であり違憲と判断したが，最高裁は「ある刑罰法規があいまい不明確のゆえ31条に違反するものと認めるべきかどうかは，通常の判断能力を有する一般人の理解において具体的場合において当該行為がその適用をうけるものかどうかの判断を可能ならしめるような基準が読み取れるかどうかによってこれを決定すべきである。本条例の規定は，確かにその文言が抽象的であるとの誹りを免れないとはいえ，集団行動等における道路交通の秩序遵守についての基準を読みとれることが可能であり，……明確性を欠き31条に違反するものとはいえない」として合憲とした（最大判昭50. 9. 10刑集29巻8号489頁）。21条で争っていないことに注意。

第3に「**明白かつ現在の危険**」の基準

この基準は①近い将来，実質的害悪を引き起こす蓋然性が明白であること，②実質的害悪が重大であること，③当該規制手段が害悪を避けるのに必要不可欠であること，の3つの要件が認められる場合には，表現行為を規制することができるという基準である（芦部・憲法161頁）。アメリカの判例理論の中から確

立された基準である。この考え方はたとえ危険な言論であっても，それを抑制するための最良の方法は自由な言論に拠るべきという趣旨が根底にある。(思想の自由市場)。

第4に「より制限的でない他の選びうる手段」の基準（LRA（less restrictive alternatives）の基準）

この原則は必要最小限度の制限を具体化したものである。つまり，法の定めている制裁方法より，より限定された方法での制裁で同じ法目的を達成することができる場合には，広い範囲の制裁は法目的の達成のための必要最小限度を超える基準であるとして違憲となるという考え方である。

このようなさまざまな基準を設けて慎重に考えるのは，権力は安易に「公共の福祉」のために規制を許すという姿勢になりがちであるが，それでは人権の中でもっとも尊重されるべき表現の自由が，恣意的な運用*で規制されてしまうおそれが強いことを歴史の教訓の中から学んでいるからに他ならない。

＊　2013年山陰中央新報（地方新聞）のスクープから松江市内の小中学校の図書館で開架されていた漫画『はだしのゲン』が一部の表現を理由に市教育委員会事務局の判断で小中学校の校長に閉架措置を強く要請した事件が発覚した。自由に読めた本が許可なしでは読めなくなった。憲法の尊重擁護義務を持つ公務員である事務局幹部らが，自らの行為が憲法の表現の自由・子どもの知る権利の侵害行為にあたることに対する意識が欠如していることを示した。歴史観をもとにした陳情をきっかけに行われた措置であったが，思想信条の自由の侵害にも該当する。

11. 集会・結社について

集会とは多数人が，共同の目的を持って一定の場所に集合することをいう。結社とは一定の目的のためにする多数人の継続的な結合をいう。集会・結社は民主主義の論理的な前提をなす重要な権利であるとして明文で規定した。判例も「集会は国民が様々な意見や情報等に接することにより自己の思想や人格を形成，発展させ，また，相互に意見や情報等を伝達・交流する場として必要であり，対外的に意見を表明するための有効な手段であるから憲法21条1項の保

護する集会の自由は民主主義社会における重要な基本的人権の1つとして特に尊重されねばならない」とする（最大判平4. 7. 1民集46巻5号437頁）。

　集会や結社の自由を保障するということは公権力により集会や結社の自由に制限を加えることを禁止する事である。明治憲法も29条において結社の自由を保障していたものの，それは「法律の範囲内」という条件が付いており（法律の留保），警察法や治安維持法などが存在していたため，政府にとって都合の悪い集会や結社は実質上弾圧可能となっていた。このような歴史的経験をふまえ「集会・結社の自由」を考えなければならない[2]。

　集会を開くということは，必然として一定の場所をしめるということになる。するとその場所を使用したいと考える他者との間に利益の衝突がある。ここに公共施設の利用制限や公安条例などの規制が問題となる。

　最近この点で問題になっているのが，教職員組合の全国集会などの開催に際し，右翼などの反対する勢力や団体の妨害等で混乱が起こるおそれなどを理由に利用許可を取り消したり受け入れ拒否をする例が出ている。しかし，そのような事例を認めることは騒ぎを起こせば集会の開催を阻止できるとして安易に反対勢力の言論に拠らない非民主的言論統制を可能にする危険がある。この問題に対し「反対勢力の違法な妨害行為を規制することの困難さやそのための出費を理由として安易に集会や言論の制限を許すならば，結局それは……憲法の保障する集会ないし言論の自由の趣旨に反する」（京都地決平2. 2. 20判時1369号94頁）の見解が妥当である。

　デモ行進は動く集会である。かつてはデモ行進暴徒化論をとりデモ行進の許可制を認めていた（各地での公安条例で問題となった）。しかし，許可制は原則禁止ということになり違憲である。デモ行進も実質は優勝パレード等の行進と

---

2) 2012年4月に出された自民党の憲法改正草案には21条に2項として「前項の規定にかかわらず，公益及び公の秩序を害することを目的とした活動を行い，並びにそれを目的として結社をすることは，認められない」という条文を挿入している。何をもって「公益を害する」「公の秩序を害する」と判断するのか，また判断するのは規定から見て国家になるが，これは権力者に都合の悪い言論の封じ込めを容易にしよう。

同じであるから，事前に交通混乱の防止措置の準備などのために届け出制と考えるべきである。

　結社の意味については前述したが，結社の自由というとき，①個人としての結社の自由すなわち，団体形成，団体加入，団体不加入，団体脱退などに公権力が干渉してはならないこと，②団体自身の活動（意思形成や諸活動）に公権力が介入しないことの自由の2つの自由がある。

　では自由を保障される結社の目的はどのような種類であろうか。この点について通説は限定することなく目的のいかんを問わずすべての目的の結社が本条の保障の対象になると解している。しかし結社の自由において，原則はすべての目的が保障されるとしても，例外的に制約に服す場合がある。たとえば犯罪行為を目的とすることは認めることはできない。さらに憲法の基本秩序を破壊するための結社も保障は及ばないであろう。

　この問題では破壊活動防止法の問題がある。破壊活動防止法は暴力主義的破壊活動を行った団体に対する規制を定めるために制定された法律であるが，法の中に「団体の活動として暴力主義的破壊活動を行う明らかなおそれ」という予防的表現があるが，明らかなおそれがあると判断するその判断の仕方で結社の自由を侵害することも可能になる。この文言は，不明確にして包括的な表現であり，明確な表現に改めるべきと考える。

　なお宗教上の集会結社に関しては20条が，労働者の団結権については28条が特別に保障している。

　結社の自由を認めているが，公益法人については許可主義，営利法人についても準則主義などいくつかの制限もあり法定要件を満たさぬ場合には設立ができないことになっているが，これらは結社の自由に反しないのであろうか。しかしこれらは取引上の安全などのために設けられており，法人格をすべての団体に賦与することが結社の自由とまでは憲法はみとめていない。法人格がない場合であっても団体自体の設立は自由である以上問題でないと考える。

　一部の職業について，たとえば弁護士会，税理士会，行政書士会など専門的知識を要し，公共的性格を有する団体の場合強制加入も見られる。これらの団

体は高度の専門性や職業の公共性があるため，その専門性や公共性維持のためであって，目的もその範囲内である限り個人の結社加入や不加入の自由を侵害するものでない。

《ヘイトスピーチ》

　ヘイトスピーチとは，人種，出身国，民族，性別，性的指向，宗教，傷害など自ら主体的に変更することが困難な事項に基づいて，個人または集団を攻撃，脅迫，侮辱し，もしくは他人を扇動する言論等を指すとされる。

　とくに日本において近時在日韓国朝鮮人に対し憎悪に満ちた，強圧的で侮辱的な言葉を投げかけることが問題になっている。この問題に対しては国連の人権委員会も問題視している。このことから何らかの法的規制が必要なのではないかが議論されたところだが，「言論の自由」に関わるとして慎重に考える者も多い。さまざまな議論の結果，2016年5月14日に正式名称「本邦外出身者に対する不当な差別的言動の解消に向けた取り組みの推進に関する法律」（略称ヘイトスピーチ解消法）が成立した。ただ罰則がなく努力義務が多いことから実効性につき疑問があるが，一歩前進と解する者も多い。実際には在日コリアが多く暮らす川崎市で市長が公園の使用不許可を決定し，横浜地裁川崎支部も周辺でのデモを禁じる仮処分決定[3]を出している（横浜地裁川崎支部決定平28．6．2判時2296号14頁）。

12. 通 信 の 秘 密

　通信の秘密を保障するとは公権力により通信の内容をうかがい知ることを禁止することである。具体的には，①通信の発信前に内容を調べたり，②発信後宛名に到着する前に内容を調べる，③受信後内容を調べる，④内容を調べた上で受信者や発信者に何らかの不利益を与えることをいう。これを郵便で考えると差出人または受信人の住所や氏名，その個数などを官庁の求めに応じて報告することが禁止されるということである（内容について知っていれば当然）。

　この通信の秘密を巡っては最近のインターネット＊や携帯電話利用の電子メールなどが大きな比重を持ってきており新たな課題が生じている。しかし，

3）　この決定では人種差別撤廃条約、憲法14条、ヘイトスピーチ解消法を援用している。詳細は平成28年度重判解説参照。

通信の秘密をなぜ憲法が保障しているかを考えたとき通信内容やその存否，相手方などを知られずに通信を行うことが，①個人のプライバシー確保の上でも，②自由なコミュニケーションを確保するうえでも大切であったためである。すなわち電子メールなどであっても，その存否，内容，相手方，発信時刻，発信場所などすべてに保護が及ぶと考える。

　この自由を巡っては，被告人関係の郵便物の押収（刑事訴訟法100条・222条）や破産者に関する郵便物の開披（破産法81条・82条），受刑者の信書発受の制限（刑事収容処遇法126条ほか）などの問題がある。

　犯罪防止のための電話の盗聴はかねてより問題視されてきたが，1999年8月に「犯罪捜査のための通信傍受に関する法律」が制定され，2000年8月より施行されている。ただしこの通信傍受という捜査方法がプライバシー権，通信の秘密を侵害するものであるため，対象犯罪は組織的殺人や薬物，銃器犯罪などに限定され，傍受も傍受令状によりNTT職員の立ち会いなども必要とされるなど厳格な手続が定められていた。そのため運用実績も年10件未満で盗聴が激増するまでには至っていなかった。しかし2016年5月24日に刑事訴訟法の一部改正という形での犯罪の対象を広くするとともに，傍受対象も会話だけでなく，電子メール，FAXなどあらゆるデータ通信を対象にし，NTT職員の立ち会いも廃止という手続きの緩和を内容とする改正が行われた。

＊　インターネットの管理上の問題

　インターネットはコンピューターにより世界レベルでの，受信と発信の相互の情報のやりとりを可能とする。従来の放送や印刷を媒体とする表現・通信行為とは異なった側面を持つ。しかし，匿名性や国際性もあわせ持つことから，犯罪利用の危険性も高い。猥褻表現1つとってみてもその規制は著しく困難である。世界各国とも現在その対処のための法整備を行いつつある。日本においては，いわゆるプロバイダ責任制限法[4]が制定されている。

4）　正式名称は「特定電気通信役務提供者の損害賠償責任の制限及び発信者情報の開示に関する法律」といい，2001年11月30日公布。

《国際的盗聴》

アメリカの世界各国に対する盗聴の事実も，元ＣＩＡ職員の内部告発により明らかにされた。アメリカ国家安全保障局が世界中の通信記録を対象に収集分析していたという。その対象には世界各国の首脳の電話までが含まれていた。今やこのようなことを可能にした技術の進歩をどのようにコントロールすべきかが課題となる。

《AIと人権》

現代の急速な通信技術の発達は，単に通信の秘密といった次元を超え，個人の尊厳に対する大きな危険を持つに至っている。2020年の新型コロナウィルスの報道においてターミナルや繁華街の密集度の変化が毎日のようにニュースで報道されていたがこれは携帯電話の位置情報を基に計算されていた。またインターネットの検索歴，閲覧歴，キャッシュレス化からの購買歴等の多くのビックデータを蓄積していくことによりAI技術により個人のプロファイリングが可能になってきている。これを利用した企業の採用情報や金融機関の与信といった分野に限らず個人の行動支配さえも支配可能な危険性が生じつつあることを意識する時代を迎えている。このような社会にあって，憲法の基礎理念との調和をどうすべきかという問題が今後大きな論点になってくるであろう。

第4節　学問の自由（23条）

この節の point

学問の自由とその保障内容を理解し，大学の自治について何故に認められたのかを理解する。

1．学問の自由の意味

23条は学問の自由はこれを保障すると規定している。そもそも学問は，既存の価値や真理とされているものを疑い批判し，新たな価値や真理を生み出すため，権力者からの干渉や弾圧も珍しくはなかった。わが国においても明治憲法下において京都大学の滝川事件*や天皇機関説事件**等の学問研究に対する弾圧が行われた。これをふまえ19条や21条があるにもかかわらずこの条文をおいたのである。すなわち個人が学問研究を行い，その成果を発表することに対し

国家権力の干渉を受けることがないことを定めた[5]。

＊　滝川事件　　1933年（昭和8年）に京都帝国大学で発生した思想弾圧事件。京大事件（きょうだいじけん）とも呼ばれる。京都大学の刑法教授であった滝川幸辰教授の学説が自由主義的であるとして文部大臣により休職を命じられたことに対し，大学の自治の破壊であるとして，当時の京都帝国大学法学部の全教授が辞表を出した事件（なお「刑法読本」や「刑法講義」も内務省により発禁処分）。戦時体制を強化する日本ファシズムの公然たる国民の自由に対する挑戦であって，自由を守ろうとする側の最後の抵抗であったと評価されている。

＊＊　天皇機関説事件　　1935年に起きた東京大学の美濃部達吉教授の，天皇が国家の機関だと説明する当時の通説（1900年頃から1935年）であった天皇機関説が，国体に反する学説であるとして批判を受け，貴族院議員の辞職や著書（「逐条憲法精義」「憲法提要」「日本国憲法ノ基本主義」）の発売禁止に追い込まれた事件。この後言論や学問の自由が失われ立憲主義が事実上停止した。

学問の自由によって保障されるのは
（ア）　学問研究の自由
　真理の探究・発見を目的とする自由をいう。特に研究者のみならず誰に対しても保障される。また，この自由は内面的な精神活動であり絶対的な保障を受ける。
（イ）　研究発表の自由
　研究成果を公表する自由も学問の自由の一内容である。表現の自由の一内容である。
（ウ）　教授の自由
　大学等の高等教育機関において，国家から学説等の拘束を受けず，自らの学問教育成果を教授することができる自由である。一方初等・中等のいわゆる下級教育機関における教育の自由については，通説判例は教授の自由は否定して

5）　近時遺伝子や生殖に関する研究が進展する中これらの研究への法的規制の是非が問題になってきた。多数説は研究者の自主的・倫理的規制にゆだねるべきとする。

いる。最高裁は「旭川学力テスト事件」判決（最大判昭51.5.21刑集30巻5号615頁）において，「初等・中等教育機関においては一定の自由は保障されるものの，教育の機会均等と教育水準の確保の必要性から完全な教授の自由を認めることは，とうてい許されない」としている。

2．大学の自治

　大学の自治とは大学の運営を大学における研究者の自主性に任せて行うことを意味する。けだし，前述した学問の自由は大学の自治がなければ確保されないと考えられるからである。この制度は日本国憲法のもとで制度的に保障されていると考えられている。

　大学の自治の内容であるが，まず大学の学長，教授その他の研究者の選任が大学の自主的判断で行うこと。つぎに大学の施設や学生の管理も大学の自主的な判断で行うことを意味すると考える。

　この点について問題となった事件としていわゆる東大のポポロ事件がある。この事件は東京大学の公認の「ポポロ劇団」の演劇発表会に私服警察官4名が学内偵察活動として入場していたのを学生に発見され，学生に暴行を加えられた事件である。このとき警官から奪った警察手帳には1年7カ月以上の期間連日のように大学構内に入り張り込みや尾行，盗聴などを行っていたことが明らかになった。そこから学問の自由，大学の自治と警察権の関係が問題になった。第1審2審は，この警察の長期の警備活動を問題とし，学生の行為を正当行為として無罪としたが，最高裁はこの劇団の当日の集会のみを問題にし，大学内における警察による警備公安活動に関し劇団の演劇活動は学問の自由の問題ではないとして，大学の自治を侵害するものではないと判断した（最大判昭38.5.22刑集17巻4号370頁）。この判決に対しては，最高裁は大学の自治と警察権力の限界を明らかにすべきであったとの批判もなされている（佐藤功・憲法判例百選I第II版141頁）。

3. 教育の自由

　23条で学問の自由が規定され，また26条で教育を受ける権利の規定があるが教育の自由を直接定めた規定はない。かつては，教育内容の決定権は国家にあることを前提に教育の自由を否定的に考えていた。これに対し教育内容の具体的決定権が国にあることを否定し親や教師子どもなどさまざまな主体の教育の自由を認める「国民の教育権」説が主張されるに至った。根拠は23条や26条，13条などに求められている（教育を受ける権利の部分に詳述）＊。

　教育内容の決定が国にあるとすると，教育目標に，時の政権担当者の意向を色濃く反映することも可能になる。2006年の教育基本法の全面改定にあたって，教育目標の中に国家的な愛国心教育を目指すのではないかとも思われる規定が加えられ議論を呼んだ。

　＊　この問題についての判例は旭川学力テスト訴訟（最大判昭51.5.21）である。この事件は1961年に行われた全国一斉学力テストを阻止しようとした教師の実力行使を公務執行妨害罪で起訴したもので，1審，2審は無罪としたが，最高裁は全員一致で公務執行妨害罪を成立させた。そして憲法論について「わが国の法制上子どもの教育の内容を決定する機能が誰に帰属するとされるかについては，2つの極端に対立する見解があり……，それらはいずれも極端かつ一方的であり，そのいずれも全面的に採用することはできない」教師の教育の自由について「一定の範囲内における教授の自由が保障されるべきことを肯定できないではない」「しかし大学におけると異なり完全な教授の自由が認められない」「国は……必要かつ相当と認められる範囲において教育内容についてもこれを決定する機能を有する」とした（百選Ⅱ308頁より要約）。

　　また，教育指導要領の拘束力と教育の自由を巡っても争われ，法的拘束力を認めつつ，ある程度の裁量を教師に認める結論を採っている（伝習館高校事件　最一判平2.1.18民集44巻1号1頁）。

第9章

経済的自由権

この章の point

　職業選択の自由，居住移転の自由，財産権を経済的自由権と呼ぶ。端的にいえば生活を維持確保するための権利である。沿革的には自由な経済活動の確保とその結果生じた矛盾の是正の流れがある。さらに，権利の質が単に経済活動の自由から多面的性格へと変化したことを理解しよう。

第1節　職業選択の自由

1．意　　義

　職業とは生計を立てる目的での継続的な社会経済活動である。わが国の「士農工商」の身分制度にも見られるように，かつては職業は身分により決定されていた。職業選択の自由は，そのような職業身分固定を否定するという沿革を持つ。現在にあっては，どのような職業を選択するかは人の人格や精神に大きく係わるので，経済的自由権とはいえ精神的自由の場合に準じたような配慮が必要である。

　この職業選択の自由は，職業を「選択」する（自らが主体的に営む場合のほか，雇用される職業を選択することも含む）自由と，職業を「遂行」する自由からなる。営利を目的とする自主的活動を営業の自由といい，この職業選択の自由に含まれる（営業の自由は財産権の行使を伴うから29条とも関連する）と解されている。

2. 職業選択の自由に対する制約

職業選択の自由は，個人の尊厳の手段的側面を持つが，基本は経済的自由権の一種であり，このことから社会条件の変化に応じた政策的な規制を受けることとなる。

この規制は内在的制約と政策的制約に区別される。内在的制約とは他人の生命・健康・安全への侵害や社会公共秩序への侵害を防止するためのもので，消極的（予防的）警察的目的の達成のための制約といわれるものである。政策的制約とは国民経済や社会保障の政策などの国家の経済政策・社会政策といった積極的な目的達成のためになされる政策による制約をいう。

前者の消極規制では，一定の害悪発生の危険がありこの害悪発生の危険を防止するため（目的の存在）に規制を行うというものであり（一般的抽象的危険で足りる），ゆえに目的達成のための規制の手段や程度もこの害悪の発生を防止するために合理的関連が認められるうえ，必要最小限のものでなければならない（この合憲性の基準を「厳格な合理性の基準」という）。

一方後者の政策的制約は，規制措置を講ずる必要があるか否か，その必要があるとしてもその手段対応が適切か否かについて，主として立法政策であり，目的達成のため合理的な範囲にとどまる限り許されるべきとされている（合理性の基準）。ただ立法府が立法政策の裁量権を逸脱し当該法的規制措置が著しく不合理であることの明白である場合に限って違憲になる（明白性の基準）。

もっともこの内在的制約にあたるのか政策的制約にあたるのかの区別は現実には難しい場合もある。距離制限（既存の営業店より一定の距離が離れていなければ開業の許可が得られない）について裁判で争われた有名な例として，公衆浴場の場合と薬局の場合があり，判例は双方とも内在的制約とみた上で前者の距離制限は合憲（最大判昭30.1.26刑集９巻１号89頁）で，後者については違憲とした（最大判昭50.4.30民集29巻４号572頁）。一見齟齬をきたしている判例だが，前者について政策的制約と構成すれば齟齬はないことになる。やや長くなるが，重要な判例であり以下にその要旨をあげる

最大判昭30.1.26刑集９巻１号89頁の公衆浴場法違反事件では，公衆浴場の

距離制限については，「公衆浴場は，多数の国民の日常生活に必要欠くべからざる，多分に公共性を伴う厚生施設である」こと，従って，適正配置に必要な措置をとらないときは「その偏在により，多数の国民が日常容易に公衆浴場を利用しようとする場合に不便を来たすおそれなきを保し難く，また，その濫立により，浴場経営に無用の競争を生じその経営を経済的に不合理ならしめ，ひいて浴場の衛生設備の低下等好ましからざる影響を来たすおそれなきを保し難い」として，「国民保健及び環境衛生」の見地からする弊害防止を公共の福祉の内容と捉え，距離制限規定を合憲と判断した（最大判昭30.1.26）*。一方，最大判昭50.4.30民集29巻4号572頁の薬局開設距離制限違憲判決では「適正配置規制は，主として国民の生命及び健康に関する危険の防止という消極的，警察的目的のための規制措置であり」，「薬局等の経営の保護というような社会政策的ないし経済政策的目的は右の適正配置規制の意図するところではない」「配置規制がこれらの目的のため必要かつ合理的であり薬局等の業務執行に対する規制によるだけでは右の目的達成ができないとすれば……反するものとは言えない。問題は……右のような必要性と合理性の存在を認めることが出来るかどうか」，「そこで考えられている薬局等の過当競争及びその経営の不安定化の防止も，それ自体が目的ではなく，あくまでも不良医薬品の提供の防止のための手段であるにすぎない」とし，「薬局等の設置場所の地域的制限の必要性と合理性を裏づける理由として被上告人の指摘する薬局等の偏在，競争激化，一部薬局等の経営の不安定化，不良医薬品の供給の危険又は医薬品乱用の助長の弊害という事由は，いずれもいまだそれによって右の必要性と合理性を肯定するに足り」ないと判示した。

《二重の基準と二分論》

　ここで二重の基準と二分論についてふれておく。経済的自由の規制に対する違憲性の審査基準は精神的自由の規制に対する審査基準と比べ緩やかな「合理性の基準」（目的達成のため必要かつ合理的範囲である限り許される）が用いられる（二重の基準）。そしてこの「合理性の基準」は，経済的自由の規制の目的に応じて2つに分けられる。

前述してきたように消極的警察的規制と積極的政策的規制である。ただ近時この二分論について見直しや修正の動きも出ている。判例も二分論を採用しないものもでている。これらは規制対象により適合する基準を考える傾向にあるといえる。

＊　公衆浴場の距離制限を巡っては近時再度裁判となった。最高裁は前述の判決時と異なり「自家風呂の普及に伴い公衆浴場の経営が困難になっている」という公衆浴場経営の特殊性から、既存業者の経営の安定を図ることで「自家風呂を持たない国民にとって必要不可欠な厚生施設である公衆浴場自体を確保しようとすること」にあるとして「必要かつ合理的な範囲内の手段」であるとし、公衆浴場の距離制限を合憲とした（最三判平元.3.7判時1308号111頁）。

3．職業選択の規制の類型
現在行われている規制を分類すると以下のようになる。
① 反社会的なため許されないもの。たとえば売春防止法による売春の禁止。
② 社会的悪影響防止や公衆衛生の維持のための制限。たとえば風営法による風俗営業の許可制や公衆浴場法による公衆浴場の許可など。
③ 資格による制限。医師，薬剤師，公認会計士，弁護士，行政書士など技能や専門知識が要求される。
④ 国家の財政目的などの理由で国の独占事業とされるもの。郵便やかつてのたばこや塩の専売事業。
⑤ 事業の公共性によるもの。郵便事業や電力，水道，ガス，交通事業など。
⑥ 社会経済政策によるもの。不公正な取引禁止や私的独占禁止など。
①②③が前述した消極的規制，④⑤⑥が積極的規制にあたる。

第2節　居住移転の自由（22条）

憲法は，（22条1項）「何人も，公共の福祉に反しない限り，居住，移転及び職業選択の自由を有する」と規定する。
ここでいう居住と移転の自由は，これを分けて考えるのではなく，一体のも

のと考える。つまり好きなところに自由に住む（任意に住む場所を選ぶということは前提として移転も自由にすることになる）事である。

この自由は封建時代において領土に縛り付けられていた個人を土地から開放し自由な経済活動を保障するという沿革があった。それゆえ経済的自由の1つと分類されている。しかし現代にあってはこの自由はより複合的に解されている。前述の経済的自由の他，人が一定の場所から移動できないということは居住地の指定にもつながり直接的拘束でないにしても人身の自由を侵害することになる。また広く自己の好きな場所に行きいろいろな人と接触交流することは人間の人格形成に重要な意味がある。つまり個人の自己実現の要素も強く精神的自由の側面も併せ持つと解されている。

この様に考えると，居住移転が経済活動として行われる場合には政策的な制約に服することになるが，それ以外の意味でおこなわれる居住移転について内在的な制約のみが許されるという原則になる。

現在行われている（た）制約をあげてみると，①被疑者や被告人，非行少年などの居住移転の制限，②民法821条の未成年に対する親権者の居所指定など，③感染症法19条による強制隔離や精神保健福祉法29条による入院措置[1]，④破産法34条1項による破産者の居住制限，⑤公務員に対する勤務地や居住地の指定，⑥土地収用法102条による土地移転の強制，都市計画法7条による市街化抑制，⑦人口政策としての都会地への転入抑制（終戦後行われた）等がある。これらのうち⑥⑦が政策的抑制である。

1）この制限についてはハンセン病国家賠償請求事件を忘れてはならない。ハンセン病は以前不治の病とされ隔離・絶滅政策が採られていた。しかし画期的な薬ができ治る病気になったにもかかわらず，法改正がなされず，1996年に廃止されるまで隔離政策が続けられた。これに対しハンセン病患者が国家を訴えた訴訟である。判決はらい予防法は日本国憲法に明らかに違反すること，……遅くとも1960（昭和35）年以降は厚生大臣（当時，現厚生労働大臣）の患者強制隔離収容政策が，また，1965（昭和40）年以降は国会議員の立法不作為が，いずれも違法かつ有責であって不法行為が成立するとし，すべての患者に対して，隔離と差別によって取り返すことのできない，極めて深刻な人生被害を与えたと認定した（熊本地判平13．5．11判時1748号30頁）。

また，居住移転の自由は厳格な意味で居所や住所を変えるというだけでなく，広く旅行をする自由も含まれると解される。

第3節　海外渡航の自由（22条）

　22条2項は「何人も，外国に移住……する自由を侵されない」と規定する。海外への移住も広い意味では1項の居住移転の自由に含まれるが，とくに2項で規定した趣旨は2項が国籍離脱についても規定していることから，移住すべき地域がわが国の国外であることでまとめたといえる。つまり22条は1項が国内，2項が外国への移転の自由を規定したものと解される。

　ここで海外に旅行する自由はこの条項で保障されるのかということが問題である。通説はこの条項で保障されると解している。なぜなら旅行もその手段においては外国移住と同じであると考えるからである。

　そこで外国に行くためにはパスポートが必要であるが，旅券法13条1項5号（当時）では，「著しく且つ直接に日本国の利益又は公安を害する行為を行う虞（おそれ）があると認めるに足りる相当の理由がある者」に対して外務大臣が旅券の発給を拒否しうることを定めている。そこでこの規定が合憲なのかについて説が分かれる。判例（最大判昭33.9.10刑集12巻13号2897頁）は旅券発給を許可行為と考え，外国旅行の自由に対し公共の福祉のための合理的制限を定めたものとして合憲とする。しかし学説の多数は海外渡航の自由は精神的自由の側面を持つことからこのような漠然不明確な文言による規制は違憲であると考えている*。

　外国人について規定はないが，国際慣習上も領土外に住む外国人に対して憲法の適用はなく，入国の自由は認められず，国家の自由裁量により決定される。判例は新たな入国と再入国を区別していないが，日本においてすでに在留資格を有し生活基盤を持つ者の再入国については，在留期間の範囲内であるならば日本人の海外旅行と同様に扱うべきと考える。出国の自由については外国人にも認められている。

　世界には伝染病や戦争など危険地域も多くある。外務省はそのような外国への渡航に関し，感染症危険情報や治安情勢について4段階の情報を出している。状況が悪化すると渡航の延期や退避の勧告が出される。しかしあくまで情報の提供や勧告であって，強制的な渡航自体の禁止はできない。平成16年4月に起こったイラク邦人人質事件の際，一部議員から渡航禁止の法律制定の動きが出たが，憲法違反の疑義から見送られた経緯がある。また2020年に起こった新型コロナウィルスの世界的な蔓延にあたっては世界のほとんどの国に対してレベル3（渡航中止勧告）が出された。外務省海外安全ホームページ（http://www.anzen.mofa.go.jp）。

＊　2016年2月にシリアへの渡航を計画していた新潟市在住のフリーカメラマンが旅券法に基づいてパスポートの返納を命じられ，渡航を阻止された事件が発生した。旅券法19条1項4号の規定は，「旅券の名義人の生命，身体又は財産の保護のため」という理由でパスポートの返納命令が出せるというもの。しかし，海外渡航の禁止は海外渡航の自由を害する問題だけでなく「取材，報道の自由」と密接な関係を持ち，言論の自由に対する侵害になりかねないという危険性をはらんでいる。危険という理由で海外への取材の自由を制限することが可能になれば，わが国にとって都合が悪い国への渡航を禁止することが可能になってしまう。

第4節　国籍離脱の自由

　22条は2項後段において国籍離脱の自由を認める。

　国籍とは特定の国家に帰属する資格をいう。明治憲法時代においては国籍を離脱するためには政府の許可を必要としていた（旧国籍法20条の3，旧国籍法施行規則5条）。国籍の離脱は届け出によりなされるが（国籍法13条），自由に国籍を離脱することができるということは，場合によっては国家の存立を脅かすことにもなることを考えるとき，国のために国民があるのではなく，あくまで主人公は個人であるという象徴的な現れである。ただ国籍法は外国国籍の取得を国籍離脱の条件としており無国籍になる自由は認められていない（国籍法13条）。また，自己の意思により外国国籍を取得したときは日本国籍を失うとしており

重国籍も認められていない（国籍法11条・15～16条）。しかし現在二重国籍を認める国々もあり，国籍の問題が個人の問題と考えると今後は検討される問題になると思われる。

第5節　財産権の保障（29条）

1．財産権保障の意味と内容

　憲法は29条は1項で「財産権は，これを侵してはならない」，2項で「財産権の内容は，公共の福祉に適合するやうに，法律でこれを定める」と規定する。財産権とは一切の財産的価値を有する権利をいう。たとえば所有権や債権，特許権や著作権，水利権，漁業権，鉱業権など全ての財産権的な権利を含むものをいう。

　財産権は封建時代から初期資本主義期における進展を背景に，1789年のフランス人権宣言にみられるように「所有権は神聖にして不可侵の権利」とされていた。しかし20世紀に入り資本主義社会の発展の中から富の不均衡や社会階級の分化・対立などの矛盾の激化とそれを受けた社会国家思想の進展を背景に無制限の保障ではなく「所有権は義務を伴う」のワイマール憲法の表現にみられるような権利のあり方への修正がなされてきた。わが憲法もこの流れの中にあり1項と2項の規定となって現れている。

　そこで1項と2項をみると，1項により保障された権利は2項によれば法律で定められたものということになる。これをすなおに解釈すると，わざわざ財産権を憲法で保障した意味がないこととなる。ここから1項と2項の関係についてさまざまな考え方が生じたが，1項は法律によっても侵すことのできないものがあることを保障したと解する。すなわち個別の財産権の保障と，私有財産制度というものを制度として補償したものと解されている（制度的保障[2]）。

　2）　制度的保障とは権利ではなく客観的な制度を保障したとみられる規定が人権規定の中↗

2. 財産権の規制

29条2項は「財産権の内容は，公共の福祉に適合するやうに法律でこれを定める」と規定しているが，これを通説は財産権の内容を公共の福祉により制限することができる旨を定めたものだと解している。そして公共の福祉とは「各人の権利の公平な保障をねらいとする自由国家的公共の福祉のみならず，各人の人間の生存の確保をめざす社会国家的な公共の福祉をも含む」と解され，内在的制約のみならず政策的制約も受けると解されている（いわゆる二分論。94頁参照）。

内在的制約（消極目的による規制）の例としては，民法などの相隣関係の規制や感染症法など人の生命や健康に対する危害を防止する等の規制がある。ため池の堤防に農作物を植えることを禁じた条例が争われた奈良県ため池条例事件判決（最大判昭38.6.26刑集17巻5号521頁）では「ため池の堤とうを使用する財産上の権利を有する者は，本条例1条の示す目的のため，その財産権の行使を殆んど全面的に禁止されることになるが，それは災害を防止するという社会生活上の已むを得ない必要から来ることであって，ため池の提とうを使用する財産上の権利を有する者は何人も，公共の福祉のため，当然これを受忍しなければならない責務を負う」とする。

政策的制約とは社会国家的公共の福祉ともいわれるが，財産権についてみると，独占禁止法による私的独占の排除や，借地借家法による借地人・借家人の保護のための規制，農地法による耕作者の保護のための規制，都市計画法による都市計画制限，文化財保護法による文化財保護のための規制，自然環境保全法や自然公園法による自然環境保全のための規制などがある。

＼にあることを認める立場である。政教分離，大学の自治，私有財産制度，地方自治制度などが例に挙げられるが，制度の存在を認めることで人権保障の実現にも寄与すると考える。しかし，制度的保障のためにかえって人権保障を弱めるとの指摘もあり，①立法によっても奪うことのできない「制度の核心」の内容が明確であり，②制度と人権の関係が密接である者に限定するのが妥当（制度的保障を用いる場合について芦部・憲法86頁）とされる。

財産権の制限について述べるときふれざるを得ない判決として森林法共有林分割制限規定違憲判決（最大判昭62.4.22民集41巻3号408頁）がある。この判決では，森林法186条の立法目的について，「森林の細分化を防止することによって森林経営の安定を図り，ひいては森林の保護培養と森林の生産力の増進を図り，もって国民経済の発展に資することにある」として，森林法共有林分割制限規定が積極的目的による規制であることを明らかにした。つぎに，共有林の分割がただちに森林の細分化と結び付く性質のものではないことから，共有林の分割制限が森林法の立法目的を達成するための手段たりうるのに必要な，合理性の要件と必要性の要件とのいずれをも備えていないとして，森林法186条を違憲と判断した。この判決は目的は積極目的であるとしながらその規制手段は二分説による明白性の基準は採用しない形となった。この判決の理解を巡っては従来の二分説を変更したのか修正を行ったとみるか分かれるところであるが権利の実態に合わせより細かな適用がなされたとみるべきと解する。

3．条例による制約

　憲法はこのような制約を法律によるとしているが，条例によってもこの制約をすることができるかが問題となる。憲法の文言上は「法律」となっているが，憲法は41条の例外規定として94条で条例制定権を認めており，条例も地方議会により民主主義的手続きにより制定されるものであることを考えるとき，条例による規制も可能であろう。判例も，「事柄によっては，特定または若干の地方公共団体の特殊な事情により，国において法律で一様に定めることが困難又は不適当なことがあり，その地方公共団体ごとに，その条例で定めることが，容易かつ適当なことがある」（奈良県ため池条例事件。最判昭38.6.26）として条例による財産権の制限を認めている。現在では各地の実情にあわせた形で公害規制条例などで条例による財産規制が行われることは珍しくない状況となっている。

4．正当な補償の意味

29条3項は「私有財産は，正当な補償の下に，これを公共のために用ひることができる」と規定する。

これは公用収用・公用制限といわれるものが可能である根拠を示すとともに，それらが行われる場合の個人の犠牲に対しその損失の補償を行うことを示している。

ここでいう「公共のために」とは狭く公共事業における場合だけを指すのではなく，物資の統制や国有化や社会化など広く社会公共のためであればよいと解される。判例も農地改革事件で（最大判昭28.12.23民集7巻13号1523頁）同様の立場をとる。

では，ここでいう正当な補償とはどのような内容の補償をいうのであろうか。この問題に関しては基本的に2つの立場がある。まず第1は被った客観的損害の全額を賠償すべきとする立場（完全補償説），第2に当該損害について合理的に算出された相当な額であれば市場価格を下回ってもよいと考える立場（相当補償説）である。一般に判例は相当補償説を採るといわれている。しかし，これは前述の農地改革事件判決による。戦後の農地改革の際，市場価格より低い買収価格をもって正当な補償に該当するとしたが，戦後の占領政策の特殊事情下の出来事であり必ずしも判例がこの立場であるとは思われない。たとえば最判昭48.10.18民集27巻9号1210頁によれば「土地収用法における損失の補償は，特定の公益上必要な事業のために土地が収用される場合，その収用によって当該土地の所有者等が被る特別な犠牲の回復をはかることを目的とするものであるから，完全な補償，すなわち，収用の前後を通じて被収用者の財産価値を等しくならしめるような補償をなすべきであり，金銭をもって補償する場合には，被収用者が近傍において被収用地と同等の代替地等を取得することをうるに足りる金額の補償を要するものというべく」としており，完全補償説と相当補償説を折衷的に考えている最近の多数説と同様の立場と考えられる。

5. 損失補償の規定のない場合

　私有財産が公共の目的のために用いられるのにかかわらず，根拠となる法律に補償の規定がない場合にどのように解したらよいか。そのような法令は違憲無効だから侵害行為は取り消され損害の賠償ができるという立場と，29条3項を直接の根拠にして補償を請求するという考えがある。判例は河川附近地制限令事件（最判昭43.11.27刑集22巻12号1402頁）で「同令4条2号による制限について同条に損失補償に関する規定がないからといって，同条があらゆる場合について一切の損失補償を全く否定する趣旨とまでは解されず，本件被告人も，その損失を具体的に主張立証して，別途，直接憲法29条3項を根拠にして，補償請求をする余地が全くないわけではないから，単に一般的な場合について，当然に受忍すべきものとされる制限を定めた同令4条2号およびこの制限違反について罰則を定めた同令10条の各規定を直ちに違憲無効の規定と解すべきではない」とし両説の中間的立場をとる。

　さらに発展して，人の体への侵害についてはどう解するか。これについては予防接種禍の判例がある。予防接種はごくまれに不可避的に重篤な副作用が生ずることが統計的に出されているが，一般社会を伝染病から集団的に守るために予防接種を行っていたが，この結果生命身体に対し特別な犠牲が生じた。これに対し集団訴訟が行われ（「……特定の個人に対し，特別の財産上の犠牲を強いるものである場合には，これについて損失補償を認めた規定がなくても，直接憲法29条3項を根拠として補償請求をすることができないわけではない」。「そして，憲法13条後段，25条1項の規定の趣旨に照らせば，財産上特別の犠牲が課せられた場合と生命，身体に対し特別の犠牲が課せられた場合とで，後者の方を不利に扱うことが許されるとする合理的理由は全くない。」「従って，生命，身体に対して特別の犠牲が課せられた場合においても，右憲法29条3項を類推適用し，かかる犠牲を強いられた者は，直接憲法29条3項に基づき，国に対し正当な補償を請求することができると解するのが相当である。」）（東京地判昭59.5.18判時1118号28頁）という判決が出ている。

《伝染病に罹患した家畜の処分》

　最近は狂牛病や口蹄疫など家畜伝染病が問題となる。ここで，高病原性鳥インフルエンザに罹患した鳥を含んでいた養鶏場全体の殺処分と近隣地区の養鶏場の出荷制限の問題を考えてみよう。家畜伝染病予防法17条によれば罹患した家畜を殺す命令を出すことができる。その場合，殺した動物については罹患する前の評価額の3分の1の手当金が給付されることとなっている（同法58条）。しかし近隣地区の出荷停止に対する補償はない。この処分も一般社会や家畜を伝染病から守ることでは前述の予防接種と同じ構造を持つと思われる。正当の補償という問題を考えるとき一考の価値はあろう。イギリスでは屠殺した家畜の補償は100％受けることができる。

《営業自粛要請とその補償》

　2020年の新型コロナウィルス禍にあたり飲食店等に営業自粛を求めることが，広く行われた。とくに対象施設については休業要請が出され，その要請は執拗で休業しない場合は店名公表などかなりの強制力を持ったものであった。その結果として，休業した店は営業の機会を奪われ，きわめて深刻な経済的損失を被った。休業要請は"要請"ではあるが，所有権制限の場合と同程度の制限を行ったと解することができる。この休業要請は新型コロナウィルスの蔓延を防ぐためになされるもので，あたかも前述した予防接種ワクチンによる被害と同様の構造を見ることができる。すなわち特定の営業者の特別の被害を強いたと認定できればその補償を行うことは論理上当然である。現実には持続化給付金や休業協力金などが設けられていたが，必ずしも十分な補償が得られるわけでなく，むしろシンプルに補償を考えた方が憲法の趣旨に合致すると考える。

第10章

人身の自由

この章の point

　人身の自由とは身体的行動の自由をいう。人間の身体に対する直接の拘束は人間の自由に対するもっとも明白な侵害である。憲法は明治憲法時代に多くの身体的自由の侵害が行われたことに鑑み多くの規定を置いている。なぜこのような規定が置かれたのかを考え，人身の自由を制限する場合の基礎的考えを理解しよう。

第1節　奴隷的拘束および苦役からの自由 (18条)

　この規定は明治憲法にはなく現憲法により新たに設けられた規定である。

　奴隷的拘束とは身体の自由の拘束が人格を否定する程度の拘束をいう。アメリカ憲法に由来するが，私人間においてもこの規定は適用される。だから民間の職場であっても，脅迫や監禁を伴うような労働の強制は許されない。かつての監獄部屋（たこ部屋）といわれるような職場や戦前の芸娼妓契約（前借り金による長期の拘束を伴う契約）は奴隷的拘束にあたり許されない。

　意に反する苦役とは，本人の意思に反する肉体的・精神的苦痛を伴う労役をいう。強制的な暴行や脅迫による土木工事への従事などもこの規定に反し無効である[1]。犯罪による処罰を除くと規定していることから，刑務所における懲役[2]は意に反するとしても許される事になる。

　この問題に関し，災害時などにおいて被害防止のための緊急の必要に基づく

---

1)　労働基準法5条はこれを定めている。また117条によって罰則も設けている。
2)　懲役とは，懲らしめの労働（役）という文字だが強制労働で苦痛を与えるということではなく，現在では社会復帰のための職業訓練という視点での刑務作業ととらえられている。

業務への従事[3]が該当するかが問題になる。18条が犯罪による刑罰の場合のみ例外としていることに鑑み罰則をもっての強制は違憲の疑いがある。

　徴兵制[4]についても，この条項で問題になるが（一般的にはここにいう苦役にあたると解されている），政府委員による答弁では13条，18条の趣旨から許容されないとしている。

第2節　適正手続きの保障（31条）

1. 意　　味

　刑罰権の濫用から国民の生命や自由や財産を守るために法律の手続きを必要とする規定である。本条の他33条から39条まで刑事手続きに関する規定がおかれているが，本条はその中でも総論的規定といわれている。

　この内容であるが，①手続きの法定のみ要求している，②手続きの法定とその内容の適正まで要求している，③手続きと実体の法定まで要求している，④手続きと実体の法定および手続きの適正まで要求している，⑤手続きと実体の法定および手続きと実体の適正まで要求している，という説に分かれている。条文上は「手続き」しか記載されていないが，その手続きが適正でなければ自由は守れないし，人権保障のためには実体法の内容の適正も要求される。さらに本条がアメリカ合衆国憲法の適正手続き条項に由来することを鑑みるとき現在通説でもある⑤説が妥当である。

3）　福島第一原発の事故にみるように，生命の危険が想定されるような場合，それがたとえ消防や，警察，自衛隊といった緊急事態に対処することを予定されるような職務に従事する者に対して生命喪失の蓋然性が高い場合にも命令による強制が許されるかは問題である。

4）　徴兵制とは国民をして兵役に服する義務を強制的に負わしめる国民皆兵制度をいう。

2. 補償のための要件——告知と聴聞

　公権力が国民に対して不利益な処分を行うときには処分内容をあらかじめ告知した上で当事者に弁解と防御のために機会を与えなければ手続きとして適正ではないとされている。わけもわからず処分されると言うことは人間の尊厳を守ることから見て許されるはずもないからである。判例も第三者所有物没収事件に於いて「第三者の所有物を没収する場合において，その没収に対し，何ら告知，弁解，防御の機会を与えることなく，その所有権を奪うことは著しく不合理であって憲法の容認しないところである」と判示している（最大判昭37.11.28刑集16巻11号1593頁）。

3. 31条と刑事手続き

　国民に刑罰を科す場合，あらかじめその内容を告知し，弁解と防御の機会を与えなければならないという原則がある。最高裁判所もこの解釈をとっており，告知・弁解・防御が31条の内容であるとする（最大判昭37.11.28「第3者の所有物を没収する場合において，その没収に関して当該所有者に対し何ら告知，弁解，防禦の機会を与えることなく，その所有権を奪うことは，著しく不合理であって，憲法の容認しないところといわなければならない。けだし，憲法29条1項は，財産権は，これを侵してはならないと規定し，また同31条は，何人も，法律の定める手続きによらなければ，その生命若しくは自由を奪われ，又その他の刑罰を科せられないと規定しているが，第3者の所有物の没収は，被告人に対する附加刑として言い渡されその刑事処分の効果が第3者に及ぶものであるから，所有物を没収せらる第3者についても，告知，弁解，防禦の機会を与えることが必要であって，これなくして第3者の所有物を没収することは適正な法律手続によらないで，財産権を侵害する制裁を科するに他ならない」）。

4. 31条と行政手続き

　行政手続きにおいても自由が剥奪される場合はある。たとえば伝染病患者の隔離・強制入院，精神病患者の保護処分，調査目的での事業所への立入りなど，

多くの行政処分がある。自由が剥奪されることは刑事手続きの場合と同じだから，これらにも刑事手続きと同じに考えて，31条の適用がなされるべきではないかとの問題がある。この問題については31条の適用を認める立場，31条の規定を準用するという立場，13条によると解する立場の3説がある。一般に行政手続き[5]は刑事手続きとはその性質に差があるが，性質上可能な限り31条の適用または準用を行うべきであると考える。たとえば精神衛生法による措置入院[6]などは31条の適用が考えられてよいが，感染症法上の強制入院は公益性や緊急性から31条の適用はなくてよいと考えられる。

第3節　不当に逮捕されない権利（33条）

この条文は令状主義を定めている。すなわち人を逮捕するときは令状を必要とする。令状とはこの場合逮捕令状のことである。かつて明治憲法下においては予防検束などに示されるように令状がなくても人を逮捕することができ，人権侵害の温床になっていた。これを改めたものである。ただ，現行犯や現行犯に準じるような場合（準現行犯）においては不当逮捕のおそれはなく実際に即すために令状がなくてもよいとされている[7]。この権限を有する司法官憲とは，裁判官のことで公正な立場にある裁判官によってチェックすることで不当逮捕

5）　行政手続法　　処分や行政指導および届出などに関する手続き，命令等を定める手続きに関し共通事項を定める。とくに不利益処分に際しては聴聞，弁明，理由の開示などを定めている。平成6年10月から施行。

6）　患者本人に対して行政が，精神疾患のため「自傷他害の恐れ」が高い場合に強制的な命令によって入院させる制度（精神保健及び精神障害者福祉に関する法律29条，29条の2）。最近は1500名以上の患者数となっている。

7）　現行犯・準現行犯として一般私人により逮捕される事件の中で，最近問題になっているのは痴漢であるとして犯人と思われる者の手をつかんだ場合である。一見現行犯と思われるが，痴漢をしているところを見たというわけでなく，この人であると思った相手にすぎない場合がある。このことから「痴漢冤罪」という言葉もいわれる（秋山賢三『裁判官はなぜ誤るのか』岩波書店）。

を防ぐ趣旨である。刑事訴訟法では逮捕状には，逮捕の理由となる犯罪を明示することになっている（刑事訴訟法200条）。逮捕の必要性についても判断され，必要のない場合は逮捕状は発布されない。また逮捕状には有効期限が明示され，期間経過後は逮捕することはできない（刑事訴訟法200条）。

第4節　監禁されない自由（34条）

　この条文は抑留・拘禁の要件を定める。すなわち抑留拘禁される場合には必ずその理由が告げられなければならないことと，弁護人に依頼することができることを規定する。

　また同条は弁護人依頼権の保障を規定している。一般的にも被疑者や被告人はその段階で不利益な立場に立つし，また法律知識の点でも一方が国家権力を背景にした専門家であることを考えるときこれを補助し支える専門家が必要である。この要請にこたえるものとして弁護人制度がある。後述するように，この被拘束者とともに，刑事被告人に対する弁護人依頼権も保障している（37条3項）。

　また抑留・拘禁されるその理由は正当な理由でなければならず，その理由を求めたときは本人および弁護人の出席する公開法廷で示さねばならない。これを制度化したのが刑事訴訟法における勾留理由の開示である（刑事訴訟法82条〜86条）。つまり不当な拘禁をこの規定によって防止することを目的とする。

図表10−1　抑留・拘禁の意味

抑留	一時的な身体の拘束。刑事訴訟法による逮捕，拘引後の留置が例。
拘禁	継続的な自由の拘束。勾留がこれにあたる。

出典：岩井『要説　憲法講義』85頁

第5節　住所・所持品の不可侵（35条）

1. 令状主義の原則

この条文によって，逮捕されるとき以外に住居や書類・所持品について捜索や差押さえを受ける場合には令状を要求しその保護を図っている。逮捕されるときに令状を不要にしたのは，逮捕する場合には当然住居への侵入がともなうし，逮捕状のチェックがなされていることから不当な捜索差押さえが防げると考えられるからである。

そもそも住居に理由もなく公権力が侵入できるようでは，個人のプライバシー・私生活の自由は侵され個人の自由などないに等しい事になる。そこで憲法は原則的に令状主義を採用した。住居とは人が居住するために用いる一切の建造物をいい，立法趣旨からみて人が私生活を営むところはすべてここにいう住居にあたると解すべきである。ホテルの部屋や事務所，研究室などすべてここにいう住居に該当する。

書類・所持品は個人の占有する物すべてをいい，侵入とは許可なく住居内に入ること，捜索は物を探すために住居や所持品を調べること，押収とは特定の物の占有を強制的に公権力が取得することをいう。

令状はこの場合も裁判官によって理由と必要の有無を考慮して発付される。

《35条は行政手続きに適用があるか――川崎民商事件（最大判昭47.11.22刑集26巻9号554頁）》

35条1項は本来主として刑事責任追及の手続きにおける強制について，それが司法権による事前の抑制の下におかれるべきことを保障した趣旨であるが当該手続きが刑事責任追及を目的とするものでないとの理由のみで，その手続きにおける一切の強制が当然に右規定による保障の枠外にあると判断することは相当でない。

2. 盗　　聴

住居に盗聴器を設置して屋内の会話を聞いたり，屋外から高性能のマイクを

使って盗聴することは35条に反する行為である。また13条のプライバシーの権利も侵害する。電話盗聴の場合はさらに通信の秘密も犯す。この電話盗聴について一定の犯罪（薬物関連犯罪，銃器関連犯罪，集団密航の罪，組織的殺人）について，盗聴を認める通信傍受法が1999年8月に制定された。この法律の評価を巡っては賛否両論あるが，基本は果たして警察のチェックが十分できるのか，違法な盗聴がなされた場合の抑制方法がないのでは，外国でやっているからという安易な理由は，前提の異なるわが国において理由になりうるかの疑問がある。このような意見もありこの法律はきわめて限定的に使われていた。傍受も傍受令状によりNTT職員の立ち会いなども必要とされるなど厳格な手続が定められていた。そのため運用実績も年10件未満で盗聴が激増するまでには至っていなかった。捜査側にとってもきわめて使い勝手が悪い法律であった。その結果この法律は2016年5月24日に刑事訴訟法の一部改正という形での犯罪の対象を窃盗，詐欺，傷害・殺人などの一般犯罪に拡大され，傍受対象も会話だけでなく，電子メール，FAXなどあらゆるデータ通信を対象にし，警察施設などでの傍受については，通信事業者による立会や封印が不要とされ，傍受の濫用への歯止めがなくなったことは，監視社会への懸念を持たざるを得ない。

第6節　公務員による拷問および残虐な刑罰の禁止（36条）

　捜査段階における拷問と，刑の執行段階における残虐な刑罰とを禁止し，国家刑罰権の行使の際における公務員の職権濫用に起因する人権侵害を根絶することを目的としている。

　拷問は古くから諸国で自白を得るために用いられてきたが，人権を考えたときこれを禁止するに至っている。わが国においても明治初年太政官布告により廃止されたが，その後も実際には行われ続けたので，本条において絶対的にこれを禁止した。

　残虐な刑罰とは判例によれば「不必要な精神的，肉体的苦痛を内容とする人

道上残酷と認められる刑罰」（最大判昭23.6.30刑集 2 巻 7 号777頁）をいう。たとえば火あぶり，車裂き，身体の一部切断などをいう。死刑については議論が分かれる。すでに世界の趨勢は死刑を廃止した国が多数になっているが，わが国においては，13条や31条の規定が死刑を前提としていると解されるとして，現在の絞首刑による死刑は残虐な刑罰でないとされている。同様に無期懲役についても残虐な刑罰ではないとされている。国連総会では，1989年に死刑廃止条約が採択されている。EU の加盟条件に死刑制度の廃止が要件とされているように，世界的には，死刑は廃止の流れの中にある。死刑存置国はすでに世界の少数派になっており（法律上・事実上の廃止国142カ国，存置国は56カ国　アムネスティー・インターナショナル2019年12月），死刑の犯罪抑止効果や誤判の場合の回復不可能性を考えたとき，国民感情のみで死刑を存置し続けることには問題がある。

《死刑の存置》

　死刑は残虐な刑罰かにつき判例（最大判昭23.3.12刑集 2 巻 3 号191頁）は上述のような理由でこれを否定する。しかしこの判決において井上裁判官の補足意見「憲法は……固より死刑の存置を命じて居るわけではないことは勿論だから若しが死刑を必要としない，若しくは国民全体の感情が死刑を忍び得ないと云う様な時がくれば国会は進んで死刑の条文を廃止するであろう」と述べている。判例は昭和23年という60年以上前のものであるが，国民感情はいまだ死刑存置論が根強い。国民の間には日本の凶悪犯罪が増えているという認識があるが実態は増えてはいない。殺人事件は昭和30年代がピーク（年間3000件を超えていた）である（2015年に1000件をわり2019年で950件となっている。警察庁犯罪統計資料（平成31年 1 月〜令和元年12月分より））。世界の人口10万人あたり殺人事件の少ない国ベスト 3 はいずれも死刑廃止国である。

第 7 節　刑事被告人の諸権利（37条）

1．公平な裁判所・迅速な裁判

　37条第 1 項は公平な裁判所の迅速な公開裁判を受ける権利を有することを定

める。公平な裁判所とは「偏頗や不公正のおそれのない組織や構成をもった裁判所」のことで個々の事件についての判決が公平であったか否かは問わない。「迅速」とは適正な裁判を確保するに必要な期間を超えて不当に遅延したといえるか否かで判断される。公開裁判とは秘密裁判に対する概念で，歴史的に過去秘密裏に政治的に恣意的な裁判が行われてきたことをふまえてのものである。すなわち被告人の権利保障のため対審と判決を公開の法廷において行うことを保障した。

《国会の公開と裁判の公開の意味の違い》

57条1項において両議院の会議は公開とする規定されている。この公開の意味について裁判の公開とその持つ意味は異なるのであろうか。基本的に国会の会議の公開は，主権者たる国民に広く知らしめるための公開にあり（知る権利に奉仕），裁判の公開は秘密裁判を防ぐという意味（被告人の人権重視）にその重点がある。だから国会についてはテレビでの中継なども行われるが裁判については写真撮影も行われずスケッチがニュースなどで使用されている。

証人審問・喚問権——これらは2項により保障されているが，証人に対し被告人は審問の機会が十分に与えられねばならない原則を定める。この原則から刑事訴訟法の伝聞証拠*禁止の原則（刑事訴訟法320条）が導かれる。またこの原則は証拠を被告人の吟味にさらすことが事実認定を正確にし，被告人にそのプロセスを保障することで自己の防御権を保障することにつながる。このことは証人喚問権においても同じ機能を持つ。ただし判例は裁判所は被告人の申請する証人をすべて喚問する必要はなく，裁判をするのに必要適切な証人を喚問すればよいとしている（最大判昭23.7.29刑集2巻9号1012頁）。

* 伝聞証拠とは？

伝聞証拠とは事実を直接体験・認識した人の供述が書面または他人の供述を通じて間接的に裁判所に報告される場合，その書面または供述をいう。すなわち反対当事者の反対尋問を経ない証拠をいう。

2. 弁護人依頼権

　国家権力と対峙するとき，一個人ではいかにも非力である。ここにその能力を補い，自己の権利を守るために弁護人依頼権*が置かれた。また，被疑者被告人に弁護人依頼権があることを告知することも憲法の要請と考えるべきである（ただし判例は反対：最大判昭28.4.1刑集7巻4号713頁）。

　この刑事被告人に被疑者は含まれないのであろうか。憲法の英文訳をみるとこの部分は accused と記載されている。被疑者被告人を含んだ概念であり，多くのえん罪事件などをみるに，被疑者の段階こそ弁護人の助けがいるという現実からも被疑者まで含めて解すべきである。2004年の刑訴法改正で，一部の重罪に限ってではあるが被疑者に対する国選弁護人の制度が導入されている。

　　＊　判例(最判昭24.11.30刑集3巻11号1857頁)によれば，34条前段，37条3項前段は裁判所・検察官が被告人に弁護人依頼権を行使する機会を与え，その行使を妨げないことをもって足り，弁護人依頼方法・費用等につき被告人に告げる義務を裁判所に負わせるものではない。

第8節　不利益供述強要の禁止，自白の証拠能力・証明力（38条）

　自白はかつて証拠の女王といわれ偏重がなされていた。訴追側はとにかく自白をということで行き過ぎた取調べを行いそれが数多くの人権侵害を起こしていた。このことを防ぐため本条により自白の強要を禁ずるとともに，不当な手段で得た自白を排除し，自白以外の補強証拠を求めることで自白第一主義を否定し，人権保障をはかっている。

　1項は被疑者・被告人としては嫌疑がかけられているとき，どのような事項が自分に不利益になるかは分からないわけで，一切の発言がことによると不利益な事につながるおそれを感じる。このことから一切の黙秘を認めた規定と解すべきである。

　2項と3項は自白について定める。2項は一定の場合の自白の証拠能力を否

定する。この根拠について争いがあるが，違法収集証拠は排除するということが訴追側にとって最も大きな障害になるのであり，このことにより結果的に人権侵害を防ぐことができると考える。つぎに3項は，自白にはその事実を裏付ける補強証拠がなければ自白を根拠に有罪を認め刑罰を科する事は出来ないとする。この点については共犯者の自白の場合どのように取り扱うべきかが問題となるが，判例は共犯者はあくまで他人であり本人でないことから本人の自白でないとして，共犯者の自白をもって有罪を認定し，刑を科することも可能と解している（補強証拠は不要　最大判昭35.5.28刑集12巻8号1718頁）。しかし，とかく共犯者は責任を一方に転嫁する傾向があり，むしろ共犯者の自白も本人の自白に含めて解釈するほうが本条項の趣旨に添うと考える。すなわち共犯者の自白にも補強証拠を必要とすべきである。

第9節　遡及処罰の禁止・一事不再理（39条）

　この条文は前段で事後法の禁止を定めるとともに，後段で何人も同一の行為について重ねて刑事上の責任を問われない事を保障している。

　事後法の禁止というのは，行為後の法律によって行為当時問題視されなかった行為を罪に問うという規定を禁止すること，すなわち刑罰法規の遡及を禁止することで，罪刑法定主義[8]の内容の1つであり刑法上の基本原則の1つである。

　つぎに，すでに無罪とされた行為については，刑事上の責任を問わないという規定と同一の犯罪に関して重ねて刑事上の責任を負わないという規定についてである。この関係については争いがあるが，最初の部分が一事不再理を示す

---

8)　罪刑法定主義とは一定の行為が犯罪とされその行為に対し刑罰が科されるためには，前もって当該犯罪とそれに対する刑罰とが成文法上規定されていなければならないという原理のこと。1801年に近代刑法学の祖といわれるフォイエルバッハがその教科書の中で初めて用いた。

規定であり，つぎの規定が二重処罰の禁止を示す規定と解するのが条文に忠実である。元々が，大陸法に由来する「一事不再理」と英米法に由来する「二重の危険」禁止原則の双方をそれぞれ定めているのだから，それぞれを認めればいいわけで，国民の権利にとってこれで不利になることはないからである。

　この点での判例は，検察官の上訴がこれらの原則に反するかについては，同じ手続きの開始から終結までは1つの継続状態とみるとして否定している（最大判昭25.9.27刑集4巻9号1805頁）。

　なお，有罪判決が確定したが，その後新たな無罪等を認めるべき明らかな証拠が発見されたとき，裁判をやり直して誤判の状態を救済する再審制度がある。誤判によるえん罪事件は決して珍しくはなく（107頁参照），死刑判決が再審でえん罪と認められた例もある（免田事件9）熊本地裁八代支部決定昭53.7.15判時1090号21頁など）。先にも述べたが，死刑制度がある一方でこのような事件もあることを考えるとき，死刑制度の存続については疑問がある。つい先般も足利事件の菅家無期懲役囚の再審が認められ，2010年3月26日宇都宮地裁（判時2084号157頁）において無罪となったが，菅家氏がもし死刑になっていたら取り返しはつかなかったわけである。えん罪で死刑判決を受け，再審の請求もままならずに死刑の執行がなされた例も皆無であるとはいえないであろう。再審は以前「開かずの門」といわれていたが，1975年に白鳥決定（最一決昭50.5.20刑集29巻5号177頁）がでて多少改善されたが，まだ再審開始決定は依然かなり困難であり，「疑わしきは被告人の利益に」と言う刑事裁判の基本原則をもう一度思い起こす必要がある。

9）　四大死刑冤罪事件として，死刑から無罪になった事件は他に財田川事件，松山事件，島田事件がある。

第11章

受 益 権

この章の point

　従来は国民という地位に基づく作為請求権と位置づけられてきたが，人権手続き的な理解も可能と考えられ多様な扱いが可能になってきている。

1．請願権（16条）

　請願とはかつては民情を為政者に知らせるための重要な手段であった。請願を行うためには命を失うことを覚悟しなければならなかった歴史もある。しかし現代社会においては民意の反映手段も広がっておりかつてほどの重要性はないといわれるが，現在でも代議制を補完する重要な機能がある。

　請願できる範囲はきわめて広範囲である。また憲法は平穏な請願を保障しているのであるから暴力の行使や脅迫を伴うような「請願」は請願と認めることはできない。

　現在請願をなした場合，受けた側には何らの義務も生じないとされている。しかし，請願者も多大なエネルギーを持って憲法上の権利を行使しているのであり，何らかの回答や結果報告等の義務を受けた側に科してもいいのではないかと考える。

　＊　国政に特定の民情を反映させる趣旨があることを以て参政権として捉えるという考えも出ている。しかし，そのような一面があったとしてもあくまで典型的な意味における参政権（選挙に参加する）とはその性質は異なり，参政権の一種とは捉えない。

2．国および公共団体の賠償責任（17条）

　公務員が不法行為を行った場合の損害賠償責任は明治憲法時代は国や公共団

体の権力的作用については私法の適用がないので賠償はなかった[1]。非権力的な作用についても明確でなくこの規定によりその点を明確にしたものである。すなわち外国人や法人も含めて公務員の不法行為により損害を受けた場合には法律の定めるところにより国や公共団体に対して賠償を求めることができる。不法行為とは民法上の不法行為を前提としている。この点について定められた法律は，国家賠償法である。

　さらに最近では立法行為や立法しなかったこと（立法不作為）に対する国家賠償請求が認められるかについても争われるようになった。判例も例外的ではあるといいつつも在外に居住する国民に選挙権を認めない公職選挙法について立法不作為を認めた（最大判平17. 9. 14民集59巻7号2087頁）。

3. 裁判を受ける権利（32条）

　裁判所とは法律に定める資格を有する裁判官によって構成された裁判所であって，法律上その事件について正当な管轄権を有する裁判所のことをいう。この点について，平成21年度より導入された刑事事件における裁判員制度[2]について，正規の裁判官以外の者が裁判に参加することになるが，裁判員だけで裁判をするのではなく裁判官に裁判員が加わった上で裁判をするわけであり，憲法上の問題はないと解される。

　裁判を受ける権利とは，民事，刑事，行政の各裁判を受ける権利があることをいう。すなわち，民事，行政事件においては自ら裁判所に訴える権利であり，刑事事件においては裁判所以外の機関によって裁判が行われ刑罰が科せられることがないということを意味している。

1）　明治憲法下では「国家無答責の原則」に従い国家賠償の規定はおかれていなかった。ドイツやフランスでは19世紀末以降立法や判例で国家の賠償責任がみとめられている。

2）　裁判に対する市民参加の形態としては陪審制，参審制などがある。陪審制とはイギリスを起源とする制度で，市民の中から選ばれた陪審員が合議体を構成し職業裁判官と役割分担して事実認定を担当する。参審制は主にドイツで採用され，役割分担をすることなく両者が協力審理して合議で結論を出す。わが国の裁判員裁判は参審制の一種である。

4．刑事補償（40条）

　刑事手続きにおいて勾留または拘禁された後に無罪判決を受けることはあり得ることである。しかしこのことについて明治憲法上の規定はなかった。ただ昭和6年に刑事補償法という法律はできていた。この法律は不十分であったし国の恩恵という考えもあり，十分なものではなかったため新たに規定された。

　保障の原因は「抑留又は拘禁」であり，その「抑留又は拘禁」の適法，違法は問わない。たとえ適法であったとしてもそのことにより損害を受けたことには変わりがないからである。「抑留又は拘禁」とは未決に限らず，既決の上刑の執行として拘禁された後，再審において無罪となった場合も含む。

　保障の内容は刑事補償法に定められている。内容は抑留拘禁の場合1日あたり1000円以上12500円以下，死刑執行の場合は3000万円以下となっている（刑事補償法4条）。

第12章

参 政 権 (15条)

この権利は国民が主権者として直接または間接に政治に参加する権利であり，民主主義の実現のための重要な権利である。その権利実現の選挙の性格やシステムを理解する。

この規定はあらゆる公務員の選定罷免権が終局的に国民にあることを示している。国民主権の理念の表れである。ただこれはすべての公務員を選挙で選ぶことを意味するものではない。公務員の選任・罷免が国民の意思に基づくように手続きが定められなくてはならないということである。

また15条１項に直接は規定していないが，立候補の自由もこの規定によって保障がされていると解されている。

２項の全体の奉仕者とは国民全体の奉仕者を意味し，一部の者の利益のために存在するのではないことを意味する。

３項にいう選挙であるが，一般国民による選挙を意味する。たとえば，国会議員の選挙や地方議会の議員の選挙などで，一部の者の間での選挙，たとえば農業委員会議員の選挙などについてはこの規定の範囲外である。

成年とは民法で定められていて（民法４条），現在20歳であるが（但し，2018年６月13日に民法改正がなされ，2022年４月１日より18歳で成年となる），公職選挙法を改正し，たとえば18歳で選挙権を有するということも可能である（しかしこれにより成人年齢が18歳になることにはならない）といわれていたが，2015年６月の公職選挙法改正により，選挙資格（選挙権）年齢が18歳以上に引き下げ

られ2016年7月の参議院選挙から実施された[1]。

普通選挙とは，財力，教育，性別などによって選挙権行使に差別をつけない選挙をいう。立憲主義国でも当初は制限選挙であったが，徐々に普通選挙制が確立されていった。わが国においても年齢25歳以上で直接国税15円以上納める男子のみに認められ（1889年），1925年に満25歳以上の全ての男子に，1945年に20歳以上の全ての国民に選挙権が与えられた（完全な普通選挙）。

なお選挙の基本原則がある。これは普通・平等・自由・秘密・直接選挙をいう。普通選挙以外の基本原則を以下に述べる。

平等選挙（1人1票制）とは投票における平等を意味する。かつては1人2票制などの不平等選挙も存在した。これを否定するものである。しかしさらに考えると現在起こっている投票価値の不平等も問題になる。すなわち議員定数の不平等の問題がある。選挙区により1票の格差が起きているのである。1976年衆議院議員選挙において初めて違法判決が出された（最大判昭51.4.14民集30巻3号223頁）。この判決は昭和42年の衆議院議員選挙に際し1：4.99の格差が生じていることから訴えられたが，憲法は投票の価値の平等も求めていること，本件選挙は選挙権の平等に反し違憲と断ぜられるべき……全体として違憲の瑕疵を帯びるものと解すべき事，ただ違憲としてもそのことで問題解決はできないので違法を宣言するとした（無効にはしない）。その後も同様な訴訟が続いている*。学説は1：2を超えると違憲と考えるのが通説といってよい。

自由選挙とは，立候補や投票，選挙運動などが自由な選挙を意味する。憲法上に規定はない。

秘密選挙は誰に投票したかが明らかになるようでは投票人が不利益な立場に立ったりするので，選挙に自由に参加できなくなることから認められている。ゆえに誰に投票したかを調べることも許されない（投票検索の禁止）。15条4項は加えて公的にも私的にも責任を負わない事を明示してこの原則を補強している。これを受けて公職選挙法も52条において「何人も，選挙人の投票した被選

---

1) 世界的にみたとき選挙資格年齢を満18歳以上とする国が，約86%（170カ国）であったといわれる（辻村319頁）。この意味で日本も国際水準においついたといわれる。

挙人の氏名又は政党その他の政治団体の名称……を陳述する義務はない」と規定する。

直接選挙とは選挙人が直接公務員を選ぶ選挙を意味する。憲法上に一般的規定はないが，地方選挙については規定がある。間接選挙とは選挙人が選挙人を選びその選挙人が公務員を選ぶ選挙を間接選挙制という。アメリカの大統領選挙が有名であるが一般には行われなくなってきている。歴史的には選挙権者の能力に対する信頼が低く評価されたり，一部の特権を認めるために行われていた。なお，複選制（準間接選挙）という制度もあるが，これは議員が公務員を選挙する制度をいう。間接選挙とも異なる。

他に，任意投票制（棄権に対し何らの制裁も加えない），投票自書制，本人出頭投票制等が選挙原則である。

＊　議員定数訴訟は現在選挙の度に提起される状況になっている。選挙制度は民主主義の根幹をなす制度である。一票の格差が2.43倍であった平成24年12月の衆議院選挙においても高裁段階では14件の違憲判決が出され，さらにうち2件は選挙の無効の判決であった。残る2件が違憲状態の判決。司法府の判断が期待されたが，結局，最高裁は違憲状態の宣告にとどまった（最判平25.11.20民集67巻8号1503頁）。この状況はすでに何回も繰り返されている。この判決の状況については，最高裁の存在意義を問う声も出ている。

《在外国民の選挙権行使》

選挙権を行使するためには公職選挙法上選挙人名簿に登録されていなければならず，その登録は市町村の選挙管理委員会が当該市町村に居住する満20歳以上の日本国民について行うとされている。すると国外に居住して日本国内に住所を有しない日本国民は選挙資格があっても選挙に参加できないことになる。主権者の権利行使ができないことは問題があるということで1998年に公職選挙法が改正され国会の比例代表選挙についてのみ在外投票が出来るようになった。しかし選挙区選挙に参加できないことから訴訟が起こされ2005年9月14日最高裁大法廷判決（民集59巻7号2087頁）で公職選挙法を違憲と判断した。

《外国人の選挙権》

　従来国政選挙権や地方選挙権の区別なしに，また，外国人の種類を区別することなく，一律に憲法の国民主権の原理から外国人の選挙権を否定してきた。しかし，1980年代以降に在日韓国・朝鮮人，永住資格を有する外国人から参政権を求める訴訟が出されるようになった。この点につき判例（最三判平7.2.28民集49巻2号639頁）では，国政選挙については国民主権原理を理由に否定しつつも，地方選挙権については憲法上は禁止するものでないとした。学説も地方参政権についてはこれを認める立場が有力説となっている。

《政党について》

　政党とは政治的な目的を有し，その目的達成のために活動する政治的な結社または政治団体と解されている。政治資金規正法ではさらにこれに限定を加えた定義を行っている（政治資金規正法3条）。政党についてはトリーペルが「憲法と政党」という論文（1928年）で，①敵視，②無視，③承認および合法化，④憲法的編入の4段階の分類を行った基準がよく用いられる。フランスやドイツは④の段階にあるといわれているが，日本では政治資金規正法や政党助成法などがあり③の段階であるといわれている。

第13章
社 会 権

この章の point

　社会権とはどのような人権なのか。なぜ言われるようになったのか。どのような
場合にどのような形で適用があるのかを理解する。

　近代における資本主義の発展は，資本家階級と労働者階級の区別が明確にな
り，一方で富の集中をもたらし他方貧困や疾病からの生活困窮者を生じさせた。
これは経済活動の自由放任から生じ，個人の責任に任せていては，解決不能の
問題であることが理解され，ここにこれらの問題を社会的に解決していかなく
てはならないとして，各種の社会政策・経済政策が生じてくる。

　この国家に個人の生活の維持や発展に必要な施策を義務づける権利を社会権
という（国家による自由）。1919年に制定されたワイマール憲法では初めて社会
権を規定するに至った。現憲法は20世紀の中頃に制定されており，社会権の規
定を含む。さらに現代社会の発展によりいっそうの社会施策を国家に求めるこ
ととなり，単に社会政策等の経済施策だけでなく環境や情報管理などより広
がった形での国家の関与を求めるに至っている。これに伴い社会権の内容も
徐々に変容してきつつある。

第 1 節　生　存　権 (25条)

1. 意　　味

　1項の規定は社会権の中でも原則的な規定である。国民はすべて人間的な生
活を送ることができることを権利として宣言し，国民の生存権を規定している。

ワイマール憲法が人間に値する生活という表現をしているが，健康で文化的な最低限度の生活というのも，ほぼ同様な意味を持つと考えられる。この1項の趣旨を実現するために2項がおかれ，国に対して生存権を具体化する措置を執るべき旨を課している。

2. 法 的 性 質

　ここではこの生存権の法的性質が問題となる。通説は1項が国民の生存を権利の側からうたい，2項はそれを国家の責務として規定したものと考える。

　生存権の法的性格を巡っては争いがある。

　まず，プログラム規定説と呼ばれる立場で，25条は国民の生存を確保すべき政治的・道義的義務を国に課したものであって，各国民個々人に対し法的な権利として保障したものではないと解する立場である。資本主義体制下では個人の生活は自助が原則であるし，予算が国家の財政政策上の裁量に委ねられていること，権利の具体的内容や実現方法が明らかでないことなどを理由とする。しかし，資本主義の矛盾から生ずる貧困の問題の克服のための規定であり，正に資本主義的規定に他ならない。国家の予算により憲法が制約されるということは下位の法律で憲法の内容が決められるということは論理的にもおかしい。よってこの立場を採用することはできない。

　つぎに抽象的権利説と呼ばれる立場がある。生存権は法的な権利ということは認める。しかし25条の内容は抽象的で不明瞭なので25条を直接の根拠として生活扶助を導き出すのではなく，それを具体化する法律を作ることで初めて具体的な権利になると考える立場である。しかし，国がその立法を行わないと憲法違反を論じることができない。

　最後に具体的権利説であるが，この立場でも25条を根拠に直接裁判所に給付を請求する具体的権利が発生するわけではない。しかし，国家が具体化する立法をしないことに対し立法不作為の違憲確認訴訟を行う事ができると考える立場である。

　こう見てくると，戦後まもなく国家に財政的余裕もないときプログラム規定

説をとらざるを得ない面もあったのではないかと考える。しかしその後の経済成長もあり今や世界有数の経済大国になっている。この状況下では，もはやプログラム規定をとらざるを得ない事情は何らない（前述したように法論理的な理由は全くない）。そこで権利説になるが，抽象的権利説と具体的権利説の間には大きな差はないという立場もある。しかし，権利を形式的なものから実質的なものに進化させていくべきと考えるとき，国家が動かないとき，その動かないことが違憲であると判定することで，憲法の支配を確保していくと考えるべきである。ならば，具体的権利説の立場がより妥当であると考える。

《生活保護法3条》
　この法律により保障される最低限度の生活は，健康で文化的な生活水準を維持することができるものでなければならない。

《最低賃金法》
　最低賃金と生活保護の関係を巡って近時問題とされるのは，最低賃金で働いている人の収入が，生活保護での給付水準より低いのではないかと言うことである。このことから最低賃金を定めるにあたり生活保護の水準との比較がなされるように運用されるようになっている。基本は生活保護基準と最低賃金の水準がリンクすることが望まれる。最低賃金は地域別に定められ，生計費，労働者の賃金，企業の支払能力を考慮して決定される。地域別とは都道府県を単位としており，なかには県境をはさんで，時給で20％以上（最低賃金法9条2項）の差が生じている地域もあり，格差是正が課題となっている。

《制度後退禁止原則》
　25条2項から合理的な理由なく生存権保障の後退をもたらす措置をしてはならないとする原則をいう。いったん法整備したレベルを下げたり廃止したりするには裁量の幅は狭くなり正当化するのは相応の理由が必要になるとする考えである。福祉の切下げとの関係で問題になっている。裁判では老齢加算廃止違憲訴訟（最三判平24.2.28民集66巻3号1240頁）の展開の中で注目された。25条が求めているのは健康で文化的な生活の確保であり，現状の変更がこの基準を犯すか否かで考えるべきという考えも論理的ではあるが，社会保障切下げに対抗する際の論理としては意味がある。東京高裁は

当該訴訟において「老齢加算は……45年以上にわたり継続され……」とのべており45年続いた以上一つの秩序になっているはずで，少なくとも不利益変更にならないかの主張において，合理的審査を必要とする論拠になろう。

3．生存権を巡る判例の展開

生存権を巡ってはさまざまな訴訟が提起され，さまざまなケースにおける法のあり方や運用のあり方を巡って争われてきた。判例を契機に法改正が行われたり，結果的に敗訴となっても後に運用方法が変わったりと，正に「権利のための闘争[1]」となった面も無視し得ない。以下生存権を巡る著名な判例を挙げる。

① 朝日訴訟

生存権を巡っての判例で忘れてはならないのが朝日訴訟事件（最大判昭42.5.24民集21巻5号1043頁）である。事件の概要は以下のごとくである。

朝日茂さんは肺結核患者として入院，生活保護法による扶助を受けていた。その後，実兄が見つかり，扶養料1500円の送金を受けるようになった。津山市社会福祉事務所長は1500円のうち600円は日用品費，900円は医療費の一部として充当することにしその価額で生活扶助を廃止し，その余の部分のみ扶助を行う決定をした。これに対しこの基準では憲法25条の健康で文化的な最低限度の生活基準を維持するに足りない違法なものであると訴えを起こした。

これに対し1審は原告が勝訴したが2審は敗訴。上告したが訴訟継続中に原告が死去した。そこで最高裁は上告人死亡により訴訟が終了したと判決を行った。ただ意見を付加した。「憲法25条1項は……すべての国民が健康で文化的

1）『権利のための闘争（Der Kampf ums Recht）』（1872年出版）。ルドルフ・フォン・イェーリング（19世紀におけるドイツの法学者）の著名な著書。「権利のために闘うことは，自身のためだけでなく，国家・社会に対する義務であると同時に法の生成・発展に貢献する」と説いた。「法の目標は平和であり，それに達する手段は闘争である」との言葉は有名である。

な最低限度の生活を営みうるように国政を運営すべきことを国の責務として宣言したにとどまり，直接個々の国民に対して具体的権利を賦与したものではない。具体的権利としては憲法の規定の趣旨を実現するために制定された生活保護法によってはじめて与えられている。生活保護法は……その保護は，厚生大臣の設定する基準に基づいて行うものとしているから，……厚生大臣が……認めて設定した保護基準による保護を受け得ることにある。……結局には憲法の定める健康で文化的な最低限度の生活を維持するにたりるものでなければならない。しかし健康で文化的な最低限度の生活なるものは抽象的な相対的概念であり……何が健康で文化的な最低限度の生活であるか，厚生大臣の合目的的な裁量に委されており，当不当の問題として政府の政治責任が問われることはあっても，直ちに違法の問題を生ずることはない。ただ，現実の生活条件を無視して著しく低い基準を設定する等憲法および生活保護法の趣旨目的に反し，法律によって与えられた裁量権の限界をこえた場合または裁量権を濫用した場合には，違法な行為として司法審査の対象となる」「原判決の確定した事実関係の下においては，本件生活扶助基準が入院入所患者の最低限度の日用品費を支弁するに足りるとした厚生大臣の認定判断は，与えられた裁量権の限界をこえまたは裁量権を濫用した違法があるものとはとうてい断定することが出来ない」（ジュリスト昭和42年度重要判例解説，判例百選憲法Ⅱ，ジュリスト増刊憲法の判例などから要約）。

② 牧野訴訟

老齢福祉年金と夫婦受給制限を巡っての事件である。この事件は原告の牧野亨さんが70歳になり国民年金法80条1項に定める老齢福祉年金[2]の受給資格を得たところ，妻がすでに老齢福祉年金を得ていたため同法79条の2第5項によりそれぞれの年金額から3000円を支給停止されたことから，夫婦受給制限規定

2）　老齢福祉年金とは，国民年金が発足した1961（昭和36）年の当時にすでに高齢等であったことを理由に国民年金を受け取ることができない人々を救済するために設けられた制度。

が単身老齢者と差別し老齢者夫婦を個人として尊重しないとして憲法13条・14条に違反するとして，本人自らによる「本人訴訟」を提起した。

東京地裁は「老齢者が夫婦者であるという社会身分により経済関係における施策の上で，差別的取り扱いをするものである」として，この差別を行う合理的理由が認められない限り憲法違反であるとし，老齢者夫婦の生活費の実態調査から老齢者夫婦が低所得の扶養義務者の生活を圧迫し老齢者夫婦が単身の老齢者よりいっそう惨めな生活を送っており，老齢福祉年金があまりに低額であること等が認められることなどから，さらに3000円の減額するのは財政上の理由からあえて実態に目を覆うものであり，合理的理由がない。また老齢福祉年金の立法経過からも拠出性年金が実施されるまでの間老齢年金に加入することが認められず放置しておくことができない老齢者に対する公的扶助的性格の強い事も否定できないとして憲法14条1項違反とし処分を取消し（東京地判昭43.7.15行集19巻7号1196頁）とした。この判決後1969年に受給制限規定が撤廃されたことから国側の控訴維持が困難となり裁判所の和解勧告により訴訟は終結した（憲法判例百選IIから要約）。

③　堀木訴訟

この事件は障害福祉年金と児童福祉手当との併給禁止を巡って争われた事件である。原告は全盲の視力障害者であり国民年金の障害福祉年金を受給し，夫と離婚以来次男を独力で養育していたが，兵庫県知事に対し児童福祉手当の受給資格の認定を請求したところ，児童扶養手当法（1973年当時）4条3項3号の併給禁止規定に該当するとして請求を却下されたために，併給禁止規定は憲法14条・25条・13条に違反して無効であるとして請求棄却処分の取消しを求めて訴えた事件である。

1審の神戸地裁は原告の憲法14条違反の主張を認容し児童扶養手当認定請求却下の処分を取り消した。この結果1973年に併給を認める法改正が実現した。しかし控訴審の大阪高裁では児童福祉手当は25条2項に基づいて行う防貧政策によるもので，この規定に基づいて行い施策は立法府の裁量に任されており，

当該併給禁止には裁量権の著しい逸脱，濫用はないとして原告敗訴にした。最高裁は25条にいう健康で文化的な最低限度の生活とは極めて抽象的・相対的な概念であり，その具体的内容は立法府の裁量に任せられており，著しく合理性を欠き，明らかに裁量の逸脱濫用がない限り審査判断するのに適さないとした。そのうえで一般に社会保障法制上，同一人の複数事故において事故の数に比例して稼得能力の喪失や低下の程度が増加するといえないとし，社会保障給付については立法政策上の裁量事項であり，それが低額であるからといって当然に25条違反に結びつくものということはできないとし，本件併給禁止条項についても，総合的に判断すると合理的理由のない不当なものといえないとして上告を棄却した（最大判昭57.7.7　判例百選Ⅱより要約）。この判決後最高裁は社会福祉訴訟について救済拒否を本判決を引用することで簡単に処理する傾向を示すといわれる（百選・戸松）。社会福祉行政の領域には司法は不干渉の姿勢をとることを示した。なお，この判決の結果一度改正された併給禁止の対象から外す立法措置（併給が可能になった）は再度改正し元に戻された。

④　学生無年金障害者訴訟
　昭和34年の国民年金法では，20才以下の学生は任意加入であった（2000年から20才以上の学生も強制加入になっている）。そのために20才未満の障害者に対しては障害福祉年金を支給しつつ，20才を過ぎて傷害を負った学生に対しては救済を講じられてなかった。昭和60年に改正されて障害福祉年金は傷害基礎年金に変わったが，学生無年金者の受給への救済制度は設けられなかった，大学在学中に障害を負った学生が障害基礎年金の受給を申請したが，国民年金未加入を理由に不支給の処分となったために25条，14条違反で提訴した訴訟である。第1審は国家賠償を認めたが最高裁は上告を棄却（最二判平19.9.28民集61巻6号2345頁）した。その根拠は「国民年金制度は憲法25条の趣旨を実現するために設けられた社会保障上の制度であるところ……どのような立法措置を講じるかの選択決定は，立法府の広い裁量にゆだねられており，それが著しく合理性を欠き明らかに裁量の逸脱，濫用とみざるを得ないような場合を除き裁判所が審

査判断するに適しない事柄……。学生の保険料負担能力……を考慮し任意加入を認め……20才以上の学生の意思にゆだねることは合理性を欠くといえず……20才以上の……無加入の学生に無拠出制の年金を支給する旨の規程を設けるかなどの所論の措置を講じるかどうかは立法府の裁量の範囲」と広範な裁量を理由とした（憲法判例百選Ⅱより要約）。

4. 環 境 権

　環境権とは健康で快適な生活を維持する条件としての環境を享受し，これを支配する権利をいう。日本において1960年代以降広がった大気汚染・水質汚濁・騒音などの公害の大量発生と環境破壊の中から，世界環境会議や各地での公害裁判など[3]を通じ1970年代から権利としての概念が形成された。すなわち健康で文化的な最低限度の生活を維持するためには，よい環境は必要最小限の条件であるので25条により基礎づけられ（環境的生存権），またそれが幸福追求の基本条件であるから13条により根拠づけられる（環境的人格権）と解されている（自然的環境にとどまらず文化的，社会的環境まで含まれるとする立場もある。内容が広範になりすぎ権利性が弱められるので自然的環境に限定して考えたい）。良好な環境の享受を妨げられないという面では自由権的側面を持つといわれる。判例は環境権については消極的な立場である。

　3.11福島第一原発事故が引き起こされた結果，広い地域にわたり環境破壊が行われた。水，大気，土壌が汚染され，放射線の被曝により生命生存，環境への影響は今まで考えられていたものより遙かに甚大なものとなっている。ここで環境的生存権としてもう一度この問題を考え直す必要が出てきている。とくにその被害の大きさから，事前予防原則や事前配慮原則を取り込んでいく必要が実感されている。

　今まで多くの原発訴訟が提起されたにもかかわらず，その危険性から原告を勝訴させたケースはわずか2件[4]のみであった。すなわち原発の安全神話がま

3）　大阪空港公害訴訟や名古屋新幹線訴訟，厚木基地公害訴訟など。
4）　1999年，地元住民はじめ17都府県の135人が北陸電力を相手取り，建設差止め（後に ↗

かり通り，危険性のデータが無視されてきた。しかし，3.11の東京電力福島第
１原発事故が起きた後は安全神話（基準とその適用については万が一にも起こら
ないとされた。（最一判平４.10.29民集46巻７号1174頁））への疑問も生じ，７年間に
おいて，５件[5]の運転差止め判決が出されるに至っている。

第２節　教育を受ける権利・教育を受けさせる義務（26条）

1. 教育を受ける権利

26条１項は「すべて国民は，法律の定めるところにより，その能力に応じて，
ひとしく教育を受ける権利を有する」と定める。

個人が１人の人間として発展していくためには，教育を受けることが不可欠
である。また教育を受けることがなければ現在社会を生き抜いていくこともで
きない。そこでかつて教育は富裕な者のみが受けることができたが，すべての
人間がひとしく教育を受けることができるよう教育を受ける権利を有すること
を定めたのである。これを受け，国は教育制度を維持し，教育条件を整備すべ
き義務を負っている（この結果が教育基本法や学校教育法などの制定である）。

能力に応じてとはそれぞれの適性や教育を受ける能力のレベルに応じての意
味である。だから，教育を受ける能力以外の事由で入学を拒否することは違憲

　↘運転差止めに変更）を求めて提訴。2006年３月，金沢地裁は巨大地震による事故発生の
　危険性を指摘し，営業運転中の原発の運転差止訴訟としては初めて原告の訴えを認
　める判決を言い渡した。北電は同月，判決を不服として控訴し判決は原告敗訴になっ
　た。しかしこの判決において「想定を超える地震動を起こす地震が発生する具体的可
　能性がある。その際，非常電源の喪失，配管の破断などの可能性があり最後の砦であ
　るスクラム（緊急停止）の失敗も考えられ炉心溶融事故の可能性もある。様々な故障
　が同時に，あるいは相前後して発生する可能性が高く，周辺住民が許容限度を超える
　被曝をする可能性がある」との判断を今振り返る必要があろう。
5）　大飯原発３，４号機に対する2014年５月21日福井地裁判決，高浜３，４号機に対す
　る福井地裁2015.４.14差止め決定，同じく，2016.３.９大津地裁の差止め決定，伊方
　原発３号機運転停止2017.12.13広島高裁決定，伊方原発３号機運転差止決定2020.1.17
　広島高裁。

となる。

　ひとしくとは国民が人種，信条，性別，社会的身分，経済的地位，門地など
の事情によって差別されないことを意味する（教育基本法3条参照）。

＊旭川学力テスト訴訟最高裁判決
　憲法26条の「規定の背後には，国民各自が，一個の人間として，また，一市民として，
成長，発達し，自己の人格を完成，実現するために必要な学習をする固有の権利を有す
ること，特に，みずから学習することのできない子どもは，その学習要求を充足するた
めの教育を自己に施すことを大人一般に対して要求する権利を有するとの観念が存在し
ていると考えられる」（最大判昭51.5.21刑集30巻5号615頁）。この判決は教育権の所在に
ついても触れている（後述参照）。

2．教育の自由

　教育の自由を直接規定した条文はない。しかし，国家からの自由としての教
育の自由があるのではないかということで「国家の教育権」か「国民の教育権」
かの論争が起こり教育の自由という精神的自由の問題が議論になってきた。少
し詳しく述べると，どのような内容の教育を行うかを決める権能は国家なのか
それとも親およびその付託を受けた教師を中心とする国民全体にあるのかとい
う問題である。もし国家にあるというならば，教育内容や方法を決定するにあ
たり，国家の広範囲な介入ができることになる。しかし国民の側にあると考え
ると国家の介入は原則的に禁止ということになる。この問題は教科書裁判にお
いても争われてきた（第1次，第2次家永訴訟[6]）。最高裁は旭川学力テスト訴
訟[7]判決においていずれの立場も極端かつ一方的として，教師にも一定範囲の
教授の自由を認めながらも完全な自由は認めず，親も子どもの教育に対する一

6）　歴史家の家永三郎が執筆した高校用教科書が1963年の教科書検定で不合格，1964年
　　に条件付き合格になったことに対し処分の取消し（第2次家永訴訟）と損害賠償（第
　　1次家永訴訟）を求めて争った事件。
7）　1961年に当時の文部省が全国一斉中学校学力テストを実施したがこれに反対する運
　　動の一環として行われた学力テスト阻止行動に関しての裁判。

定の支配権を有するがそれは一定の限定があり，国も教育内容に対する介入は抑制的であるのが望ましいとしつつ，国が相当と認められる範囲において教育内容を決定する権能を有するという折衷的な立場を示した（最大判昭51.5.21）。

　教育の自由の根拠条文としてはいくつかの立場があるが23条説や26条説が有力となっている。

　昨今世界的にも各宗教の原理主義的な立場も強まってきており，国家の宗教的中立性と教育との関係にも困難な問題が生じてきている。

3．26条2項の無償の意味

　2項は義務教育はこれを無償とすると規定している。この無償の範囲はどこまでなのかが問題となる。すなわち授業料が無償なのか，就学費用（必要経費）が無償なのかである。前者が通説判例の立場であるが，後者も有力である。実際就学にあたっては，授業料以外にも教科書代や教材費，学用品などさまざまな費用がかかるのが実際である。現在は授業料＋教科書代の無償という運用がなされている。

　＊　高等教育の無償化

　　国際人権A規約13条に，中等・高等教育と技術・職業教育での無償教育の漸次的導入化規程されており，日本はこの条約を批准はしていたがこの条項については留保していた。しかし，2012年9月に留保を撤回した。ここで条約の遵守生じ実現化が図られた。2019年5月10日「大学等における就学の支援に関する法律（通称：大学無償化法）」が成立し2020年4月1日から実際に施行となった。その内容は低所得世帯（「住民税非課税世帯」及び「それに準ずる世帯」）を対象に，該当世帯の大学，短大，高等専門学校（4・5年生），専門学校の学生の入学金・授業料の減免を行うとなっている。

4．普通教育を受けさせる義務

　国民の義務のところで記述した。実際に子供に教育を受けさせる義務を負うのはその親権者であり26条2項前段に「すべて国民は，その保護する子女に普通教育を受けさせる義務を負ふ」と定めるのはその趣旨である（58頁の国民の

義務参照）。

第3節　勤労の権利・義務,勤労条件の基準,児童酷使の禁止(27条)

1. 勤 労 の 権 利

　国民の生存は第１次的には各人が働いて確保することが原則である。

　１項にいう勤労の権利とは,労働の意欲と能力を持つ者が就業できないとき
に国に対し労働の機会の提供を要求しそれが不可能なときに相当の生活費の支
給を請求しうる権利と解される。労働者は労働する場がなければ生活できない
ので国家は労働の機会を提供するか,生活費の支給を行わなければ生存できな
い。ここに勤労の権利の保障が必要になる。

　しかし,この規定の法的性格についても25条と同じ議論が行われてきた。す
なわち権利説かプログラム規定説なのかである。しかし権利の実質化という面
から見ればプログラム規定説と解釈し続けることには問題があろう。

　また,就労の意思も能力もある者に単に職がないから生活保護を行えばよい
と考えるのも問題である。また,本条項を根拠に生活保護もせず求職活動のみ
を迫るのも問題である。この問題は,近時非正規雇用の労働者[8]が増大し,そ
の労働者自身の生活を巡る大きな問題（住居がなくなったり失業保険がなかっ
たり健康保険もなくなるなど）が生じていることを考えるとき再考する必要があろ
う。

　なお,勤労の義務については既述58頁参照。

《労働者の権利を巡る問題》

　日本の労働問題にはさまざまな問題が生じている。労働時間関連でいえばサービス
残業問題や過労死の問題がある。週40時間労働制を導入しても依然日本の労働時間は

8）　非正規雇用者とは有期契約労働者やパートタイム労働者,派遣労働者をいい,令和
　　元年で約2163万人,雇用者のうち38％をこえた（令和元年労働力調査）。

長時間に及んでいる。高度経済成長期のように年間2100時間を超える労働時間は改善
したかにみえるが，現在の労働時間は非正規と正規労働者を合わせた形で出されてお
り，正規労働者の労働時間は依然長時間である。またフリーター・非正規といった労
働者が増大し，今や約４割となっている。非正規労働者の賃金水準は低く，正規労働
者の４割程度である。その状況は正規労働者の賃金水準の低下となって現れている。
規制緩和の下に派遣労働は一般化しその動きを加速している。この中からワーキング
プアや派遣切りといった言葉も一般化しているのが現状である。

２．労働の基準

27条２項は勤労条件を法律で定めることを規定する。これを受け労働基準
法・最低賃金法・労働安全衛生法・労働者災害補償保険法などが制定されてい
る。なぜこれらを法律で定めることにしたのかというと，もしこれらを自由に
雇用者との間で契約することにしたら労働者にとってはその内容は過酷なもの
になってしまうと考えたからである。

　３項の児童の酷使は，かつて多くの国において行われ，経済的搾取や有害労
働など弊害の大きいことに鑑みとくに規定したものである。児童を酷使するこ
とは次代の労働者の再生産が不可能になり，結果的に国家の衰退につながる。
英国などの工場法の制定の歴史（労働者保護は児童保護から始まる）がその事実
を示している。

第４節　勤労者の団結権・団体交渉権その他の団体行動権 (28条)

１．勤労者の意味

ここでいう勤労者とは労働者のことを意味し，職業の種類を問わず賃金，給
料その他これに準ずる収入で生活をする者をいう。公務員も含まれる（通説判
例）。勤労者は経済的には弱者であり，労働契約を行うに際し弱い立場に立た
ざるを得ない。すなわち契約の自由の名の下に劣悪な労働条件で働かざるを得
ないことになる。そこでそれを防ぐために労働者が団結し，使用者と実質的に

対等な立場で労働条件を交渉させることが不可欠になる。

2．労働基本権

　上述の視点から労働者に対し団結権を認め労働組合を作り，団結した労働組合により使用者と労働条件を交渉（団体交渉権）し，その他の団体行動（争議行為など）をする権利（団体行動権）を認めたのである（以上3つの権利を総称して労働三権という）。これらの労働基本権は国家介入を制限する自由権的側面と，使用者の経済的自由の制約（国家による自由）という二面を持つ複合的な権利である。

　これらの権利は国家との関係だけでなく使用者との間に認められる権利でありその意味で私人間に直接適用される権利である。使用者は民間であってもこの労働基本権を尊重しなければならずこの権利を侵害する行為や契約は無効である。

（1）団　結　権

　団結権は労働組合の結成権を意味する。この労働組合をもって使用者と対等な立場を確保することになる。

　この権利で問題となるのはまず，労働組合に入らない消極的団結権を認めることができるのかという問題がある。しかしこの権利を認めては28条の趣旨に反するので人権としては認めることはできない。

　組織強制として，①クローズドショップ（組合員のみ採用し組合員資格喪失時に解雇）と，②ユニオンショップ（組合員以外も採用し，採用後一定期間内に組合に加入し，未加入・脱退・除名時に解雇）がある。

　また労働組合には労働組合の団結権を確保するために，組合員に一定の規制や強制を認める。この点で問題となったのが労働組合が議員選挙に統一候補を擁立していた場合に組合員の1人が独自に選挙に立候補した場合，統制違反として処分することができるかという問題が起こった。立候補の自由は15条の認める基本的人権の1つであり，組合が勧告や説得の域を出て立候補の取りやめ

を要求して統制違反の処分を行うことは統制権の範囲を超えるとする判例がある（最大判昭43.12.4刑集22巻13号1425頁）。

（2）団体交渉権

　労働者の団体が労働条件について使用者と対等の立場で交渉する権利のことである。交渉結果として締結されるのが労働協約である。

　使用者は理由なく交渉を拒否することはできない（労働組合法7条2号）。

（3）団体行動権

　労働者の団体が労働条件の実現のために団体行動を行う権利である。その中心が争議権である。問題になるのは団体行動としての正当な行為の範囲である。具体的には政治ストライキが正当か否かである。純粋な政治ストは違法であるが，労働者の経済的地位の向上に密接な関わりを持つストは合法であると学説は解している。判例も政治ストは28条の保障を受けないとする（最大判昭48.4.25刑集27巻4号547頁　全農林警職法事件）。

3．労働基本権の制限
（1）公務員の労働基本権の制限

　公務員も労働者であり，28条の適用を受けるがその地位の特殊性などから種々の制限を受けている。警察職員・消防職員，海上保安庁職員・刑務所，自衛隊員はすべての労働基本権が否定されている。非現業の公務員は団結権のみを有している。現業の公務員や国営・公営企業職員は団結権，団体交渉権を持つ。

（2）違憲審査基準

　労働基本権の制限を巡っては，当初「公共の福祉」「全体の奉仕者」論によって合憲性が認められていた。その後昭和40年代に入り全逓東京中郵事件判決（最大判昭41.10.26刑集20巻8号901頁）*等に見られる公務員の労働基本権制限が必要

最小限でなければならないとされた。しかし昭和48年の全農林警職法事件判決（最大判昭48.4.25）**で今度は再度勤務条件法定主義（議会制民主主義論）等を根拠に労働基本権制限が合憲とされ現在に至っている。

＊　全逓東京中郵事件判決（最大判昭41.10.26）
　1958年の春期闘争に際し全逓信労働組合役員が東京中央郵便局で勤務時間中に職場集会への参加を呼びかけて起こった事件についての判決である。「労働基本権は私企業の労働者に限らず，公共事業体の職員，国家公務員，地方公務員にも原則として保障される。また労働基本権は，国民全体の利益の保障との適正な均衡を保つ観点からの制約を有する。その制約が合憲であるためには，①制限は合理性ある必要最小限であること，②職務の公共性が強くその停廃が国民生活に重大な障害をもたらすものにつきこれを避けるため必要やむを得ないこと，③刑事制裁は必要やむを得ない場合に限ること，④制限に見合う代償措置を講ずること，等の諸点が考慮されなければならない」としてこれを前提に公労法を解釈し，限定を加えて解釈することで合憲とした。

＊＊　全農林警職法事件判決（最大判昭48.4.25）
　全農林労働組合の役員が1958年，警察官職務執行法改正案に反対する農林省職員の組合員に職場大会のために職場離脱を慫慂（しょうよう）したことで国家公務員法に違反したとして起訴された裁判。「公務員の地位の特殊性と職務の公共性にかんがみるときは，これを根拠として公務員の労働基本権に対し必要やむをえない限度の制限を加えることは十分合理的な理由があるというべきである。……中略……公務員の給与をはじめ，その他の勤務条件は，私企業の場合のごとく労使間の自由な交渉に基づく合意によって定められるものではなく，原則として，国民の代表者により構成される国会の制定した法律，予算によって定められることとなつているのである。……公務員が政府に対し争議行為を行うことは的はずれ……このような制度上の制約にもかかわらず公務員による争議行為が行われるならば……政府によつては解決できない立法問題に逢着せざるを得ないこととなり，ひいては民主的に行われるべき公務員の勤務条件決定の手続過程を歪曲することともなつて，憲法の基本原則である議会制民主主義に背馳（はいち）し，国会の議決権を侵す虞（おそれ）すらなしとしないのである。……私企業においては労働者の過大な要求を容れることは，企業の……存立を危殆ならしめ……労働者の要求は……，いわゆる市場抑制力が働くことを必然とするのに反し，公務員の場合にはそのような制約はない。……公務員の労働基本権を制限するにあたってはこれに代わる相応の措置

が講じられなければならないが現行法による措置は十分なものといえる。……国家公務員法が違法な争議行為に対する原動力を与えるものにとくに処罰の必要性を認めて罰則を設けることは十分に合理性がある。」としたうえで上記全逓中郵事件判決の延長線上の合憲限定解釈をとった全司法仙台事件判決を変更した。

　また判例では，性による差別的扱いが問題となり，この問題に対する注目すべき判例も出され，男女雇用機会均等法（1985年制定，1997年改正，さらに2006年改正男女雇用機会均等法制定）などの法律の制定にもつながっている。

　しかし，厚生労働省の「平成30年版働く女性の実情」によれば雇用者総数に占める女性の割合は45％となっている。また総務省の労働力調査（令和元年版）によれば男性雇用者の77％が正規の職員であるのに対し女性の場合は44％にすぎない。また依然賃金差別や昇進差別は存在し女性一般労働者の賃金水準は最も高い給与を得る50〜54歳比較で男性労働者（同じく最も高い）の65％程度（厚生労働省「賃金構造異本統計調査令和元年」による）にとどまっている（一般の賃金格差は74％まで縮まってきている）。

《日産自動車女子若年定年制事件（最三判昭56.3.24民集35巻2号300頁）》

　「少なくとも60歳前後までは，男女とも通常の職務であれば企業経営上要求される職務遂行能力に欠けるところはない。……各個人の労働能力にかかわらず一律に従業員として排除する理由はない。……男女の定年年齢に5歳の差を設けていた就業規則は，もっぱら女子であることのみを理由とした不合理な差別であるから民法90条の規定により無効である。」

《秋田相互銀行賃金差別事件（秋田地判昭50.4.10）》

　男女別に適用される2つの賃金体系を設けて女子職員全体に低賃金の体系を適用したこと（そのような賃金差別は）労基法4条・13条に基づいて無効とした。さらに家族手当についての差別的扱いについても判決は労基法4条で無効の判決を出している（盛岡地判昭60.3.28労民26巻2号288頁　岩手銀行家族手当差別事件判決）。

第 III 編
統 治 機 構

　第III編は第14章以下で統治機構という。統治機構の学習を始めるに当たり意識すべきこととして統治の基本原理を確認しておく。すなわち，近代憲法にあっては個人の基本的人権を保障するために国家があり，この国家権力は憲法によりその行使をコントロールされるという構造（近代立憲主義）が作られた。国家の権力は国民から生じ（国民主権原理）国民の権利保障のために使われるべきとされた。つまり国家権力は人権保障のためにあるとの前提の下でそのための権力のあり方を求めることになる。過去の人権侵害が国家権力の独裁から生じたことを反省し，国内の権力を分割し別の担当者にゆだねるという権力分立制（国家権力内や国家と地方の分権）や憲法の支配を確保する違憲立法審査制などが生じてきたことを統治機構につき学習する際に是非意識してほしい。1789年のフランス人権宣言には「権利の保障が確保されず権力の分立が定められていないすべての社会は憲法を持たない」（16条）と規定する。

第14章

国　　会

この章の point

　憲法上最高機関とされる国会とはいかなる国家機関かを理解する。国会や両議院の権限は何かについても理解する。国会議員とはどのような存在なのかも理解する。

第1節　国会の地位

　近代国家においては三権分立[1]が行われ，国家権力は立法・司法・行政に分けられている。国会は立法を担当する。憲法では国会は，①国民の代表機関であり（43条），②国権の最高機関であって，③唯一の立法機関である（41条）と規定する。

1. 国民の代表機関

　前文は「日本国民は，正当に選挙された国会における代表者を通じて行動」するとしており，代表民主制を原則としている。43条1項には「両議院は，全国民を代表する選挙された議員でこれを組織する」と定める。代表[2]とはその

---

1) 統治の基本原理として権力分立制を採用したことは近代憲法の重要な特徴である。1789年のフランス人権宣言には「権利の保障が確保されず，権力の分立が定められていないすべての社会は憲法を持たない」との規定がある。現代立憲主義のもとでも権力分立原則が，権力相互間の「抑制と均衡」を図るための原則として重視されている。立法権と行政権の厳格な分立を基調とするアメリカ型の制度と両者の穏やかな抑制・均衡関係を基調とするイギリス型があり，日本はイギリス型の議院内閣制を採用する。
2) 代表制には選挙後議員が選挙民から独立して行動できる純粋代表制と，選挙民と議員との意思の一致が求められる半代表制がある。

議員の選出母体となった選挙区[3]の住民を代表するというのではなくあくまで全国民の代表者となって行動することを意味する。また代表とは選挙人からは独立した地位にあることも示す。法的には選挙人の意思には拘束されない。

2. 最高機関

41条では「国会は，国権の最高機関であつて，国の唯一の立法機関である」と規定する。しかしこの規定は国会が行政や司法を指揮監督することを意味するものではない。内閣も司法もそれぞれの権力において最高機関である。ここで最高機関という表現を行ったのは国会が主権者たる国民により直接選出された議員により構成され，国民の意思に最も近いことから，機関としての重要性を示す「政治的な美称[4]」と考えるべきと解する。

3. 唯一の立法機関

「国の唯一の立法機関」とは，国会が立法権を独占することを示している。ここでいう立法とは，直接国民を拘束し，または少なくとも国家と国民との関係を規律する成文の一般的法規範をいう（実質的意味[5]の法律）。すなわち国の実質的意味の立法[6]はすべて国会だけが行い（国会中心立法），かつ他の機関の

---

3) 選挙区　選挙区とは有権者によって組織される選挙人団を住所，居所などによって地域ごとに分ける場合の区域のこと。各選挙区に1人の議員を選出する小選挙区制，2人以上の議員を選出するのを大選挙区制という。日本では各選挙区で3人から5人の議員を選出する中選挙区制が長く採用されていた。他に得票数に比例して議席を配分する比例代表制がある。またこれらを併用する複合制もある。
4) 政治的な美称と解するのは政治的美称説（旧通説）の立場。その後統括機関説，最高責任地位説（有力説），総合調整機関説，本質的機関説，最高責任機関説など諸説が主張されている。
5) もしこれを形式的意味の立法と解すると国会以外の機関が「法律」の形式で法規範を定立することを禁じたことを定めただけのことになり，それらの機関が独立命令を定めることも可能となるからである。
6) 実質的意味の立法とは国民の権利義務に関する法規範と解する立場と，広く一般的抽象的法規範と解する立場があるが，後者が多数説である。

関与なしに国会の議決のみで成立する（国会単独立法）ことを意味する。この点に関する憲法の例外は両議院の議院規則（58条2項），最高裁判所規則（77条1項），政令（73条6号），条例（94条）がある。

①　国会中心立法とは明治憲法下における天皇の緊急命令や独立命令制度（議会を通さず独自に立法ができた）を廃止し，行政権ができるのは法律の執行に必要な細則を定める執行命令と，法律の委任がある委任命令に限定することを意味する。

②　国会単独立法の原則とは，憲法上の例外を除き，国会の議決だけで実質的意味の法律を制定できることを意味する。これは他機関の介入を排除し法律が原則として両議院の可決により成立することをいう。この原則の例外が95条の「一の地方公共団体のみに適用される特別法」である。この場合は住民投票による同意が必要である（後述211頁参照）。

《閣法・議員立法・執政権》

　内閣提出法案とは，内閣が国会に提出する法案のことで，略して「閣法」とも呼ばれる。これに対し議員が作成する議員提出法案は，「議員立法」と呼ばれる。日本では内閣提出法案による立法が多く，法律として成立するものは概ね8割が内閣提出法案だと言われている。内閣提出法案が国会で審議されると，70%〜90%の割合で成立するが，議員提出法案では20%程度。内閣提出法案は，行政上の政策・施策において必要になる法案を作成するために，高度な専門的知識を有している官僚が作成し，さらに，他の省庁との調整や，内閣法制局の審査も経ている。そのため，国会に提出されるまでに，専門的な知見を有する機関によって，問題点がないか審議し尽くされることで，国会で成立しやすくなる。すると，国会単独立法との関連はどうなるのだろうか。そこで最近は執政権という概念が学会等でいわれている。現実に法案を作成するとき，考慮しなければならない点は膨大と言ってよい。この検討を担える存在はどこにあるのか。多くのメンバーからなる構成体では無理で国会にはなじまないのに対し内閣は少人数でメンバーの任命・罷免は首相の専権であるから意見の統制は楽になる。そして執政権者が選択したテーマのみが立法の議決に回されることになる。その法に基づいて国家を運営していく実態がある。つまり法制定と法執行の区別が曖昧化している。これは権力の分立を考えるに当たりかなり重要なテーマを含んである。新たな

コントロール方法が考えられねばならない。

第2節　国会の組織と活動

1. 二　院　制

　国会が2つの合議体から構成される複合機関の場合この制度を二院制といい，世界の主要先進国の多くは二院制を採用している（ただ世界の国の中では一院制をとる国の方が多いが主要先進国は二院制である）。上院と下院，第一院と第二院など呼び名や沿革はさまざまである。わが国では明治憲法時代，衆議院と貴族院で構成されていた。この貴族院型の上院の他，アメリカ合衆国のような連邦国家では連邦を構成する支邦代表の上院があり，さらに民主国家での第二次院型の上院がある。わが国の参議院はこの民主国家型の上院[7]である。

　この二院制を巡っては国民の民意を代表するなら一院制でいいのではないかとの疑問も出されている。しかし，選挙制度の欠陥や，そのときの一時的な国民感情などから必ずしも常に理想的に国民の意思の反映をしているとはいい得ないのが現状である。その意味で議事を慎重ならしめる一院の存在は必要であり，また，一院が解散の場合にできるだけ民主的な対処を可能とするためにも補充的役割を行える一院が存在することは意味がある。最近のわが国の衆議院議員選挙をみるとき，あまりに一方的な選挙結果（得票率に必ずしも比例しない議席占有率の現実）は一院制での危うさを感じさせる。

　現在わが国の国会は衆議院と参議院の二院により構成されている（42条）。両議院とも全国民を代表する選挙された議員で構成される（43条1項）。両議院はそれぞれ互いに独立して意思決定を行う（相互独立の原則）。

---

7) 2016年の参議院選挙にあたって，鳥取県と島根県，徳島県と高知県が合区とされた。ここから，一部で，連邦型の発想による参議院を主張し，憲法改正理由とする根拠にする立場も生じている。

2. 衆議院の優越——権能の範囲

　両議院は互いに独立して意思決定を行い，その組織は相互に独立している。それゆえ，両院の議員の兼職は許されない。また議員の任期についても差をもうけ衆議院議員は4年（ただし解散あり，45条），参議院議員6年（解散なし，3年ごとに議員の半数を改選，46条）とされている[8]。

　両議院は同時にかつ独立して活動する。すなわち，同時に召集，開会，閉会される（同時活動の原則）とともに，それぞれ独立に議事を行い議決を行う（独立活動の原則）。同時活動の原則の例外は衆議院の解散中の参議院の緊急集会があり，独立活動の例外として両議院の意見が異なったときに開かれる両院協議会がある。

　両議院の権能の違いは多くの場合衆議院に優位を認めている（旧憲法は対等が原則）。すなわち参議院が第二次院的性格を持つ。所管については衆議院にのみ内閣に対する信任不信任の決議権があり，衆議院に予算の先議権がある(60条)。議決の価値は法律案，予算，条約承認，内閣総理大臣の指名について衆議院に優位が認められている（60条2項）。

　このように差をつけた理由は，国会の意思形成が容易になること，衆議院の方が解散や任期の点でより民意に近いと考えられるためである。

3. 国会の活動

　国会は常時開かれているのではなく，一定の限られた期間開かれる。この活動する期間を会期という[9]。会期は召集の当日から起算される。会期が終了することで閉会に至る。会期が終了することによって国会が閉会になった場合，会期中議決に至らなかった案件は後会に継続しない（ただし，特に付託された案

---

8)　44条により議員の被選挙資格については法律で定められ公選法10条により年齢要件について衆議院議員25才以上参議院議員30才以上とされている。

9)　期間を定めない常設制をとる国もある（通年国会）。しかし政党の抗争や討議の永続化のおそれもあり多くの国で会期制をとる。日本の憲法が臨時会の規定をおいていることは会期制をとることを示している。

件については継続審査の例外を定める（国会法47条2項・68条但書））。これを会期不継続の原則という。

　国会の会期はつぎの3つに分けられる。

（ア）　常会（52条）　　俗に通常国会といわれる。毎年1回定期的に召集される。常会の会期は150日間である（国会法10条）。ただし会期中に議員の任期が満期になる場合はその満期の日までである（国会法10条但書）。

（イ）　臨時会（53条）　　臨時の必要に応じて召集される。会期は両議院の一致の決議で定める（国会法11条）。いずれかの議院の総議員の4分の1以上の要求があれば内閣はその召集を決定しなければならない[10]。しかし2015年と2017年と内閣が臨時会の招集をおこなわないことがあった[11]。なお国会法は衆議院議員の任期満了による総選挙，参議院の通常選挙が行われた時は他院の議員選挙期間中でない限り新議員の任期開始の日から30日以内に臨時会を召集しなければならないと定める（国会法2条の3）。

（ウ）　特別会（54条1項）　　衆議院が解散された後総選挙後30日以内に召集される。召集が常会の時期に相当するときは常会と併せて召集することができる。会期は臨時会と同じく両議院の一致の決議でこれを定める（国会法11条）。

　会期の延長は常会については1回，臨時会と特別会については2回に限り両議院一致の上で認められる（国会法12条2項）。

4. 休　　会

　休会とは国会またはその一院が自らの意思に基づいて会期中一時その活動を

10）　召集期限を定めていないが，相当な期間内に召集すべき法的義務があると解すべきである。相当な期間については，召集の義務と臨時の意味からみて，国会法2条の3を類推し，おそくとも30日以内に召集を決定すべきである（学説は2〜3週間とする説が有力である）。

11）　なお2020年6月10日の那覇地裁に於いて2017年に安倍内閣が3カ月臨時国会の開催に応じなかったことに対し内閣には招集すべき義務があると判示した。国側は臨時会の招集は高度に政治的な行為で裁判所は判断できないと主張したが受け入れられなかった。文言的にも「しなければならない」と規定しており，この判断を行わないようでは違憲審査は骨抜きとなり，憲法保障が果たされなくなる。

休止することをいう。すなわち国会の休会と一院の休会とがある。国会の休会は両議院の一致の議決が必要である（国会法15条1項）。両議院の一致がないときは一院だけでの休会になる。また一院の休会は，10日以内でその議院の議決によってなされる（国会法15条4項）。

5．衆議院の解散

①　衆議院の解散とは衆議院議員の全員に対しその任期満了前に議員の任期を失わせることを意味する。すなわち，国家の大事にあたって民意を確かめたり，行政部と立法部の意見が対立したり，また両院の意見が全く対立的になるなど国民に訴えて総選挙を行うことで民意を確かめる必要ができたときに行われる。

②　解散は権力分立の表れであり，立法部の力を行政部が抑える手段として用意されている。議院内閣制をとるわが国において「内閣は，衆議院で不信任の決議案を可決し，又は信任の決議案を否決したときは，10日以内に衆議院が解散されない限り，総辞職をしなければならない」と69条に定める。

③　解散は天皇が7条3項によりなされるが，天皇は形式的儀礼的行為しか国政行為をなし得ないのであり，天皇の国事行為に対する行為は内閣の助言と承認のもとに行われるのであることから，形式的に解散を宣示するのみである。すなわち実質的な解散権は，助言と承認を行う内閣にある。

自律解散は認められるか。自律的解散とは衆議院自らが解散決定を行って解散する場合のことであるが，憲法は自律的な解散に関する規定をおいていないし，多数決で憲法上認められた議員の任期を短縮することは問題であろう。よって否定に解する。

解散が行われる場合は69条の内閣不信任決議を行った場合のみに限定されるのか，それとも69条以外の場合にも認められるのかについて争いがある。国会の解散は現在69条に限定されていない。主権者の意思を確認したり反映させたりすることの意義を考えれば69条に限らないという説の方が妥当である。ただ現実には与党に有利な解散を指向する（たとえば衆参同日選挙を行うとか）事が

多く，また2005年8月に行われた小泉純一郎首相の下での郵政選挙において郵政民営化のみが争点として争われたのにもかかわらず，選挙で大勝した後は争点に上らなかった教育基本法改正とか憲法改正の国民投票法案などを数で押し切るように決めていく手法がみられる。このような実態をみると69条に限らないとした解散権を実際はかなり濫用的に使っているようにもみれる。国民が濫用的解散に対してどれだけ批判的結果を出せるかが濫用を防ぐ道であろう。

《衆参同一日選挙》

　衆参同一日選挙の場合二院制の趣旨（任期の差や存在意義）からできれば民意確認の選挙は衆議院・参議院異なる時に行うべきだし，また参議院の緊急集会の機能を損なう結果をもたらすのではないかとの批判がある。この点につき昭和61年の選挙について裁判が起こされたが，裁判所は統治行為論で判断を行わなかった（名古屋高判昭62.3.25行集38巻2・3号275頁）。

《解散権の制限》

　今まで事実上は首相に解散権があると解釈されているが，7条を根拠にするので解散権は内閣にある。ただ解散が内閣総理大臣の専権であるとして（慣行）自由裁量によって行いうるのかは問題である。衆院憲法審査会では，参考人の木村草太・首都大学東京教授は「党利党略での解散を抑制するため，解散権には何らかの制限をかけていくことが合理的だ」と陳述した。解散権が自由に行使できるとするのは時代遅れとされており，OECD加盟国の中では解散権制約が主流である。

　諸外国で解散権を制限した最近の具体例に，2011年に施行された英国の議会任期固定法がある。首相の解散権を封じ，例外として下院の3分の2以上の賛成で解散は可能と定めた。解散権を政治手法実行のための武器化して使うことも多いが今後解散権の限界を考えることは大きなテーマとなる。

④　解散の効果

　会期中に解散が行われた場合会期は終了する。解散の日から40日以内に総選挙を行い，その選挙の日から30日以内に国会を召集しなければならない（54条1項）。そしてその国会の召集があったときに内閣は総辞職をし（70条）新たな

総理大臣を指名することになる。

⑤　参議院の緊急集会

　前述したが衆議院解散中において国会の意思を確認すべき重大な事態が生じたときは参議院の緊急集会が開かれ国会の権能を行う。この緊急集会の性格については国会の代行機関ととらえる代行機関説と，臨時機関ととらえる臨時機関説とがあるが，あくまで応急的措置と考えることから臨時機関と解する立場が多数である。

　緊急集会は内閣のみが召集でき，その執られた措置はあくまで臨時のものであって，つぎの国会開会後10日以内に衆議院の同意を要し，同意のない場合はその効力を失う（ただし過去にはさかのぼらず将来に向かってのみである）。緊急の案件がすべて議決されたとき緊急集会は終わる（国会法102条の２）。

　ここでいう緊急とは総選挙後の特別国会を待つことができないほどの緊急性と必要性のある場合である。今までに開催されたのはわずか２回のみになっている。

　緊急集会中は，参議院議員は不逮捕特権を有し，免責特権も認められる（50条・51条）。

6. 会議の原則

①　定足数

　会議で議事を行ったり表決を行うに際して，必要とされる出席者数のことをいう。この数を高く設定すると会議が成立しにくくなるが，かといってあまり低くすると会議の意味がなくなってしまう。現憲法は本会議について３分の１としている（56条１項）。この条文にある総議員とは現在議員の総数で，定員と解すべきではない。ただ，委員会については委員の半数としている（国会法49条）。帝国議会以来先例は一定数になるとして法定数を採用する。

②　表決数

　表決数とは会議体で意思表示を決するための必要な数であるが，両議院の議

決の場合，出席議員の過半数（56条2項）としている。特別な場合は3分の2の特別多数を規定している（資格争訟の裁判—55条，秘密会を開く場合—57条1項但書，衆議院での法案の再議決—59条2項，憲法改正の発議の場合—96条1項など）。

なお可否同数の場合は議長の決するところによる（56条2項）

③　一事不再議

一事不再議とは一回議決を行った案件については同一会期中再度の審議は行わないことをいう。憲法にも国会法にも規定はないが，明治憲法に規定（39条）がありそれを引きついでいる。論理的にも同じ会期の中で議会の意思がたびたび代わるのは議決としての価値が不安定となるので前提が代わらない限りはこのルールは必要である。例外は衆議院の再議決（59条2項）である。

7．公 開 会 議

57条1項により「両議院の会議[12]は，公開とする」とされている。会議の公開は各国の議会でも広く導入されている（そのルーツはフランス）。

国民主権のもとで，代表民主制をとる以上どのような議論が会議で行われているかを広く国民に知らしめることは必要不可欠のことである。ただ国会には構造上傍聴できる席に限りはあるので，議会の模様を放送などで中継し，広く国民の知る権利に答えている[13]。

ただ，出席議員の3分の2以上賛成があるときは秘密会を開くことができると例外も定めている（57条1項但書）。ただし秘密会であってもその記録は特に秘密を要するものと認められるもの以外は公表し頒布しなければならない（57条2項）。

また，出席議員の5分の1以上の要求があれば，各議員の表決はこれを会議

---

12)　両議院の本会議を対象とするとされ，委員会は非公開とされているが，国会の審議の委員会中心主義が進む中，委員会についても公開が要求される。現在インターネット中継が実施されるに至っている。

13)　憲法は国会の審議がたえず公開され，議事録に記録され，保存されることを求める（57条）。公開の原則にはこの3つが含まれる。

録に記載しなければならないと定める（57条3項）。

8．両院協議会

　二院制のもとで，衆参両院の一致を目指しておかれる。予算の議決，条約の承認，内閣総理大臣の指名については両議院の意見が一致しない場合は必ず開かれる（必要的両院協議会　60条・61条・67条）。

　法律案の議決では衆議院が要求した場合や参議院が要求し衆議院が同意した場合にも開かれる（任意的両院協議会　国会法84条）。

　会議は秘密会である（国会法97条）。

　成案は出席協議委員の3分の2以上の賛成で成立する（国会法92条1項）。

　成案が得られれば，求めた議院から審議し他院に送付するが（国会法93条1項），この場合修正は許されず可否を決するだけである。

9．国会議員の地位
（1）議員の身分の得喪

　議員は選挙により選出され，その任期中（衆議院は4年，参議院は6年）議員の資格を持つ。ただ衆議院議員は解散により任期終了前にその身分を失い，被選挙権を失ったり他院の議員になったときもその地位を失う（兼職禁止）。

　また院の許可を得たときは辞任するとともに，除名や資格争訟の裁判，選挙に関する争訟の結果によりその地位を失うことがある。

（2）議員の特典
（ア）　不逮捕特権（50条）

　これは政府にとって都合の悪い議員を会議前に身柄拘束をする等という議員活動に対する弾圧行為を防ぐために設けられた。例外として院外における現行犯逮捕の場合がある。この場合は不当な逮捕が行われる危険がないからである。もう1つの場合は逮捕に対する議院の許諾がある場合である。逮捕理由の正当性についての審査が行われ政府による不当逮捕の危険がないと認められるため

である。

（イ）　発言・表決の免責（免責特権）

　51条に「両議院の議員は，議院で行つた演説，討論又は表決について，院外で責任を問はれない」と規定されている。責任とは刑事責任と民事責任を意味し，政治責任は含まないと解される。このことで，議員の自由な討論などの国会活動を保障する。だから厳密に条文に規定する「演説，討論，表決」に限定するのではなく職務行為に付随する行為はこの特権の対象になると解すべきである（判例同旨）。また同様の趣旨から議員にあたえられた権限の趣旨に明らかに反するような行為については，この特権の対象外になると解される。

（ウ）　歳費を受ける権利

　議員は国庫から相当額の歳費を受けることになっている（49条）。これはかつて名誉職の時代には無報酬主義であったが，それでは無産者は議員になることができないので有償としたものである。また旅費や通信費などの支給も受ける。歳費については国会法で一般職の国家公務員の最高の給与額より少なくない歳費ということになっている（国会法35条）。

（3）議員の権能

（ア）　発議権

　まず議案を提案するという発議権がある。ただし一定の数の賛成者を必要とする（衆議院においては議員20人以上，参議院においては議員10人以上。ただし予算を伴う法律案の場合は衆議院では議員50人以上，参議院では議員20人以上（国会法56条1項））。

（イ）　動議提出権

　動議とは議院や委員会の議題を発議することで，議案の扱いをされる以外のものをいう。議案・予算の修正，懲罰，質疑・討論の打切り（終局）については必要な賛成者の人数が決められているがその他のものは1人以上の賛成があれば提出できる。

（ウ）　質問権

　質問権（一般質問と緊急質問）もあるが，これは現在の議題と関係なく行うことができる。一般質問は様式行為で質問主意書を作って行う（国会法74条2項）。内閣は主意書を受け取ってから7日以内に答弁をしなければならない（国会法74条・75条）。質問が緊急を要する場合は議院の議決により口頭で質問できる（国会法76条）。

（エ）　質疑権

　質疑権は現在の議題に関してなされる。事前に質問主意書を出しているわけでないことから，政治的重要性は高い。さらに討論権，表決権があげられる。

（オ）　他に討論権，表決権がある。

10. 国 会 の 権 能

　憲法が定める国会の主な権能はつぎの通りである。

（1）憲法改正の発議

　96条1項に「この憲法の改正は，各議院の総議員の3分の2以上の賛成で，国会が，これを発議し」と規定する。発議とは国会が憲法の改正案を国民に提案し国民投票を受けるために行われる。

　発議の前提となる発案は誰が行うのであろうか。国会議員がこれをなし得るのは異議ないが，その重要性から法律案以上の人数によってなされるべきである。つぎに内閣に発案権があるかであるが，これも肯定してよいと考える。そもそも内閣の半数以上は国会議員である上，通常ほとんどの閣僚が国会議員である事から考えてこれを否定しても意味はないと考えられるからである。

　この発案に対し，各議院ごとにその総議員の3分の2以上の賛成を得て国民に対し国会が憲法の改正案を提案することになる。

（2）法律の議決（59条）

　国会は憲法の定める例外を除き実質的意味の立法を行う唯一の機関である。

（ア）　発案

　憲法は法律案の発案権がどこにあるかについて明文の規定をおいていない。考えられるのは議員の「発議」，議院の「提出」，内閣の「提出」である。国会法は委員会に対しても法律案の提出を認めている（国会法50条の2）。議員や議院の提出権については立法機関であることから疑問はないが，内閣に提出が認められるかについては議論が分かれるが通説は肯定し，内閣法（内閣法5条）にも規定されている。

（イ）　審議・議決

　各議院で法律案が発議または提出されると，議長がこれを委員会に付託し，その審議を経て本会議に付される（国会法56条2項）。法律案は両議院で可決したときに法律となる。これで法律制定行為は終わるが，3つの例外がある。第1は憲法59条2項による衆議院優越の単独議決による場合，第2は参議院の緊急集会による場合（54条2項・3項），第3が地方自治特別法について国会の議決の他住民投票（95条）による場合である（後述211頁参照）。

（ウ）　署名・連署・公布・施行

　法律が成立すると主任の国務大臣が署名し，内閣総理大臣が連署する。これを天皇が公布（7条1号）し，一定期日の経過で施行される。施行期日を定めた場合はその期日，定めなかった場合は公布の日から起算し満20日を経て施行となる。

（3）予算の議決

　予算とは国会で議決されるべき議案である。提出は内閣が専属的にもつ。衆議院の先議権と議決価値の優越を認めている（146頁）。詳しくは17章（195頁以下）において述べる。

（4）条約の承認（61条・73条3号）

　条約とは文書による国家間の合意をいい，形式上「条約」と呼ばれるものだけでなく協定・協約・議定書・宣言などと呼ばれるものも含んでいる。

$$
\text{国会の権能} \left\{ \begin{array}{l} \text{憲法改正発議（96条 1 項）} \\ \text{法律案の議決（59条）} \\ \text{内閣総理大臣の指名（67条 1 項）} \\ \text{弾劾裁判所の設置　（64条 1 項）} \\ \text{条約の承認権（73条 3 号）} \\ \text{財政監督権　　（83条）} \end{array} \right.
$$

図表14－1　国会の権能

出典：岩井『要説　憲法講義』125頁

　条約は国際法の形式であるが国内法として効力を認められる場合もある。条約は内閣が締結するが，国会が承認しなければならない。承認は原則として事前になされるべきで，承認の決議には衆議院の議決が優越する。すなわち参議院で衆議院と異なった議決を行い，両院協議会を開いても意見の一致がないとき，また，参議院が衆議院の可決した条約を受け取った後30日以内に議決しないときは衆議院の議決が国会の議決になる。

　国会は条約に部分的承認を行うことができるかは問題であるが，条約が可分の場合のみ可能である。また修正もできない（不承認になる）。例外的に事後の承認になった場合に，承認が得られなかった時は条約は効力を生じないと解される。国会の承認が成立要件であり，承認が必要とすることは憲法上も明記されており相手国も当然これを承知しているはずだし，国会の承認が必要なのは各国にも多く見られ不当なことにはならないと考えられるからである。

（5）内閣総理大臣の指名（67条・ 6 条）

　内閣総理大臣は国会議員の中から国会の議決で指名し天皇が任命する（67条・ 6 条）。もし衆議院と参議院の指名が異なった場合は両院協議会を開き，それでも意見の一致をみないときは衆議院の議決をもって国会の議決とする（67条 2 項）。

（6）弾劾裁判所の設置

国会は罷免の訴追を受けた裁判官を裁判するために，両議院の国会議員で組織する弾劾裁判所を設ける（64条）。弾劾裁判所は各議院においてその議員の中から選挙された同数の裁判員で組織される（国会法125条）。裁判員は各院7名で予備員が各院4名である（裁判官弾劾法16条1項）。

訴追とは裁判官の罷免を求めることで，各議院から選ばれた同数の訴追委員10名，予備員5名（裁判官弾劾法5条1項）から構成される訴追委員会が行う。この訴追を受けて罷免か否かの裁判を行うのが弾劾裁判所である。設置こそ国会が行うが，弾劾裁判所自体は国会とは別個の機関である。

裁判所の対審および宣告は公開で行われる（裁判官弾劾法26条）。

裁判官は罷免の裁判の宣告で罷免される（裁判官弾劾法37条）。資格回復の制度もある（裁判官弾劾法38条）。

（7）財政の監督

財政の問題は国家の政治の中心問題であるので，改めて後述するが，財政を処理する権限を国会の議決に基づく事としたのは国会中心財政主義の表れであり，これを具体化するため租税法律主義，支出承認主義，予算審議など数々の権限を認めている。

11．議院の権能

各議院は行政権・司法権・他院の干渉なしに自らの権能を行使する。そのおもなものを以下解説する。

（1）国政調査権

国会は国権の最高機関として立法その他の重要な作用を行うにあたり，正確な資料をもとに判断しなければならない。そのために議院が国政に関し調査を行う権限を与えている。とくにその力を担保するために証人の出頭および証言ならびに記録の提出を要求することが認められている（62条）。

この調査権の性質はこれを独立権能と解する立場もあるが，あくまで議院の

有する権能を行うために補助的[14] に認められたものと解する（通説）。

（ア）　調査の方法

議員を派遣したり，内閣・官公署から報告や資料を提出させるほか，強制手段として証人の出頭・証言および記録の提出をあげている。

議院から要求があったときは正当な理由がある場合の他「何人でも，これに応じなければならない」（議院証言法1条）。しかし証人またはその近親者が訴追されるおそれがある場合や特定の職にある者が秘すべき事項について質問された場合は理由を疎明して証言を拒むことができることとされている（議院証言法4条）。

（イ）　調査の範囲とその限界

この調査権の及ぶ範囲であるが，あくまで議院の権能を行うために補助的に認められたものであるから，議院または国会に与えられた権能の範囲になる。ただ国会にしても議院にしてもその権能の範囲はきわめて広範囲であるため結果として国政のほとんどの分野に及ぶことになる。ただ現憲法は権力分立制も採用しているのであり，他の権力を侵す場合は調査権の行使は許されない。行政権に対しては議院内閣制をとっていることもあり，内閣の機能全般に調査権が及ぶであろうが，具体的行政権の作用の効果に直接的影響を及ぼすような調査は許されない。また検察権も行政権の一環であるので当然国政調査の対象になるが司法作用と密接な関係を持つので通常の行政権以上に制約が存する。国政調査が現実の事件捜査と並行して行われるような調査は事件の捜査に大きな影響を与えるので行うべきでない。また，司法権に対しては司法権の独立を侵害するような調査は許されない。とくに現実の裁判事件に対し調査を行うこと[15] は議院の持つ権力の強大性ゆえに司法の独立を侵すことになろう。またす

---

14)　1970年代のロッキード事件や行政国家現象の中から国政調査権をもっと強くすべきであるとの考えも出てきている。国政調査権による国政コントロールが必要という認識がそこには生じていると考えられる。

15)　裁判と同じ目的を持っての調査はこの立場が妥当と考えるが，しかし裁判にかかってしまえばその事件に関しては一切の国政調査も許されないという考えは妥当ではない↗

でに判決の確定した事件に対する調査も許されるべきではない*。

　国政調査が個人のプライバシーを侵害するかについても問題となる。一般私人の場合，プライバシーが優先するので侵害するような調査はできないが，公権力担当者・公人などは一定の範囲でのプライバシーは放棄されていると考えられる。この場合には国民の「知る権利」が，この放棄されている部分には及ぶと解してよい。

　＊　これに関しては浦和充子事件が問題となった。この事件は母子心中をはかったが，１人生き残り自首した母親に対する殺人事件に対し，浦和地方裁判所が懲役３年執行猶予３年の判決（昭和23.7.2）を出した。これに対し参議院法務委員会が浦和地裁の出した判決に対し「量刑が当を得ない」趣旨の決議を行った。最高裁判所は裁判官会議を開き，法務委員会が「個々の具体的事件に対し事実認定や量刑等の当否を審査批判することは……司法権の独立を侵害し……国政に関する調査権の範囲を逸脱する」との抗議を行った事件である。

（2）請願の受理

　憲法16条により請願権が認められているが，各議院は各別に請願を受け互いに「干預」しない（国会法82条）。請願をするには議員の紹介で請願書を提出することにより行う（国会法79条）。請願権については117頁参照のこと。

（3）議員の資格争訟の裁判

　55条により資格に関する争訟は裁判所ではなく議員の所属する議院が行う。この資格とは議員としての地位を保つための資格をいう。被選挙権があることや兼職をしていない事が例である。委員会の審査後本会議で議決するが議員の議席を失わせるためには出席議員の３分の２以上の多数を要する。この決定に不服があっても司法裁判所への訴えは認められていないと解される。この裁判

　であろう。裁判所と目的が異なっていれば適切な方法をもって行う国政調査はむしろ国民の知る権利に奉仕するものとする最近の考え（芦部・樋口・辻村など）が妥当であろう。

が議院の自律権に属するものであり憲法76条の例外になるからである*。

    *   当選争訟については候補者が当選人と決定した選挙管理委員会の決定の効力を争うのであり，司法裁判所の管轄内のことであるから，司法裁判所への出訴が認められる。

（4）役員の選任 (58条1項)

　議長，副議長，仮議長，常任委員長および事務総長をいうが，事務総長以外は議員の中から選ばれる。

（5）議院規則制定権 (58条2項)

　議院自主性保障のために認められている。法的性格であるが，議院の内部規律であり国民を一般に規律するものではない。

（6）議員の懲罰

　58条2項により認められるが，規則制定権とともに，自律性の保障のためである。懲罰の種類は公開議場における戒告，公開議場における陳謝，一定期間の登院停止および除名である。除名については出席議員の3分の2以上の多数を要求している (58条2項)。懲罰の原因は「院内の秩序をみだした」ことで，院内とは組織体としての議院の内部と解する。原因行為が行われ，議長の意見または議員の賛成による動議により懲罰委員会にかけ，本会議の議を経て宣告することになる。

（7）国務大臣の出席要求 (63条)

　内閣総理大臣その他の国務大臣は，答弁または説明のために議院に出席を求められたときは出席しなければならない (63条)。議院内閣制から，議案の審議や内閣監督するための必要があり当然の結果である。

（8）上記以外でも，議員逮捕の許諾・釈放要求（50条），会議公開の停止（57条1項但書）等がある。

内　閣

　行政権とはどのような権力かを理解する。行政権と内閣の関係，内閣と内閣総理大臣の関係を理解する。議院内閣制における内閣の位置づけを理解する。とくに国家の運営という面では行政権の肥大化という側面があり，この点への問題意識を忘れないで学ぶ。

1．内閣と行政権

　内閣について明治憲法では規定されず（勅令である内閣官制に基づいて運用），行政権の主体は天皇であって，国務大臣は天皇に任命されそれぞれが天皇に対し責任を負う体制となっていた。また総理大臣も各国務大臣の中での首席にすぎず（同輩中の首席）議会に対して責任を負うものでもなかった。しかし，現憲法では，65条において行政権は内閣に属すると明確に規定し，以下詳細な規定がおかれるに至っている。

　まず行政権とは何かが問題となるが，これを定義することは困難である。一般には，「国家の統治権の中から立法権と司法権をのぞいた部分の総称である」とするいわゆる控除説[1]により定義づけられる。立法とは国民を拘束する成文の一般的抽象的法規範を定立する作用で，司法とは具体的な争訟について法を適用することで裁定する作用をいう。国家作用のうちこの立法と司法をのぞいたすべてが行政ということになる。

1）　控除説が通説であるが，行政権の強大化につながるおそれもあるとして，限定をかけるいくつかの学説も生じている。例えば，行政と司法は立法府の制定した法律を具体的に執行する作用であり，このうち，具体的な事件に法を適用する作用が司法でありそれ以外のものが行政である（浦部596頁）など。

憲法は「行政権は，内閣に属する」(65条) と規定するが，すべての行政権が内閣に独占されているということを意味しているわけではない。憲法は例外的に他の機関が行政権を担うことを認めている。たとえば天皇が国事行為を行い（6条・7条），会計検査院が決算を検査 (90条) し，最高裁判所が下級裁判所の裁判官名簿を作成 (80条1項) する等がある。また，多種多様な行政事務が行政各部の機関で行われてもいる。この場合内閣はその行政権の中心となって指揮統括を行うことを意味する。さらに政令を定めたり（立法に関与）恩赦（司法に関与）を行ったりもする。そして行政権の行使にあたっては議院内閣制の下で国会のコントロールもうけ，他の2権のような独立性はない。

　つまるところ，行政権を行うことが内閣の使命であって，行政権が内閣に属するというのは内閣が行政権の中枢であって最高機関でありかつ責任者である事を意味するのである。ゆえに内閣から独立する形での行政機関が認められない事になる。

　そこで問題になるのが，憲法には明記されていない独立行政委員会（人事院，公正取引委員会など）の存在である。これらは特定の行政権を有する合議制の機関で任期が定められ，内閣とは独立してその職務を行う。違憲であるとの考えもあるが，職務の性質が，争訟の採決や能力の検定など国会のコントロールになじまないものなので憲法が容認していると考えてよい。

２．議院内閣制

　日本はアメリカの大統領制に見られるような厳格な三権分立制ではなく，行政権と立法権を区別し異なった機関に担当させつつ，機関相互に共働・依存させる議院内閣制を採用する。すなわち内閣総理大臣は衆議院・参議院の国会議員の中から国会の議決により指名され，内閣が組織され，その後も内閣は国会の信任を条件に存立し，もし内閣が不信任される場合内閣側からは衆議院の解散をもって立法部を抑制する構造をとっている。以下説明する。

　①　内閣総理大臣と国務大臣の任命資格

　内閣総理大臣は国会議員の中から国会の議決で指名される (67条1項)。内閣

総理大臣は国会議員でなければならない上，国務大臣の過半数も国会議員でなければならないとされている。

② 国務大臣の議院出席

63条にあるように内閣総理大臣その他の国務大臣は議案について発言するため議会に出席することができ，答弁説明を求められたときは出席しなくてはならない。出席できるのは本会議の他，委員会も含まれる。

③ 衆議院の内閣不信任決議

衆議院で内閣不信任決議が可決された場合，または信任決議が否決された場合，10日以内に衆議院を解散するか総辞職をしなければならない（69条）。

④ 内閣の連帯責任

内閣は行政権の行使について国会に対し責任を負う（66条）。

3．内閣の組織

内閣は「首長たる内閣総理大臣及びその他の国務大臣でこれを組織する」と定められている（66条1項）合議体である。各大臣は内閣構成員であるとともに各省庁の主任の大臣でもある。また行政事務を分担しない大臣（無任所大臣）も認められている。内閣法によれば国務大臣の数は14名以内（特別の必要がある場合は17名まで）である（内閣法2条1項・2項）[2]。内閣法は内閣の組織運営の基本事項を定めている。現在の行政機構は以下の表のようになっている。

4．内閣構成員の資格

内閣総理大臣その他の国務大臣は文民でなければならない（66条2項）。

ここで問題となるのは文民という言葉である。文民とは civilians である。この意味は，①現在軍人でない者，②これまで軍人であったことのない者，③現在軍人でない者とこれまでに軍人であったことのない者の3つの説がある。

軍人とは職業軍人のことであるが，憲法制定時は②説でよかったが自衛隊が

2） 復興庁設置法により2012年から，それぞれ15人，18人，2015年の平成32年東京オリンピック競技大会・東京パラリンピック競技大会特別措置法により，16人以内19人までと拡大されている。

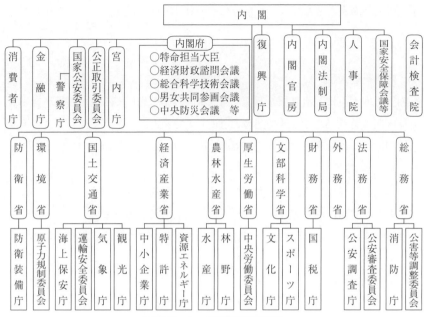

図表15−1　行政機構概略図

※復興庁は2021年に廃止予定

できたことにより③説が妥当と考える[3]。

　議院内閣制を徹底するために内閣総理大臣その他の国務大臣は国会議員でなければならないとされる（67条1項・68条1項）。国会議員であれば衆議院であっても参議院であってもよい。ただ第一院である衆議院に重点があるためその多くが衆議院議員となっている。内閣総理大臣のみ国会議員であることは在職要件であるが，他の国務大臣は内閣の過半数が国会議員であることの要件を満たしていれば国会議員であることは選任の要件でも在任の要件でもない。もしも

---

[3]　9条が軍隊の保持を禁じていることからすると，現在職業軍人は存在しないたてまえであり，自衛隊員が「文民」にあたるかは問題である。学説は「文民」でないとする説が多数である。

半数の要件を満たさなくなった場合は速やかに内閣総理大臣が閣僚の任免を行うことで要件を満たせばよい。

5. 内閣総理大臣

内閣総理大臣は明治憲法の下では同輩中の首席の地位であったが，現憲法下では内閣の首長であり，他の国務大臣より上位にある。それに伴い多くの重要な権限も持つ。国務大臣の任免権や訴追同意権，行政各部の指揮監督権などである。

国務大臣の任免権は，国務大臣の任命と罷免の決定権を意味し，これによって首長としての内閣総理大臣の権限強化と内閣の統一性を確保している。

国務大臣の訴追に対する同意権は内閣の統一性を確保し検察機関からの不当な圧力を防ぐ意味と内閣総理大臣の権限強化の1つである。訴追には起訴だけでなく逮捕・勾留なども含むと考える。

国会への議案提出権・一般国務および外交関係についての国会報告・行政各部への指揮監督（72条）は，内閣総理大臣の国会に対する内閣の代表者として

国務大臣の任免権（68条）
国務大臣の訴追に対する同意権（75条）
国会への議案提出権（72条）
一般国務および外交関係についての国会報告（72条）
行政各部に対する指揮監督権（72条）
法律・政令に連署（74条）
図表15-2　内閣総理大臣の権限

閣議の主宰と発議（内閣法4条2項）
主任の各大臣間における権限の疑義の裁定（内閣法7条）
行政各部の処分・命令の中止（内閣法8条）
内閣総理大臣や国務大臣の代理の指定（内閣法9条・10条）
皇室会議の議長（皇室典範29条）
自衛隊の最高の指揮監督権（自衛隊法7条）など
図表15-3　法律に定められた内閣総理大臣の特殊権限

の意味を表すとともに，内閣の行為の統一性を示す。

　法律政令への署名・連署（74条）は法律については執行の責任，政令については制定と執行の責任を明らかにするためになされる。

　両議院に出席発言（63条）すること。

　以上の憲法上の権限の他，内閣法他で定められた権能を有する（図表15-3）。

6．国務大臣の地位と権限

　国務大臣は内閣総理大臣によって任命，天皇により認証される。原則として14名以内で，特別に必要のある場合に3名を限度で増員でき17名以内となる（内閣法2条）[4]。

　国務大臣は内閣の一員として閣議に参加し，主任の大臣として任命された場合はそれぞれ行政事務を分担管理する（内閣法3条）。

　各大臣は，案件の如何を問わず，内閣総理大臣に閣議を求めることができる（内閣法4条3項）。

7．内閣の権能

　行政権の中枢としての機能を有し，具体的には73条に規定されている。

　①　1号　法律を誠実に執行し，国務を総理すること。

　行政の基準となる法律を誠実に執行すること。この内容は，たとえ内閣が賛成できない内容の法律であっても，その執行を義務づけることを意味する。「国務を総理する」とは，行政権最高の機関として行政事務全般を統括し，行政各部の指揮監督することを意味する。

　②　2号　外交関係を処理すること。

　外交関係の事務を処理すること。大使，公使の任免や，全権委任状，外交交渉などさまざまな事務である。

4）　164頁注2）参照。

③　3号　条約の締結

　条約とは名称の如何を問わず，広く文書による国家間の合意をいう。条約の締結は内閣任命の全権委員により調印され，内閣が批准し批准書を交換というプロセスをとる。ただ3号但書で，事前か事後に国会の承認を得ることが必要とされている。もし事後に承諾が得られない場合は，条約は遡及的に無効になると解される。

④　4号　官吏に関する事務の掌理

　官吏とは内閣の権能に属する行政活動に従事する国家公務員を意味する。従って，地方公共団体の公務員や立法権や，司法権に属する公務員は権力分立の観点から含まれないと解する。

　管理に関する事務の掌理とは具体的には試験，任免，給与，懲戒などである。

⑤　5号　予算の提出

　詳しくは財政のところで記述する。

⑥　6号　政令の制定

　政令は内閣が制定する命令（行政機関による立法形式）で，狭義の法律に次ぐ効力を持つ。そして政令は「憲法及び法律の規定を実施するために」制定される。これは執行命令のことで，明治憲法下で行われていた独立命令や代行命令は許されない。委任命令については但書に「政令には，特にその法律の委任がある場合を除いては，罰則を設けることができない」と記載されているので委任命令自体を否定するとは考えられない。ただ国会が立法権を担っているのだから，一般的な委任や包括的な委任は許されてはいないと考えるべきである。現代は行政国家になっており，行政が必然的に専門化・技術化しており委任立法の必要性がかなり高まっているのが現実である。

⑦　7号　恩赦の決定

　大赦（有罪の宣告を失効させ，または公訴権を消滅させる行為），特赦（有罪の宣告をうけた特定の者に対しその効力を失わせる行為），減刑，刑の執行の免除，および復権を恩赦という。かつて国家の慶事に際し，君主の恩恵として行われてきた。明治憲法下においても天皇の権限として規定されていた（明治憲法16条）。

恩赦の種類内容については恩赦法が定めている。

憲法73条以外の内閣の権能として以下のものがある。

① 最高裁判所の長たる裁判官の指名（6条2項）

② 最高裁判所の長たる裁判官以外の裁判官および下級裁判所の裁判官の任命（79条1項・80条1項）

③ 国会の臨時会の召集の決定（53条）

④ 参議院の緊急集会の請求（54条2項但書）

⑤ 予備費の支出（87条）

⑥ 決算の国会への提出（90条）

⑦ 国会および国民に対する国の財政状況の報告（91条）

8. 閣　　議

　内閣の権利行使は内閣法により閣議によるとされている（内閣法4条1項）。閣議の召集と主宰は内閣総理大臣が行う（内閣法4条2項）。各大臣も内閣総理大臣に閣議を求める事ができる（内閣法4条3項）。閣議の切り盛りは内閣官房長官が行う。

　閣議には定例閣議と臨時閣議，持ち回り閣議とがある。

　閣議の議事および議決の方法は慣習法で決められている。それによると閣議決定は全員一致でなされる。内閣の一体性，連帯責任の表れである。もし反対の閣僚がいる場合内閣総理大臣はこれを自由に罷免できるのであり，また当該閣僚もそのような場合は辞職すべきである。

9. 内閣の責任

　憲法66条3項によれば，「内閣は，行政権の行使について，国会に対し連帯して責任を負ふ」と規定する。この行政権とは民主的行政権の徹底という趣旨から憲法によって内閣に帰属するとされた作用のすべてをいうと解する。

① 責任の相手方

条文上明らかなように，国会に対して責任を負う。明治憲法の時は55条に「国務各大臣ハ天皇ヲ輔弼シ其ノ責ニ任ス」と記載されていて天皇に責任を負うようにも読めたのであるが，現憲法はこの「国会に対し」の文言で責任の相手を明確にした。

② 責任の内容

責任とは「法律上の責任」なのか「政治上の責任」なのかを巡っての争いもある。通説は責任原因や責任理由が定められていないから政治上の責任と解している。ただ現憲法は議院内閣制をとっている。このもとでは最終的に内閣不信任決議の規定もあり法的責任の色彩もあるといえよう。

③ 責任の性質

連帯して責任を負うという文言であるが，内閣を構成する全国務大臣が一体となって責任を負うという連帯責任と解している。閣議が全員一致でなされることの帰結である。また内閣の連帯責任と別個に個々の国務大臣も責任を負うのかであるが，個々の所管事項や個人的事情などの原因によるものについて否定する理由はない。

④ 独立行政委員会

独立行政委員会とは特定の行政において内閣から独立してその職権を行うことが認められた合議制の行政機関である。国家公安委員会，公正取引委員会，中央労働委員会などや，人事院などがある。これらは通常の内閣の指揮監督下の行政機関と異なり内閣に対する独立性を持っている。しかし独立性を持つとしても内閣は行政権の行使に責任を負うのでこの点をどのように解すべきかが問題になる。これらの独立行政機関はその職務が内閣の指揮監督になじまない性質がある。公正取引委員会の審判や人事院の試験や採用など本来的に独立公正に行われなければならない職務である。この職務の特殊性が存在を認められる根拠になる。さらにかなり形式的ではあるが，委員の任免権や委員会予算の計上が内閣によることなど内閣から一応指揮監督自体は受けてはいると解することが可能である。

《内閣人事局》

　内閣官房に置かれる内部部局の一つで2014（平成26）年5月30日に設置された。

　本来一般職国家公務員の人事については，各省公務員の自律性と無党派性（非政治性）にも配慮して，政治家が介入することは控えられてきた。しかしともすれば省益が優先されるとしてその改革の狙いが内閣人事局設立の制度趣旨であった。その内容は約600人の省庁幹部人事を一元管理し，首相官邸の意向を幹部人事に反映する。その結果重要政策で政権の意向に沿った人材を配置し，官邸の意向に沿った政策を進めることが可能になる。この点行政の中立性・公平性という観点から問題がないかの疑問も生じている。官邸の意向は幹部に準ずる公務員にも当然および，結果的に忖度なる言葉さえ生まれてきている。

10.　内閣の総辞職

　「内閣は，衆議院で不信任の決議案を可決し，又は信任の決議案を否決したときは，10日以内に衆議院が解散されない限り，総辞職をしなければならない」（69条）と規定される。議院内閣制の表れである。もし決議時に総辞職しなくても解散後の新国会の成立時に総辞職する。

　また，内閣総理大臣が欠けた場合（死亡，失格，議員の辞職など）も内閣は総辞職する（70条）。

　また，内閣がその存続が適当でないと考えるに至ったとき，任意に総辞職をすることもある。内閣総理大臣が自ら辞任することは最近の例を見てもよく起こっている。

　内閣が総辞職した場合，新たな内閣総理大臣が任命されるまではこれまでの内閣が引き続きその職務を行う（71条）。

　実務は，国会法64条により，内閣総理大臣が欠けた時，または辞表を出したときは直ちに衆参両院議長にその旨を通知し，国会による総理大臣の指名を行い（67条），組閣，旧内閣総理大臣への通告，旧内閣の閣議と新内閣総理大臣の任命への助言と承認（3条），新内閣総理大臣の任命・組閣・新国務大臣の認証，旧内閣総理大臣・国務大臣の地位喪失，新内閣成立の国会への通告という流れになる。

11. 衆議院の解散

　解散は，議院に属する議員全員に対して，その任期満了前に議員としての地位を喪失させる行為である（詳細につき148頁参照）。

　任期満了前の解散・総選挙により，民意を反映させたり，内閣を安定させる機能がある。ただ，解散権の行使自体は，政治的にはかなり効果的な武器としての側面もあることから解散権行使の限界やコントロール方法も今後の課題となっていこう（前述149頁）。

第16章

司　　法

この章の point

　司法権の概念を理解する。司法権がどこまで及ぶのか。他の権力とはどのような関係に立つのか。司法権はなぜ独立しているのか。

　違憲立法審査権と法の支配，立憲主義を理解する。

1．司法権の意義

（1）司法権の概念

　憲法は76条１項で「すべて司法権は，最高裁判所及び法律の定めるところにより設置する下級裁判所に属する」と規定している。立法権の41条，行政権の65条に対応し三権の分立を示している。

　司法とはどのような権限なのかについては憲法上に規定はない。しかし，現憲法の司法権とは「具体的な争訟について法を適用し宣言することでこれを裁定する国家の作用」といわれている。伝統的には英米法による考えである（フランスやドイツなどヨーロッパ諸国では司法は民事事件と刑事事件に限り，行政事件などは別個の行政裁判所に属すると考えている）。現在の憲法がアメリカ法の強い影響下で作成されたためアメリカ流の司法権の考えをとっており，さらに憲法条文に行政裁判所についての規定が一切ないことなどから，このように考えるのである。

（2）司法の範囲

　これを受け裁判所法３条１項は「裁判所は，日本国憲法に特別の定のある場合を除いて一切の法律上の争訟を裁判」すると規定する。司法権の範囲は行政事件の裁判は行政裁判所が担うとしていた（61条）明治憲法と比べ大きく拡大

したのである。

　この中で重要なのは「具体的な争訟」ということである。この意味は当事者の間に具体的な法律関係や権利義務関係の存否に紛争があって，その解決を求められた場合にのみ発動されることである。

　つぎに「法を適用宣言する」ことであるが，その争いは法律を適用することで解決できるものであるということである（判例同旨。最一判昭29.2.11民集8巻2号419頁）。もしこの法律上の争いでないとされたならそれは裁判所での解決はできないことになる。法律上の争いではない事件とは，たとえば学説の争いや美術品の鑑定や政策の是非などの紛争である。

《板まんだら事件》

　この点で問題となった事件としていわゆる「板まんだら事件」がある。

　この事件は，もと創価学会会員が「板まんだら」を安置する正本堂の建立資金として行った寄付について，この「板まんだら」が偽物であるとして，寄付の動機に錯誤があるとして，寄付金の不当利得返還請求を行った事件がある。本尊の真否についての判断はことがらの性質上，法令を適用することによっては解決することのできない問題である。本件訴訟は具体的権利義務ないし法律関係に関する訴訟の形態をとっており，その結果信仰の対象の価値又は宗教上の教義に関する判断は請求の当否を決するについての前提問題であるにとどまるものとされてはいるが，本件訴訟の帰すうを左右する必要不可欠のものと認められ，また記録にあらわれた本件訴訟の経過に徴するとまた本件訴訟の争点および当事者の主張立証も右の判断に関するものが核心となっていることからすれば，結局本件訴訟はその実質において法令の適用による終局的な解決の不可能なものであって，裁判所法3条にいう法律上の争訟にあたらない。（最三判昭56.4.7民集35巻3号443頁）

　つぎに裁判所法3条の「憲法に特別の定のある場合」とは55条の国会議員の資格争訟の裁判，64条に定める裁判官の弾劾裁判所の行う弾劾裁判がこれに属する。なお付言すると，国際法上いわゆる治外法権を与えられている外交関係者に対してはわが国の司法権は及ばないし，たびたび沖縄などで問題化する日米安保条約に基づく地位協定により，駐留米軍の構成員または軍属に対し一定

の場合わが国の司法権が及ばない[1]（日米地位協定17条3項，5項）。

2．司法権の限界

　司法権は「一切の法律上の争訟を裁判する」とされているが，憲法の基本原則である三権分立や民主主義の理論などによりいくつかの制限を受ける。

(1) 立法権との関係に属する限界事項

　①　議院の自律権に属する事項には司法権は及ばない。すなわち議事手続き（議事が行われたか否か，定足数が足りていたか否か），議院による議員の懲罰など三権分立構造を憲法が採用していることから各機関の内部的事項は各機関の自律に任され，それらには司法は及ばないことが認められているのである。

《警察法改正無効事件》

　この点で問題になった事件として警察法改正無効事件がある（最大判昭37.3.7民集16巻3号445頁）。この事件は昭和29年の第19国会において起こった事件である。このとき国会は与野党が激しく対立し衆議院本会議は野党の抵抗で大混乱に陥っていた。議長は議場に入ることもできず，ようやく入り口から少し入り指を2本挙げて会期の2日間延長を宣し，与党議員数十人が拍手をした。衆議院議員議事録にも「聴取不能」と記載されている状態で議長の声は伝わらず，採決のための起立も行われなかった。しかし会期延長は可決されたとして，野党議員欠席の中新警察法が可決された。これに対し議院規則に全く適合しないので議決無効を求めて訴えが起こされたのである。これに対する判決は「同法は両院において議決を経たものとされ適法な手続によって公布されている以上，裁判所は両院の自主性を尊重すべく同法制定の議事手続に関する所論のような事実を審理してその有効無効を判断すべきでない」とした。

　②　つぎに立法裁量に属する事項である。立法裁量とはいわゆるプログラム

---

1)　公務中の犯罪についてはすべてアメリカ合衆国側が裁判権をもち，公務中でない犯罪については日本側が裁判権をもつが犯人の身柄がアメリカ合衆国側にあるときは，日本で公訴が提起されるまでの間身柄は日本に引渡さなくてもよいことになっている（十分な捜査ができない）。

規定といわれる，憲法上国の努力すべき政策施策の目標を掲げているものがあり，それをどのように実現していくか，その具体的内容は立法部の裁量にゆだねている事項のことである。この範囲内のことは裁量権を著しく逸脱したり濫用したりしない限り司法の判断は及ばないとされている。この点で問題にされたのは生存権のところですでに述べた朝日訴訟の判決があるし（127頁），また議員定数不均衡についての裁判がある。議員定数を巡っては最高裁は昭和51年4月14日の大法廷判決で人口比が１：５の格差になっていた状況に対し，従来の「選挙区の議員数について，選挙人の選挙権の享有に極端な不平等を生じさせるような場合は格別，各選挙区にいかなる割合で議員数を配分するかは，立法府である国会の権限に属する立法政策の問題であって議員数の配分が選挙人の人口に比例してない一事だけで憲法14条に反し無効であると断ずることは出来ない」という判決を変更し破棄自判し「本件議員定数配分規定は本件選挙当時，憲法の選挙権の平等の要求に反し違憲と断ぜられるべきであった」と明確に述べ，裁量権の逸脱についての判断を行った。その後も定数不均衡の裁判が続いているが，是正への合理的期間か否かの判断基準を出している。そのような判決が出されているのに十分な対応がとられていないことから，下級審ではあるが無効判決（平成25年３月広島高裁など）も出始めている（122頁参照）。

　ただし，近年国籍（10条）家族（24条）選挙（47条）などの条文に関して（法律で定めると規定している）違憲判決が出されている。従来立法裁量を重視し立法解決を待つ傾向が強かった領域である。例えば平成17年の在外国民選挙権違憲判決（最大判平17.9.14民集59巻７号2087頁）平成20年の国籍法違憲判決（最大判平20.6.4民集62巻６号1367頁），平成25年の婚外子相続分差別違憲決定（最大決平25.9.4民集67巻６号1320頁），平成27年の再婚禁止期間規定違憲判決（最大判平27.12.16民集69巻８号2427頁）などで立法解決にまで至っており，法の支配実現の視点から評価すべきである。

（2）行政権との関係に属する限界

　内閣総理大臣による国務大臣の任免や国務大臣の訴追への同意などは全く内

閣総理大臣の裁量に属していることであって司法権は及ばない。同様に閣議の運営などにも及ばないであろう（自律性）。

また，各行政機関の裁量に属する事項にも同様に司法権は及ばないと考えられる。しかし自由裁量行為であったとしても，濫用や逸脱があった場合には司法権が及ぶと解してよい。

（3）統 治 行 為

統治行為とは，政治部門の行為のうち法的判断は可能であるが，その対象行為の高度の政治性を理由としてあえて司法審査の対象から外す事項をいう。この観念は，国家機関の行為に対し司法のコントロールが及ぶ状態を基本的前提にしながらも，なお司法のコントロールの及ばない範囲を認める理論である。

この統治行為を認めるか否かは議論のあるところである。わが国が徹底した法治主義をとっていること，条文もないことからこの理論を否定する立場もある。しかし通説は，統治行為の理論が出てくる前提が徹底した法治主義を予定した上での話であって，国民主権のもと権力分立体制下においては，高度の政治性ゆえにもし司法判断を行うとその執行に非常に困難な事態を生じせしめる事項があり政治的紛糾を起こすことは避けるべき（自制説），むしろこのようなことは司法権の限界を超え，裁判所の法的判断より国民の民意に判断をゆだねた方がよい事項がある（内在的制約説）等の理由付けでこの存在を肯定する。

もっとも安易に統治行為の理論を持ち出すことは司法の役割を放棄することになり，司法を通じての憲法保障機能をないがしろにするものであり，あくまで例外であることは強く認識しなければならない。わが国で肯定説が多数説といわれているが実質は個別的実質的論拠を十分に示すことができる場合のみに統治行為をみとめる限定的な肯定説が多数説なのである。しかしわが国の判例の流れをみるとき，裁判所は既成事実追認の理由にしているようにもみえる。統治行為ということで裁判所が憲法判断を避け続ける中，日米安保条約からさらに進んでガイドライン関連法が成立していくなど，憲法（9条）をないがしろにするさまざまな既成事実が積み重ねられているのが現実である。憲法保障

の機能を司法が担っていることをもう一度思い起こすべきであろう。

　具体的に統治行為になりうるとされるのは，つぎのようなものが考えられる。

　①　国家の外交対外関係問題。新国家の承認や戦争状態の認定。自衛隊の出動要件の認定など。②　国会や内閣との間の疑義など。③　政治部門の自律権。④　防衛安全保障などが考えられる。ただし，法治主義の原則と司法審査の貫徹を憲法の要請と解し，統治行為の観念を否定する立場も有力となっている。

《統治行為に関する判例》

　日本国憲法の下において統治行為が問題となった事件の判決としては，いわゆる砂川事件，苫米地事件，長沼事件等の判決がある。

　①　砂川事件判決

　砂川事件の上告審判決（最大判昭34.12.16刑集13巻13号3225頁）は統治行為の理論をとり，つぎのように述べている。なお砂川事件とは東京都砂川町の立川飛行場の拡張工事に反対するデモ隊が基地内に乱入したために刑事特別法違反で起訴された事件である。

　「安保条約は主権国としてのわが国の存立の基礎に極めて重大な関係をもつ高度の政治性を有するものというべきであつて，その内容が違憲なりや否やの法的判断は，その条約を締結した内閣及びこれを承認した国会の高度の政治的ないし自由裁量的判断と表裏をなす点がすくなくない。それ故右違憲なりや否やの法的判断は，純司法的機能をその使命とする司法裁判の審査には原則としてなじまない性質のものであり，したがつて一見極めて明白に違憲無効であると認められない限りは，裁判所の司法審査権の範囲外のものであつて，それは第一次的には，右条約の締結権を有する内閣及びこれに対して承認権を有する国会の判断に従うべく，終局的には，主権を有する国民の政治的批判に委ねらるべきものであると解するを相当とする。」

　この判決は，このように，安保条約には原則として審査権は及ばないとし，ただ一見極めて明白に違憲無効」であるかどうかについて検討し，前に述べたような理由によって，それは「一見極めて明白に違憲無効」ではない，とした。

　②　苫米地事件判決

　苫米地訴訟の上告審判決（最大判昭35.6.8民集14巻7号1206頁）においても，統治行為の理論が採用されている。苫米地事件とはそれまで69条による解散しか行われていないときに，7条による解散であること，7条の助言と承認がなかったことを理由に議員資格確認と歳費の支払いを求めた事件である。

この上告審では，解散が，衆議院の解散は極めて政治性の高い国家行為であるとし，その有効無効を判断することは司法権の審査の対象とならないとした。すなわち判決の要旨はつぎのとおりである。

　「わが憲法の三権分立の制度下においては司法権の行使についておのずからある限度の制約はまぬがれないのであって，あらゆる国家行為が無制限に司法審査の対象になるものと即断すべきでない。直接，国の統治の基本に関する高い政治性のある国家行為は，たとえそれが法律上の訴訟となり，またこれに対する有効，無効の判断が法律上可能である場合であっても，このような国家行為は裁判所の審査権のワク外にあり，その判断は主権者である国民に対し政治的責任を負う政府，国会などの政治部門の判断にまかされ，最終的には国民の政治判断にゆだねられるものと解すべきである。衆議院の解散は衆議院議員をしてその意思に反して資格を失わしめ国家最高の機関である衆議院の機能を一時的にストップさせるものであり，さらにこれにつづく総選挙，内閣成立のきっかけをつくるもので，その国法上の意義は重大であり，しかも解散は多くの内閣がその重要な政策，ひいてはその存続について国民の総意を問おうとする場合に行われるものであり，その政治的意義も極めて重大である。

　すなわち衆議院の解散は極めて政治性の高い国家統治の基本に関する行為であって，このような行為について法律上の有効，無効を審査することは司法裁判所の権限の外にあると解すべきことはすでに示した。このことはこの事件のように衆議院の解散が訴訟の前提問題として主張されているときでも同じであつて，やはり裁判所の審査権の外にあるといえる。」として上告を棄却している。7条の解散については政府の見解が69条の場合以外でも有効に解散しうるし，かつ内閣の助言と承認により適法に行われたものであることは明らかで，裁判所としてはこの政府見解を否定して本件解散を無効なものとすることはできないとした。

③　長沼事件判決

　長沼事件とは防衛庁が北海道長沼町にナイキ基地を建設しようとしたことに対し9条に違反する自衛隊の基地建設のために保安林の解除を行うことは違憲・違法であるとして住民が保安林の解除処分の取消しを求めた事件である。この事件の1審では統治行為を否定した（札幌地判昭48.9.7判時712号24頁。この判決は平和的生存権を認めたことでも知られる）が，控訴審（札幌高判昭51.8.5行集27巻8号1175頁）では自衛隊の存在が9条に反するか否かの問題は正に統治事項に関する行為であって，それが一見きわめて明白に違憲・違法であるといえないときは司法審査の範囲外にある，と判示した。

（4）部分社会の法理

　部分社会の法理とは，団体内部の紛争で団体の自律的な判断を尊重すべき場合においては司法による審査は控えるべきとする考えである。大学における単位の認定問題や地方議会の議員の除名，政党における除名などで問題になっている。最高裁は「部分社会論」として司法審査の対象外とする。

　たとえば富山大学事件（最三判昭52.3.15民集31巻2号234頁）では，大学は一般市民社会とは異なる特殊な部分社会を形成しているから，単位認定行為のような一般市民法秩序と直接関係を有しないものは，特段の事情のない限り大学内部の問題として大学の自主的自律的判断に委ねられるべきであり司法審査の対象にならない。これに対し卒業認定行為は一般市民法秩序に関連する問題であるから司法審査の対象になる。同じような論理は地方議会の処分においてもなされている。出席停止は一時的制限にすぎないので司法審査は及ばないが，除名は議員の身分の得喪に関する重大事項で内部規律の問題にとどまらないから及ぶとしている（最大判昭35.10.19民集14巻12号2633頁）。また政党の除名処分問題（袴田事件）では政党は議会民主主義を支えるうえにおいてきわめて重要な存在であるから，政党に対しては高度の自主性・自律性を与えて自主的組織運営をなし得る自由を保障しなければならないとし，政党が党員に対してした処分（除名とそれに基づく党所有家屋の明渡し）が一般市民法秩序と直接の関係を有しない内部問題にとどまる限り裁判所の審査権は及ばない（最三判昭63.12.20判時1307号113頁）とした。

3．最高裁判所と下級裁判所

（1）裁判所の組織と運営

　76条1項で「司法権は，最高裁判所及び法律の定めるところにより設置する下級裁判所に属する」と規定し，最高裁判所と法律の定める下級裁判所の2種を予定する。法律で定める下級裁判所は高等裁判所，地方裁判所，家庭裁判所，簡易裁判所である（裁判所法2条）。

　また憲法76条2項において特別裁判所の設置を禁じている。特別裁判所とは，

たとえば旧憲法下にあった軍法会議などのような，特殊の人や事件について終審として裁判を行う裁判所で通常の裁判所の系列に属さない裁判所をいう。そこで現在の家庭裁判所についてであるが，家事審判事件や少年事件の裁判等を行うものの，あくまで最高裁判所の系列に属する下級裁判所であり，特別裁判所にはあたらない。また同じく76条2項で行政機関が終審として裁判を行うことも禁止している。三権分立原則から当然のことではあるが，現実には行政機関が準司法的な手続きによる審判を行ってはいる。たとえば特許審判や海難審判，公正取引委員会の審決などである。しかしこれらは終審として確定するものでなく，裁判所に出訴できるので反しない。裁判所法の「行政機関が前審として審判することを妨げない」（3条2項）にあたる場合である。

（2）陪審制と参審制について

陪審制[2]とは市民の中から選ばれた陪審員が合議体を結成し職業裁判官と役割を分担して事実認定を行う制度である。司法への国民参加の要請に基づく。一方参審制とは陪審制と同じく職業裁判官と一般市民とで裁判を行うのだが，参審制の場合役割分担を前提としないで両者共同して審理し協議し判決を下すことに特徴がある。

なぜ陪審制が問題となるかというと司法過程に素人を参与させることから司法権が通常裁判所に属することの原則（職業裁判官のみから裁判所は構成されると考える）に関して問題になるのではないか，世論の動向に反しても毅然と正義を貫くことに反しないかということである。

参審制については，陪審制同様の裁判所は職業裁判官からのみ構成されるべきとの考えや，裁判官の職権の独立からも問題があるのではとの疑問が出されている。

陪審制が陪審員の意見に決定的な効力を認めるものである場合は憲法の原則から問題になると思われるが，事実の認定について陪審員が決めても法の適用

2）　日本においても大正12年に陪審法が成立し昭和3年から実施されたことがあった。陪審に法的拘束力がないなどのこともあり，昭和18年に停止された。

について裁判官が行うのなら違憲にはならないと主張されている（佐藤幸・307頁）。

　参審制については，陪審制同様裁判官の職権の独立の視点から問題ではないかと考えられている。

　このことに関し平成21年から裁判員制度が始まった。この制度は一定の重い犯罪（死刑もしくは無期の懲役もしくは禁錮にあたる罪にかかる事件）に対し，一般公衆の中から裁判員を選び，この裁判員を裁判官と同席させ，合議し，事実認定・法令の適用・刑の量定の判断を職業裁判官とともに行う制度で大陸的な参審制度に類似する制度である。裁判官の職権の独立や刑事被告人の裁判を受ける権利を侵害するのではないかの疑問が出されている。まだ始まったばかりではあるが，現在のところ量刑などは従来より重めになっているようである。

（3）最高裁判所の構成・権能

　① 構　成

　最高裁判所は「その長たる裁判官及び法律の定める員数のその他の裁判官」によって構成される（79条1項）。裁判所法によれば最高裁判所の裁判官は識見の高い法律の素養のある40歳以上の者の中からこれを任命し，そのうち少なくとも10人は一定の期間，法律専門家としての経歴を持った者でなくてはならない（裁判所法41条）とされている。具体的には判事，検察官，弁護士，大学の教授等の職歴が通算して20年以上の者などから選ばれる。

　最高裁判所の長官は内閣の指名に基づき天皇が任命し（6条2項），それ以外の裁判官は内閣で任命する（79条）。定年は70歳である。

　1名の長たる裁判官（最高裁判所長官）と14名の最高裁判所判事で構成される（裁判所法5条1項・3項）。

　ここで考えると，全ての最高裁判事は結果的に内閣が指名・任命することになる。この任命権が内閣に与えられていることは三権の均衡を保つためと解されている。当然内閣の恣意的な選考[3]判断を許容するものではない。しかし，

　3）　今まではその出身母体に関して職業裁判官6、弁護士4、学識経験者5と慣例的に運↗

最高裁判所の持つ違憲立法審査権の存在を考えるとき，時の与党からなる内閣にその選任を任せることは問題があろう。公平で非党派的な諮問委員会などが考えられていい。

② 権 能

最高裁判所は上告および訴訟法においてとくに定める抗告について裁判権を有する終審裁判所である（裁判所法7条）。最高裁判所は上告事件に対し最終的判断を下し法令の解釈を統一する機能を持つ。また違憲の疑いがある法令等につき憲法適合性を最終的に決定する権能を持つ。

最高裁判所の審理と裁判は，大法廷または小法廷で行う（裁判所法9条1項）。

大法廷は全員の裁判官の合議体で，小法廷は最高裁判所の定める員数の裁判官の合議体で現在3つあり，それぞれ5名によって構成される（裁判所法9条）。憲法判断をその法律・命令・規則について初めて行うとき，違憲判断を行うとき，以前の判例を変更するときは必ず大法廷で行うことになっている（裁判所法10条）。

③ 規則制定権

また最高裁判所は訴訟に関する手続き，弁護士，裁判所の内部規律および司法事務処理に関する事項について規則を制定する権限を有する（77条）。この規定により最高裁判所は司法行政権を担う事になる。司法府の自主性と独立を担保する。すなわち司法に関する事項について自ら規則を定めることで国会や内閣の干渉を排除することができる。また，裁判所はもっとも裁判実務に精通しているのであり，もっとも適した定めをすることができるだろうという技術的な理由もある。

用されてきたところではあるが、今回弁護士ではあるがその直前まで大学教授であった方を弁護士枠ということ選任したことは実質弁護士枠を一つ減らしたことになるといえる。なぜならこの判事は弁護士会からの推薦名簿には含まれていなかった。内閣の任命権と司法の独立を調和させるという考えから運用されてきた慣例を崩した人事であった。

④　司法行政監督権

　最高裁判所は下級裁判所の裁判官に選任される予定の者を指名した名簿を作り，その名簿によって内閣が下級裁判所の裁判官を任命する。内閣は名簿に指名されていない者を任命することはできない。これにより最高裁判所の人事の統制権が認められるとともに，任命権を持つ内閣の政治的意図が入り込むことを防ぎ司法府の自主性をはかっている。

　さらに，裁判官以外の職員の任免や裁判所の予算作成権，司法行政監督権などが認められ，司法府の独立を保障している。

（4）下級裁判所

① 　下級裁判所の構成

　下級裁判所とは，最高裁判所の下にある高等裁判所，地方裁判所，家庭裁判所，簡易裁判所をいう。その設立，廃止および管轄区域は別に法律で定める(裁判所法２条)。

　高等裁判所とは全国に８カ所あり，控訴，抗告，上告についての裁判権を持つ（裁判所法16条・17条)。長官と相応な員数の裁判官で構成され，裁判は３人の裁判官の合議で行う（裁判所法16条)。

　地方裁判所は都道府県庁所在地に設置されている。通常の訴訟事件の第１審で，簡易裁判所の判決に対しては控訴審となる。裁判は１人か３人で行う。

　家庭裁判所は家事審判法に定める家庭に関する事件や，少年法で定める少年の保護事件を担当する。相応な員数の判事および判事補で構成される（同31条の２)。原則として１人の裁判官によって審理するが，他の法律で定められた場合には合議体で事件を扱う（同31条の４)。

　簡易裁判所は少額軽微な事件（民事事件では訴訟の目的が140万円を超えない請求。刑事事件では罰金以下の刑にあたる場合や選択刑に罰金がある罪など比較的軽微な事件の第１審）を簡易迅速に裁判することを目的に設置されている。刑事事件でもし禁錮以上の刑を科するのが相当と認める時は地方裁判所に移送する（同33条３項)。相当な員数の簡易裁判所判事により構成され，裁判は１人の裁

判官で行う（同35条）。

② 下級裁判所の裁判官

下級裁判所の裁判官は，高等裁判所長官，判事，判事補，簡易裁判所判事の4種類である。資格や定年が異なる[4]。

下級裁判所の裁判官は最高裁判所の指名した者の名簿によって，内閣が任命する（80条1項）。下級裁判所の裁判官は10年の任期で再任することができるとされている。また定年もあり簡易裁判所判事は70歳でその他の裁判官は65歳である。再任については議論が分かれている。まず，自由裁量と考える説，つぎに任期である以上10年の経過で身分は消滅するが，特段の事情のない限り再任されるべきとする説，第3に裁判官には身分の継続が原則であり10年は不適格者の再任を拒否する制度と解する説，の三説がある。3番目の説が妥当である。なぜなら1番目の説では身分保障が不完全であるし，2番目の説でも再任拒否は実質的には罷免に他ならず，身分が消滅するという解釈は身分保障の点で不十分と考えるからである。

4．司法権の独立
（1）意　　義

裁判所が公正な裁判を通じて，国民の自由と権利を守るためには，司法権が他の権利から侵されることのないことすなわち司法の独立がまず要求される（広義の司法の独立）。さらにその上で裁判官自身が何者にも侵されることのな

4） 高等裁判所長官と判事は，判事補・簡易裁判所判事・検察官・弁護士・裁判所調査官・司法研修所教官，裁判所職員総合研修所教官，法律で定める大学の法律学の教授・准教授の職歴を通して10年以上の中から任命（裁判所法42条）。判事補は司法研修所の司法修習生の修習を終えた者の中から任命（同43条）。簡易裁判所判事は判事補，検察官，弁護士，裁判所調査官，裁判所事務官，司法研修所教官，裁判所職員総合研修所教官，法務事務官，または法務教官の1または2以上にあって通算3年以上の者。法律で定める大学の教授または准教授（同44条）。司法事務に携わりその他学識経験ある者で簡易裁判所判事選考委員会の選考を経た者（同45条）。

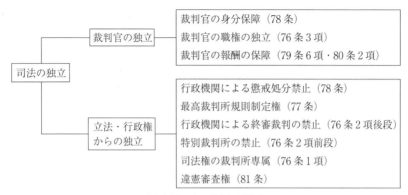

図表16-1 司法の独立

出典：岩井『要説 憲法講義』152頁

い独立した身分であること（狭義の司法の独立）が要求される。これを図に示すと図表16-1のようになる。

（2）裁判官の職権の独立

　憲法76条3項は「すべて裁判官は，その良心に従ひ独立してその職権を行ひ，この憲法及び法律にのみ拘束される」と規定している。この意味は裁判官はその職権の行使にあたり誰の指揮も受けることなく完全に独立していることを保障した趣旨である。

　「その良心」とは裁判官にとっての職務上の良心ないし職業倫理を言うと考えられる。裁判官個人としての主観的な良心を意味するものではない。すなわち，裁判官は法の適用・解釈にあたって個人的な世界観や道徳・倫理・政治信条などに従うのではなく，あくまで法の目的などを公正に理解する立場に従うことを意味し，個人的信条と異なる法律がある場合個人的信条ではなく法に従うことを意味する。だから死刑廃止が個人的な信条であったとしても，死刑を規定した法律を無視した裁判を行うことはできないのである。

　「独立して」とは裁判官が職権を行使するに際し立法権や行政権から圧力を

受けないだけでなく，司法部内からの圧力も受けないことを意味する[5]。

（3）裁判官の身分保障

①　裁判官が独立してその職務を行使するために，その地位に対する保障が不可欠である。憲法は78条で「裁判官は，裁判により，心身の故障のために職務を執ることができないと決定された場合を除いては，公の弾劾によらなければ罷免されない。裁判官の懲戒処分は，行政機関がこれを行ふことはできない」と規定している。

②　裁判官の報酬

最高裁判所の裁判官および下級裁判所の裁判官は「すべて定期に相当額の報酬を受ける。この報酬は，在任中，これを減額することができない」(79条6項・80条2項)。経済的な保障を行うことで裁判官の独立を確保しようとするための規定である。これによりたとえ一定期間裁判官が病気で欠席した場合にもその報酬を減額することはできない。

③　さらに裁判所法48条で最高裁判所判事の国民審査と心身の故障による裁判，および公の弾劾裁判による以外は，裁判官の意思に反して，免官・転官・転所・職務の停止または報酬の減額をされない事を定めている。

5）　この点で有名なのが明治時代に起こった「大津事件」(1891年)である。この事件は時のロシア皇太子に対し警備中の巡査が斬りつけ，重傷を負わせたという事件である。政府は外交上の配慮から日本の皇族に対して斬りつけた場合の刑を適用し死刑にすることを大審院に働きかけた。しかし時の大審院長児島はこれに抵抗し司法の独立を守ったといわれる。しかし一方担当判事でないにもかかわらず，担当した判事に対し説得を行い自らの意見に従うような判決を出すことを勧めた。これは司法の独立を侵すことになる。
　　現憲法になってからも内部での独立を侵す事件は何回か起こっている。とくに最近の研究で，最高裁判所長官の田中耕太郎長官が，砂川事件のいわゆる伊達判決（アメリカ軍の駐留は憲法違反と判断した）の後，アメリカ側に対し第1審の判決を取り消す見通しを事前に伝え，さらに少数意見が出ないように全員一致を目指すと約束するなど司法の独立の放棄といってよいことを行っていたことが，アメリカの公文書館の書開示で明らかになった。詳細については山梨学院大学法学論集71巻参照。

④　裁判官の罷免と懲戒は以下の場合である。

　まず罷免になる場合である。心身の故障のために職務をとることができない場合（78条前段）がまず挙げられる（執務不能の裁判）。裁判官分限法により裁判によっての罷免となる。ただ，現在は職務をとることができないとしても，回復が確実な場合は罷免はできない。

　つぎに公の弾劾による場合である。すなわち国会の弾劾裁判所によって罷免される場合である（64条）。弾劾裁判所は国会の衆議院，参議院の議員各7名によって組織される。弾劾裁判の開始のためには国会の両議院の議員各10名で組織される裁判官訴追委員会の訴追が行われなければならない。罷免事由は「職務上の義務に著しく違反し，又は職務を甚だしく怠つたとき」または「その他職務の内外を問わず，裁判官としての威信を著しく失うべき非行があつたとき」（裁判官弾劾法2条）に限られている。裁判官は3分の2以上の多数により罷免される。弾劾裁判所が行うのは罷免のみであり，それ以外の処分たとえば職務停止や訓告などの処分は行わない。

　なお罷免でなく懲戒処分は裁判官分限法で行われる。戒告または1万円以下の過料である（裁判官分限法2条）。

⑤　最高裁判所裁判官に対する国民審査

　最高裁判所の裁判官は弾劾裁判を受けるとともに，さらに国民審査も受ける。79条2項によれば「最高裁判所の裁判官の任命は，その任命後初めて行はれる衆議院議員総選挙の際国民の審査に付し，その後10年を経過した後初めて行はれる衆議院議員総選挙の際，さらに審査に付し，その後も同様とする」とされている。この国民審査の法的性質であるが，最高裁判事の任命行為を確定，完成するものではなく，適任でない裁判官をリコールするものと考えられている。この考えは投票方法にも現れており，積極的に罷免を可とする者のみに×をつけるという方法になっている。ただ国民投票は関心も薄く，あまり芳しいものになっていないのが現実である。リコール制度という性格だけでなく，地位を強化する側面も考えれば投票方法の改善も考慮してよいのではないかと思われる。

5. 違憲審査権

(1) 違憲審査の意味

　裁判所に法律・命令，国家行為が憲法に適合するかどうかの審査を行わせる制度を違憲審査制という。81条は「最高裁判所は，一切の法律，命令，規則又は処分が憲法に適合するかしないかを決定する権限を有する終審裁判所である」と定め違憲審査権を明文で規定している。ここに終審と記してあるように，憲法判断について最高裁が最終判断を下すことをいっており，このことは下級裁判所においても違憲審査権自体があることを示している。この権利については明治憲法には規定が存在していなかった。

　違憲審査の方式には，通常の裁判所が行う方式と，特別の憲法裁判所によって行う方式とがある。前者では，通常の刑事・民事・行政事件などの訴訟事件の審理に際して，付随して事件解決の前提として適用法令の合憲か違憲かの判断を行うことになるので付随的審査制と呼び，アメリカ，カナダ，デンマークなどで採用されている。後者では法定された提訴権者により具体的事件と関係なく法令そのものの合憲性を審査する方式で抽象的審査制と呼び，ドイツ，フランス，イタリア，オーストリア，韓国や南米，東方諸国で採用されている。192頁にのべるようにその違憲判決の効果も異なってくる。

　わが国の制度は通説・判例は付随的審査制をとっていると解している。日本の制度がアメリカにならった制度であること，抽象的審査制をとるならば憲法にその旨の明記が必要なのに何らの規定がないことを理由とする。

　この違憲審査制は裁判所の役割によって国会や内閣を憲法の支配下に置くというものである。正に法の支配の要である。もしこの制度がないとしたら，国会や内閣が憲法に反する法を作ったり，行政処分を行ってもそれを無効にすることができず，結局憲法は守られなくなってしまう。このことから裁判所が「法の番人」といわれるのである。この結果国家機関全体が憲法の下に位置するという憲法の最高法規性が担保されることになるのである（法の支配）。

　この違憲審査権の重要性は前述したが，実際の行使状況はどのような状態であろうか。この点違憲立法審査権を積極的に行使するという立場を司法積極主

義という。また逆に控えめに行使する立場を司法消極主義という。日本の場合，違憲判決はごく少数であり司法消極主義をとっていると思われる[6]。このような立場をとるのは，裁判所の判事はごく少数でありこれらの裁判官が政治的判断を行うことは，裁判官が直接選挙で選ばれた存在でないこともあり，政治的なことは国会など直接国民の声を反映した機関にまかせるべきとの価値判断があると思われる。

　しかし，少数者の人権を守ることが人権規定をおいた意味なのであるから，ここで多数者の意思を反映する民主制の機関（国会）に判断を譲るとすることは，本来多数決になじまない基本的人権の確保という要請を不十分にするおそれがある。とくに民主制の過程で回復が難しい精神的自由権に関しては積極的な司法判断が望まれる。

（2）違憲審査権の主体

　主体は裁判所であり，前述したように最高裁判所に限らず下級裁判所も主体たり得る。

（3）違憲審査の対象

　81条には「一切の法律，命令，規則又は処分」と規定している。「一切の法律，命令，規則」というのであるから，国内における法規範すべてを対象としている。条例や独立行政委員会制定の規則などもすべてである。「処分」には行政機関によるのもに限らず立法機関，司法機関，判決なども含まれる。

　ここで問題になるのが，条約，統治行為，立法の不作為，私法行為などである。

　①　条　約

条約はもしこれを憲法と異なる法体系であるというなら（二元説）審査権は

6）　辻村みよ子教授は，司法消極主義の中でも，憲法判断消極主義と違憲判断消極主義とを区別すべきと主張される（辻村461頁）。理由として合憲判断は数多く存在するが違憲判断は68年間で，9種10件であると指摘される。

及ばないが，条約も国内的効力を持つと考えられるのであり，当然憲法体系と同一の法体系下にある（一元説）。そして81条に条約の文言がないという意見については81条は例示列挙であり否定する理由にはならないと考える。制定における手続き的難易の差も憲法が条約をしのぎ，この点からも条約も憲法の下にあり，違憲審査判断が及ぶと考える。

統治行為はすでにのべた。

②　立法不作為

立法の不作為とは，憲法上国会が立法または法律改正の責任があるのにこれを怠ったとき，この不作為が違憲立法審査権の対象になるのかという問題である。

判例は，「容易に想定しがたい様な例外的場合でない限り，国家賠償法の規定の適用上違法の評価を受けない」としていたが，ハンセン病国家賠償事件（熊本地判平13.5.11判時1748号30頁）では特殊で例外的な場合を認め，在外国民の選挙権制限違憲事件でも，例外的な場合として国家賠償法の請求を認め，対象になること自体は認めている。

③　国の私法上の行為と違憲審査権

国と個人との間の売買契約について違憲審査権が及ぶかである。国などの公的機関がその公権的行為に付随して私人と売買などの私法的行為を行うことはあり得るし，その場合に違憲審査を排除すべき理由はない。

6．憲法判断の回避

憲法訴訟で当事者から違憲・無効の主張がなされているとしても裁判所は必ず憲法判断を下すわけではない。裁判所は憲法上の争点に触れずに事件を解決できるなら憲法判断をしなくてもいいし，判断すべきでないとする憲法判断回避原則がある。政治部門の判断にはなるべく介入すべきでないという自制論が論拠である。憲法判断回避の手法を採ったのが恵庭事件判決（札幌地判昭42.3.29）で採用されたし，違憲判断回避の手法は都教組事件判決（最大判昭44.4.2刑集23巻5号305頁）で採用された。

7．違憲判断の方法

　違憲判断の方法では文面審査と適用審査が区別される。文面審査は法令それ自体の文面上の合憲性を判断し，適用審査は法令の適用関係においてのみ個別に審査する。文面審査の結果，規定そのものが違憲と判断する場合（法令違憲），適用審査から法令そのものを違憲とするのでなく，適用の仕方を違憲と判断（適用違憲）となる。あと違憲の確認のみを行う手法もある（例としていわゆる事情判決)[7]。

8．違憲判決の効力

　違憲判決を受けた場合，法令の場合にはその法令の効力がどうなるのかが問題となる。当該事件に限られるという立場（個別的効力説―付随的審査説）と，法令そのものが客観的に違憲となると考える立場（一般的効力説―抽象的審査説）とがある。通説は前者を採る。なぜなら，第1に審査権は本来具体的訴訟を解決するための前提として審査が行われるのであり，その効果も当該事件に限られるべきと考える。第2に法令の改廃は立法者が行うべきであり裁判所の判断で一般的に無効にしてしまうことは消極的立法行為になる。これは立法権に対する司法権の侵害になる。第3に個別的効力説は違憲判決の効果が不徹底であるという批判があるが，一度違憲判決が確定すれば同様の事件は同じに扱われるから，決して不徹底であるとは考えない。私もこの立場が妥当と考える。

　以下に違憲判決がその後どのような扱いを受けたかについて表にしたものを示す。

図表16-2　違憲判決とその後の取り扱い

年月日	違憲判決	判決要旨	判決後の取扱い
昭48．4．4	尊属殺重罰規定違憲判決	刑法200条の重罰規定は不合理な差別的取扱い	刑法200条はすぐに削除されず，ただ，検察官は尊属殺で起訴しない。平成7年に削除

7)　特別の事情がある場合に当該法令の違憲を宣言するのみにとどめ，無効とはしないもの。衆議院選挙の定数不均衡裁判にこの手法がよく使用されている。

昭50.4.30	薬事法距離制限違憲判決	薬事法6条による距離制限規定は不合理で無効	立法機関は同条を排除
昭51.4.14	衆議院議員定数違憲判決	昭和47年の総選挙時に1対5の格差があったことは投票価値の平等に反する	立法機関は公職法定数配分規定を是正せず
昭60.7.17	衆議院議員定数違憲判決	昭和58年の総選挙時の4.4倍の格差は投票価値の平等に反するため，投票は無効	立法機関は公職法定数配分規定を改正
昭62.4.22	森林法分割制限違憲判決	森林法186条の制限規定は目的達成手段として目的と規制は合理的関連性があるとはいえない	立法機関は同条を排除
平25.9.4	婚外子相続分差別違憲決定	非嫡出子の相続分を嫡出子の2分の1とする民法900条4号但書の規定は憲法14条1項に違反	平成25年12月5日民法の一部を改正
平27.12.16	再婚禁止期間規定違憲判決	民法733条1項の規定のうち100日を超えて再婚禁止期間を設ける部分は平成20年当時において憲法14条1項・24条2項に違反するに至っていた	平成28年6月1日民法の一部を改正

出典：岩井『要説　憲法講義』159頁を一部加筆

9．裁判の公開

　憲法82条1項は「裁判の対審及び判決は，公開法廷でこれを行ふ」と規定する。これは，批判を可能にすることで手続きが公正に行われていることを示し裁判の公平を担保する意味がある。近代国家において裁判の公開は基本的な原則である。

　対審とは，対立する当事者が裁判官の面前において，それぞれ口頭で意見を述べ，審理を受けることをいう。刑事事件では公判手続きのことで，民事事件では口頭弁論手続きをいう。

　判決とは，裁判所が対審に基づいて審理した結果得た法的な判断を言い渡す

ことをいう。

　公開で行うということは，これらが一般国民が傍聴できる状態で行うことをいう。希望者のすべてに傍聴を許すことを意味するのではなく，傍聴が可能な状態を確保することを意味する。すなわち，この公開の目的とするところは裁判が公平な手続きで行われていることを担保することが第一義なのであって，広く国民に裁判内容を知らしめるためではない。だから，報道機関の写真やビデオ撮影についても制限が行われている（刑事訴訟法規則215条）。また裁判官たちが合議体で行う評議は公開されない（裁判所法75条）。

　ここでいう裁判とは終局的に当事者の主張する実体的権利義務を確定することを目的とする，純然たる訴訟事件をいう（最大決昭35.7.6民集14巻9号1657頁）。

　裁判所が裁判官全員で，公序良俗を害するおそれがあると判断した場合には，対審は（判決は常に公開）非公開で行うことができる（82条2項）。しかし，政治犯罪，出版に関する犯罪，憲法3章で保障する国民の権利が問題になっている事件の対審は常に公開しなければならない（82条2項但書）。

　＊法廷メモ事件（レペタ訴訟）
　　82条の裁判公開は傍聴券やメモを行う権利も含まれるかということで争われた事件。第一審，二審はメモを禁止しても合憲であるとした。これに対し最高裁は（最大判平元3.8民集43巻2号89頁）傍聴する自由や法廷でメモをとる権利まで具体的に保障したものではないとしつつ，「特段の事情のない限り，これを傍聴人の自由に任せるべきでありそれが憲法21条1項の規定の精神に合致」と認め，以後裁判所でメモ採取の取扱いが広まるという結果になった。

第17章

財　政

　国家を運営していくためには，一定の資金が必要であり，これを国家は税や公債という形で確保する。この確保の仕方や使い方を国民の側からどのように制御していくのかがこの章のポイントである。

1．財政民主主義

　憲法は「国の財政を処理する権限は，国会の議決に基いて，これを行使しなければならない」(83条) と規定する。すなわち国の財政処理の権限を国民の代表機関である国会の議決により行使するという国会中心財政主義（財政民主主義，財政立憲主義）を定める。国家が活動していくための必要な資金は結局は国民が負担するので財政の適正な運営のために財政を国会の統制下においたのである[1]。この観点から，憲法は91条において「内閣は，国会及び国民に対し，定期に少くとも毎年1回，国の財政状況について報告しなければならない」と規定する。

《財政の意味》

　そもそも財政とは，国家がその任務を行うのに必要な資金を調達し，管理し，使用する作用をいう。また，そのうち収入や支出のような形式的経理の手続きに関するものが会計で，租税の賦課，徴収，専売権の行使のような国家および国民の経済の実態にふれる部分が狭義の財政と呼ばれる。

1）　そもそも1215年のマグナ・カルタも国王の課税に対する一般評議会の同意を必要としたし，アメリカ独立戦争の「代表なければ課税なし」のスローガンに見られるように租税に対する主権者の同意は民主制の要素になると考える。

2．租税法律主義

（1）租税法律主義の原則

憲法84条は「あらたに租税を課し，又は現行の租税を変更するには，法律又は法律の定める条件によることを必要とする」と規定する。

この規定は83条が規定する租税民主主義を，国の財政収入面で具体化するものである。すなわち，誰に対して課税するのか，何に対して課税するのか，税金としていくら徴収するのか，どのように徴収するのかについて，国会の定めた法律によって行わねばならないという租税法律主義を表した規定である。

租税とは国または地方公共団体が強制的に賦課・徴収する金銭のことをいう。この点で問題とされるのが国民に対して強制的に徴収する手数料や受験料，負担金などである。これらは財政法３条に「すべて法律又は国会の議決に基いて定めなければならない」と規定しているのであるが，租税なのか租税でなく単に立法的に設けられただけなのか学説に争いがある。私は租税に含めて解してよいと考える。なぜなら租税法律主義の原則は固有の意味の租税のみに関する原則ではなく，およそ国が国民に対し強制的に，また一方的に賦課する金銭は法律または法律に定める条件によるという原則であると解すべきで，狭義の租税だけを対象とするものではないと解するからである。

租税には，賦課，徴収の議会の議決が毎年行わねばならない１年税主義と１回議会で議決をすれば変更されない限り永久に効力を持つとする永久税主義の２つの考えがある。わが国は明治憲法以来永久税主義を採用してはいるが，これは１年税主義を排斥する文言もないので，１年税主義を採用することもできる。

（2）租税法律主義の例外

租税法律主義も「法律の定める条件」と84条に記してあることから，常に必ず法律によってのみ行わねばならないのではなく，法律で明確な条件を決めた上で命令や条例に委ねるならば，租税法律主義に反せず可能である。

《通達での課税に関しての判例（パチンコ球遊器課税事件）》

　課税要件と税の賦課・徴収の手続きについては「法律」による議決が必要とされている。しかし多年にわたり非課税物件として扱われていたパチンコ球遊器が国税局長の通達によって新たに課税された事案で最高裁は「パチンコ球遊器はもともと物品税法上の課税品目に含まれており通達の内容が法の正しい解釈に合致するものである以上，法の根拠に基づく処分と解する」（最二判昭33. 3. 28民集12巻 4 号624頁）。

《条例への委任について》

　国民健康保険法76条に基づく保険税ないし保険料の賦課・徴収を条例に委ねていることが，租税法律主義に反しないか問題になったが，地方税法の範囲内で地方税の租税要件・手続き等を条例で定めることは租税法律主義に反しないとして租税条例主義を認めた（仙台高判昭57. 7. 23行集33巻 7 号1616頁）。

《国民健康保険料は租税か》

　国民健康保険料と租税との関係について最高裁は「国又は地方公共団体が課税権に基づいてその経費に充てるために資金を調達する目的を持って特別の給付に対する反対給付としてでなく，一定の要件に該当するすべての者に対して課する金銭給付はその形式の如何を問わず憲法84条に規定する租税に当たる」とした。しかし，「国民健康保険の保険料は被保険者において保険給付を受け得ることに対する反対給付として徴収されるものであり，……保険料に憲法84条の規定が直接に適用されることはない。」「国・地方公共団体等が賦課徴収する租税以外の公課であっても，その性質に応じ……憲法84条に規定する租税ではないという理由だけから……らち外にあると判断することは相当でない」とした（最大判平18. 3. 1民集60巻 2 号587頁）。

3．国費の支出と国の債務負担行為

　憲法85条は「国費を支出し，又は国が債務を負担するには，国会の議決に基くことを必要とする」と規定する。この規定は国会中心財政主義，財政民主主義の原則を支出面から規定したものといわれている。これを受け財政法では第 4 条に「国の歳出は，公債又は借入金以外の歳入を以て，その財源としなければならない。但し，公共事業費，出資金及び貸付金の財源については，国会の議決を経た金額の範囲内で，公債を発行し又は借入金をなすことができる」と規定している。これは戦前の日本では戦費調達のため大量の国債を発行した経験の反省に基づく。ただし公共事業費については国会の議決があれば国債を発

行できる（建設国債[2]）。インフラ整備で社会的に将来の国民のためになるとの
視点から許されている。

４．予　　算
（１）予算の意味

　予算とは１会計年度の国の歳入歳出の準則である。国会の議決を経て成立し，
政府を拘束する一種の法規範である。

　予算の法的性格は争いがある。予算を１つの法律とみるのか，それとも予算
は法律とは異なる特殊な法形式なのかである。第１に予算はそもそも国民を拘
束するものではない。政府を拘束するのである。第２に効力が１会計年度に限
られている。第３に内容が計算のみを扱っている。第４に提出権が内閣のみに
ある。以上の理由をみると予算は法律とは異なると考えることが妥当である。
このことから学説の多数は後者の特殊な法形式であると解している。

　《予算制度の概要》

　　国の予算は一般会計と特別会計に分かれる。一般会計とは所得税，法人税，消費税
　他の税収や国債の売り上げなど使途を特定しない財源を受け入れ国の一般的な経費に
　充てる会計のことである。これに対し特別会計は①特定の事業を営む場合，②特定の
　資金を保有してその運用を行う場合，③特定の収入を持って特定の支出に充て一般会
　計と区別して経理必要がある場合に設けられる。たとえば年金の特別会計などがある。

（２）予算の成立

　憲法86条によれば「内閣は，毎会計年度の予算を作成し，国会に提出して，
その審議を受け議決を経なければならない」と規定している。すなわち予算の
発議は内閣がこれを行う。審議は国会で行われ，議決され成立する。

　では予算の審議の過程で国会による予算の修正は可能なのであろうか。そも
そも予算の作成提出権は内閣にあり，国会にはない。そこで国会が予算の修正

　2）　このことはいわゆる赤字国債の発行はできないことを示している。しかし，特例公債
　　　法案を毎年出し続け（財政法違反），結果的に借金は1000兆円を超えている現実がある。

を行うことができるのであろうかということが問題になる。予算の修正には原案に対し排除削減を行う減額修正（消極的修正）と，原案にない新たな款項を加えたり，金額を増額したりという積極的修正または増額修正がある。これらにつき憲法は何らの規定もおいていない。これについて財政民主主義を徹底する立場から，制限はないと考える立場もある。しかし，内閣が予算の作成権を持っていることに鑑みるとき，予算としての同一性をなくすような修正は許されないと考える立場もある。私は予算が国会の意にそぐわなく，増額をしなければならないのなら，予算を否決し再度内閣に提出させればよいと考え，後者の説がよいと考える。ちなみにこの議論は増額修正を巡って行われており，減額修正については制限はないということで一致している。

　つぎに，予算と法律の不一致がある場合いかにすべきか。予算が成立したのにその支出を命じる法律が成立しない，または支出を命ずる法律はあるのに予算が付かないなどである。前者の場合内閣は法律案を提出し国会に対し議決を求めることになる。ただ国会には議決する義務はないから，この場合は予算がその限りで減額修正されたことと同じ意味になる。後者の場合であるが，内閣は法律に従う義務がある。よって内閣は補正予算を組んだり，予備費を利用したりして法律の定めに従わねばならない。

（3）予　備　費

　87条によれば「予見し難い予算の不足に充てるため，国会の議決に基いて予備費を設け，内閣の責任でこれを支出することができる」と定めている。本来国費の支出はすべて国会の議決に基づいてなされるべきではあるが，実際には予見しがたい事情のために，予算の見積もりを超過した支出，または新たな目的のための支出の必要が生じることもある。このようなときは本来は，補正予算や追加予算を国会に提出し，国会の議決を得ることが考えられるが，そのような時間的余裕がないときなどとりあえず87条1項により設けられた予備費を使用する事もある。すなわち，予備費とは形式的に予算の一部となっているがいまだその支出については国会の議決を得ていない予算なのである。ゆえに支

出後事後の国会の承認を得なければならないとされている（87条2項）。予備費での処理は，あくまで例外的な事態のための手法であり，厳格さが求められる。2020年の新型コロナウィルス禍の対応のために第二次補正予算を組んだ際に10兆円もの予備費をもうけたが一般予算会計の一割に相当する額を予備費とすることはどのように考えても財政民主主義に反すると解さざるを得ない。予備費の支出は内閣の責任で行うので，承諾が得られない限り内閣は責任を免れない（政治的責任）。ただこの場合でも，すでになされた支出が無効になるわけではない。しかし現実の支出は，支出予定額が残っていた場合でも承諾がない以上支出することはできない。

（4）継 続 費

　予算は原則的には1会計年度の間のみ通用するのだが，事業の中には完成まで数年度を要する事業も決してめずらしくはない。この場合にはあらかじめ国会の承認を得ることで数年度（原則5年度以内—財政法14条の2第2項）にわたって支出を行うことが可能になる（財政法14条の2第1項）。

（5）補 正 予 算

　予算成立後に生じた実際の必要に応ずるために，予算の手続きに準じた手続きで国会に提出する予算で，追加予算（経費の不足や新たな支出の必要に基づく予算追加）と修正予算（予算に追加以外の変更を加える）に分けられる（財政法29条）。

（6）暫 定 予 算

　会計年度が始まっても，いまだ予算が成立しない場合，内閣は必要に応じて1会計年度のうちの一定期間についての一時的な予算を作成し国会に提出し，支出の根拠を得る場合の予算を暫定予算という（財政法30条1項）。この暫定予算は後に正式な予算が成立したときには効力を失う。ただ暫定予算に基づいての支出や債務負担は成立して正式の予算に基づいてなされたものとみなされ

る[3]。

（7）決　　　算

　決算とは，１会計年度における，国家の現実の収入支出の実績を示す確定的係数を示す国家行為の一形式をいう（清宮・282頁）。決算は財務大臣が作成し（財政法38条１項），閣議で決定する。また，決算は会計検査院がこれを検査しこれを受けて内閣が翌年度開会される国会の常会に決算とともに会計検査院報告を提出する（財政法39条・40条，憲法90条１項）。

　会計検査院は３名の検査官が在籍し，その３名の検査官からなる検査官会議と事務総局で構成され，内閣に対し独立した地位をあたえられており，税金の無駄使いをチェックする（会計検査院法１条・２条）。

（8）公金支出制限

　憲法は89条で「公金その他公の財産は，宗教上の組織若しくは団体の使用，便益若しくは維持のため，又は公の支配に属しない慈善，教育若しくは博愛の事業に対し，これを支出し，又はその利用に供してはならない」と規定する。

　この条文の前段は，国または地方公共団体と宗教上の組織・団体との財政的な関係を断絶することで，20条で保障した信教の自由を確保し政教分離の原則を財政面から確保している。

　宗教上の組織もしくは団体とは宗教法人法上の宗教団体などに限定されるかであるが（かつての通説は寺院や神社など物的施設を中心とした財団的存在を宗教的組織といい，教派，宗派，教団を宗教的団体とし厳格に解していた），とくにこれを宗教法人法上の宗教法人に限定しなければならない理由はなく，組織と団体を強いて分ける必要もなく，立法趣旨から見て何らかの宗教上の事業や活動を目的とするものであれば，89条の公金支出制限の対象になると解してよい。

　この点で，法人税法などで宗教法人に対する免税措置などが89条上問題では

　3）　明治憲法下ではこのような場合前年度の予算を施行する事になっていた（明治憲法71条）。

ないかということがある。すなわち租税法上宗教法人は「公益法人等」として扱われ収益事業以外の所得については法人税や事業税が課せられていないのである。この点、「国が公益法人に対しこの種の利便をはかることは必ずしもその事業を特に援助する意味を持つものではない」(宮沢コメ・748頁)と解する立場と、あくまで一種の補助金でありこれを問題視する立場に分かれている。下記の文化財保護目的から行う補助と同様のものである限り合憲と解してよいと考える(同旨辻村485頁)。

(9) 文化財に対する補助金

文化財には寺社の所有に属するものが数多く含まれている。これらの文化財の維持のために公金が支出されることが、89条前段との関係で問題になる。しかし文化財に対する管理や修理に要する補助金は一般の国民や団体に対しても認められているのであり、宗教法人が所有するということで補助金の交付をしないことはかえって差別を行うことになり、妥当を欠く。よって違憲ではないと考える。

《社寺等に無償で貸し付けてある土地などの問題》

「社寺等に無償で貸し付けてある国有財産の処分に関する法律」が、国有地である寺院の境内地などを無償貸付中の寺院等に贈与または時価の半額で売り払うことにしたのが憲法に反するのではないかと争われた。これに対し最高裁判所は「新憲法施行に先立って、明治初年に寺院等から無償で取り上げて国有とした財産を、その寺院等に返却する処置を講じたものであって、かかる沿革上の理由に基く国有財産関係の整理は憲法89条の趣旨に反するものとはいえない」(最大判昭33.12.24民集12巻16号3352頁)としている。

《砂川空知太神社政教分離訴訟（平成22年1月20日）判決》

北海道砂川市が市内の神社に市有地を無償で提供していることが憲法の政教分離に反しているかで争われたが最高裁判所は「市が市有地を神社敷地として無償で提供しているのは憲法89条の禁止する公の財産の利用提供に当たり、ひいては憲法20条1項後段の禁止する宗教団体への特権の付与にも該当し、違憲と解される。もっとも違憲

状態を解消するためには施設の撤去や土地明け渡し以外にも適切な手段があり得る。例えば市有地の全部又は一部を無償, 有償で譲り, または適正な時価で貸し付けるなどの方法によっても解消できる。」とした（平22.1.20民集64巻1号1頁）。また同日市内の神社の敷地を地元町内会に無償で譲渡したことの是非が争われた裁判では「譲渡は違憲の疑いがある状態を解消するためだった」と評価し「合憲」とした。

判断基準は「宗教施設の性格や無償提供の経緯と態様, これに対する一般人の評価などを考慮し, 社会通念に照らして総合判断すべき」とした。一般人の評価を基準とすることは, 少数者の人権保護という視点からは問題がある。

(10) 慈善・教育・博愛事業に対する公金等の支出

まず89条後段の趣旨であるが, 学説は3つに分かれている。第1に私的な事業に対し不当な公権力が及ぶことを防止すると考える自主性確保説。第2に, 公の財産の乱費を防止し慈善事業などの営利的傾向ないし公権力に対する依存性が生じることを防止すると考える公費濫用防止説。第3に私人が行う教育などの事業は, 特定の思想や信条に基づいて行われることが多いために, これに公金を出すことで特定の思想や信条が教育などの事業に浸透することを防ぐと考える中立性確保説。さらに, これらの説は相互に排斥しあうものではないので, これらの2つまたは3つを組み合わせて根拠とする説もある。

私も, これらを組み合わせ根拠とすることが, 89条前段での解釈と通じるものがあると考える。

ではここでいう「公の支配」とはどのような意味であろうか。この支配を厳格に考え, その事業の予算を定め, 執行を監督し, 人事に関与するなどその事業の根本的方向を定めるなどの大きな影響を及ぼすことができうる権力をいうと考える立場がまずある。これに対し, 国または地方公共団体の一定の監督が及んでいることをもって足りると考える緩和説の立場がある。さらに中間的に14条, 23条, 25条, 26条などの条文について総合的に解釈を行い監督の程度を決めていくべきであると解する立場がある。

ここでの立場の違いは具体的には私学助成や無認可保育所などへの助成などが許されるのかという形の問題になって現れる。

私立学校法や私立学校振興助成法などによれば私立学校への助成が行われている。そして監督は，業務や会計の報告と調査，収容定員を著しく超えて入学させた場合の是正命令，予算が不適当な場合の是正命令，法令違反の役員の解職勧告などである。この助成に関しては厳格説では違憲になるが，緩和説や中間説では合憲になる。緩和説では公の支配の概念があまりにひろがるので，どのような助成をどのような分野に出すかをその果たしている作用などから個々具体的に各条文の趣旨を考えつつ決定すべきと考えるので，教育に関してなら23条や26条の趣旨から考え，現状の私学振興助成法のレベルで十分な支配が及んでいると考え合憲であると考える。判例も権利能力なき社団が経営する幼児教室に対し土地の無償使用や補助金を支出したことに対する裁判において，幼児教室を教育の事業と認定した上で「89条前段は国家と宗教の分離を財政面から確保することを目途とするものであるからその規制は厳格に解すべきであるが，同条後段の教育の事業に対する支出，利用の規制については……私的な教育事業に対して公的な援助をすることも一般的には公の利益に沿うものであるから同条前段のような厳格な規制を要するものではない。……教育の事業に対し公の財産を支出利用させるためにはその教育の事業が公の支配に服する事を要するが，その程度は……右事業が公の利益に沿わない場合にはこれを是正しうる途が確保され公の財産が濫費されることを防止するを持って足りる」として支出を合憲としている（東京高判平2.1.29高民43巻1号1頁）。この論理では，無認可の保育所などへの公金支出も合憲になると解されよう。

第18章

地 方 自 治

この章の point

　地方自治と国民主権の関係を理解する。一定の地域における住民の自治が発展し地方自治の本旨（住民自治と団体自治）となったことの意味を理解する。

1. 沿　　革

　民主主義の先進国では，政治の民主化は地方から中央へと及ぶという歴史を経ている。その意味で地方自治は民主主義の学校ともいわれる。日本では明治21（1888）年に市町村制，明治23（1890）年に府県制と郡制が確立されたが，府県知事は国の官吏とされており中央集権的官僚的拘束のもとでの制度で，地方自治や住民自治とは無縁の制度となっていた。また，市町村制や府県制とほぼ同じ時期の明治22年に制定された明治憲法では，地方自治についてはとくに何らの規定も設けられなかった。

　第二次世界大戦の敗戦後，連合国側により地方制度改革が行われ地方公共団体の自治権を強化する方策がなされた。この中から現憲法制定の過程で地方自治の原則が憲法に盛り込まれ，その結果現憲法は92条から95条まで地方自治に関する条文を新たに規定した。また1947年に従来の法律を一本化し地方自治法が制定され，同年5月に憲法と併せて施行されるに至る。

　しかし1950年代に入ると国と地方公共団体との協力体制確立の名の下に中央集権化がすすみ，事務配分や財政面で中央の下請け機関化が進む事態になる。

　この後1970年代には「地方の時代」が叫ばれ，公害などの環境問題や教育や福祉に対する独自の取り組みがなされる。しかしそのための財源や権限の関係における困難が生じ1990年代に地方分権構想が課題になり，地方分権推進法（1995年5月）が成立，さらに1997年の地方分権一括法の制定を経て地方自治

法の大改正（2000年4月施行）をへて現在に至っている。

2. 地方自治の本旨

憲法は92条において「地方公共団体の組織及び運営に関する事項は，地方自治の本旨に基いて，法律でこれを定める」と規定する。この条文は地方自治の一般的な基本原則を示す規定である。憲法は地方自治の制度的保障を行っているのである。

では地方自治の本旨（本来の趣旨）とはどのようなことであろうか。地方自治は第1に民主主義（主権者としての住民），第2に地方分権を意味すると考えるから，住民自治と地域の地方公共団体の自治すなわち団体自治を意味すると考えられている。

住民自治とは地方の行政（地域的な行政需要）をその地方に住む住民の意思と責任によって行うことを意味する。93条2項と95条がこの趣旨の条文である。

団体自治とは，国家の領域内の一定の地域を基礎とした国家から一応独立した地域団体が，その地域の公共事務を自らの意思と責任により行うことを意味する。団体自治を具体化する規定は93条1項と94条に示される。

3. 地方公共団体

地方公共団体とはいかなるものをいうのかについては憲法自らは規定していない。地方自治法によれば地方公共団体には普通地方公共団体（都道府県および市町村[1]）と特別地方公共団体（特別区，地方公共団体の組合，財産区および地方開発事業団）がある。このうち普通地方公共団体が憲法にいう地方公共団体であると解されている。

判例によれば地方公共団体といえるための基準は，①法律で地方公共団体と扱われているだけでは足りず，②事実上住民が経済的文化的に密接な共同生活

---

1) 地方自治法は市町村などの住民と距離の近い団体を「基礎的地方公共団体」とよび，都道府県のような「広域的地方公共団体」と区別する（地方自治法2条3項，281条の2第2項）。

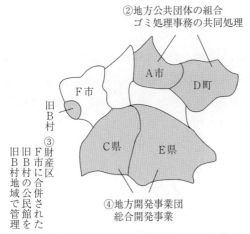

②地方公共団体の組合
ゴミ処理事務の共同処理

①特別区：都の区（現在東京都に23区）
②地方公共団体の組合：普通地方公共団体や特別区が，その事務を共同で処理するために設ける複合的な地方公共団体
③財産区：市町村および特別区の一部が，その所有する財産等の管理・処分を行う権能を有する地域団体
④地方開発事業団：2つ以上の地方公共団体が，共同して総合開発事業を実施するため，事業の実施を委託すべき特別地方公共団体。平成23年の地方自治法改正で削除され新規設立はできない（既設の1団体のみ存続）。

③財産区　旧F市に合併された旧B村の公民館を旧B村地域で管理

④地方開発事業団
総合開発事業

図表18-1　特別地方公共団体

出典：『アクセス憲法』158頁

を営み，共同体意識を持っているという社会的基盤が存在し，③沿革的にも現実の行政の上に置いても，相当程度の自主立法権，自主行政権，自主財政権等地方自治の基本的権能を付与された地域団体であることとされている（最大判昭38.3.27刑集17巻2号121頁）。この基準により東京の特別区は憲法上の地方公共団体ではないとされている。

《特別地方公共団体》

　上述した地方公共団体は普通地方公共団体といわれる。これに対し特別地方公共団体といわれるものがある。図表18-1に示すように，地方公共団体の組合，財産区，地方開発事業団などがある。とくに特別区が地方公共団体に該当するか否かは上述のように判例上否定されたが，東京都以外の二段階制保障（後述参照）との均衡から認めるべきとの見解も強い。

4．道州制について

　つぎに都道府県を廃止し道州制の導入についての是非が近時問題となっている。現在都道府県と市町村という二段階の地方公共団体が存在するが，この二

段階制が憲法上の保障を受けるのかという問題である。学説に争いがあるが，一応二段階制の地方自治を憲法は要求していると考える。その上で上級の地方公共団体について都道府県制を維持するか，道州制を採用するかは地方自治の本旨に合致するか否かの立法政策の問題になると考えられる。ただ，平成の大合併が行われた結果市町村の数は大きく減少した。それと共に，市町村の規模は大きくなり都道府県の存在意義も問われる状況が見られるようになってきた。市町村が大きくなることが果たして地方自治に寄与するかについては疑問の部分もある。地方の住民（とくに過疎地）の声が行政に届きにくくなることは事実だからである。現代の広域行政の要請が都道府県を越えた制度を要求するのかについては時代の進展とも絡む問題であり，地方自治の拡充に資するか否かの視点で慎重に考えねばならない。そのとき都道府県の存在をどうするかも大きな問題になる。安易な広域化はたとえば山陰のような地域にとってどのような結果をもたらすかを十分見極めねばならないであろう。

《地方自治保障の性格》

　地方自治補障の性格については通説的には制度的保障説が採られているが，従来から固有権説も主張されてきていた。地方公共団体の自治権は地方公共団体に固有のものとする考えで，地方公共団体の自然発生的前国家性を根拠に地方自治拡大の要請の中から再評価の動きも見られる。しかしその一方共同体の存在自体が上からの線引きによって境界が画定された団体ではないか，共同体としての意識が形成されている団体なのかの疑問もそこにはある。とくに無理に拡大された中核市などにあっては共同体としての共同意識はないように見える。本質を考えるときこの点まで含めて再検討する必要がある。

5．地方公共団体の構成と権能

　憲法は93条において「①地方公共団体には，法律の定めるところにより，その議事機関（ぎじきかん）として議会を設置する。②地方公共団体の長，その議会の議員及び法律の定めるその他の吏員（りいん）は，その地方公共団体の住民が，直接これを選挙する」と定める。この条文は住民自治の原理に基づき，地方公共団体が議会を設

置すること，および地方公共団体の長・議員などが住民の直接選挙で選ばれることを定めている。またこの条文により地方自治の本旨に基づく組織が具体化されている。この条文で明治憲法の時のように官選での知事などがおかれることはなくなった。また，国会のように議院内閣制でなく執行機関の首長制をとり，住民意思を背景に議会と独立対等の関係で地方政治の運営にあたる。それはちょうどアメリカの大統領制と議会の関係に類似する。

　憲法はさらに94条において地方公共団体の権能と条例制定権を規定する。すなわち「地方公共団体は，その財産を管理し，事務を処理し，及び行政を執行する権能を有し，法律の範囲内で条例を制定することができる」とする。この条文は団体自治の原理により地方公共団体の権能として行政的権能，立法的権能を規定する。

6．地方公共団体の事務

　1999年に改正された地方自治法により，地方公共団体の事務は「自治事務」と「法定受託事務」の2種になった。

　地方自治法によれば自治事務とは地方公共団体が処理する事務のうち法定受託事務以外のものをいう（地方自治法2条8項）。では法定受託事務とはどのような事務かというと，地方自治法第2条9項に「法律又はこれに基づく政令により都道府県，市町村又は特別区が処理することとされる事務のうち，国が本来果たすべき役割に係るものであつて，国においてその適正な処理を特に確保する必要があるものとして法律又はこれに基づく政令に特に定めるもの」（第1号法定受託事務。たとえば都市計画の決定，飲食店の営業の許可など）と，「法律又はこれに基づく政令により市町村又は特別区が処理することとされる事務のうち，都道府県が本来果たすべき役割に係るものであつて，都道府県においてその適正処理を特に確保する必要があるものとして法律又はこれに基づく政令に特に定めるもの」（第2号法定受託事務。たとえば国政選挙，旅券の公布，国道の管理など）を定めている。

《機関委任事務》

　この点に関しては，1999年の地方自治法改正前に存在した機関委任事務について述べておきたい。機関委任事務とは，国の事務でありながらその遂行が地方公共団体に委任され実際には地方公共団体の職員が行う事務である。機関委任事務はもとは国の事務なので自治体は国の指揮監督を受け，実質は国の下請け機関になってしまっていたのである。対象となる事務は国が行う選挙や統計，生活保護，義務教育，等広い範囲に及んでいた。これらは国の監督を受けるほか議会の権限まで制約されていた。これらの事務が都道府県の事務の7～8割にも達しており，3割自治という言葉が通用していた（自主財源が3割程度だったこともあった）。

7．条 例 制 定 権

　条例とは地方公共団体がその自治権に基づいて制定する自主法をいう。条例には地方議会が定めるものの他，議会の長や委員会の制定する規則も含まれると解されている。国が定めた法律とは別に法制定ができる事（自治立法権）は団体自治の重要な要素である。

（1）条例制定権の範囲と限界

　かつて条例は憲法に「法律の範囲内で」制定されるという文言により，条例の制定手続き，規定事項は法律の規律に服し，条例の形式的効力も法律に制約せられる（清宮・440頁）と，ごく当然のごとく解されてきた。しかし，近時は地方自治の本旨を考えるとき，たとえば公害の規制など法律の基準より厳しい基準を条例で規定する（上乗せ条例）あるいは規制対象を広げる（横出し条例）ということも起こってきた。これらの条例の効力をどのように解すべきなのかがここで問題になる。学説は国の法令が明示的・黙示的に先占している事項については明示の委任がない限りは条例を制定できないと解する立場があり，その中で先占領域の範囲を，法令が条例による規制を行うことを明らかに認めていない場合に限り，その範囲外については条例で規制することができると解釈することで前述の条例の有効性を認めているのが多数である。しかし有力説は

地方自治の固有事務領域の範囲では第１次的な責任と権限が地方自治体にあると考え，もし同じ領域の事項を国が決めていたとしてもそれはナショナルミニマムとして決めていることで，上乗せ規制や横出し規制も条例での規制が可能であるとする。地方自治の本旨から考えれば地域の実情にあわせた条例を有効と考えるべきであろう。

（2）条例制定権と平等原則

　各地方公共団体がそれぞれ条例を制定すると，同じ事項について地方により異なった扱いが起こることが生じる。これは14条の平等権との間で問題なのではないかとの疑問が出される。しかし，憲法が各地方公共団体に条例制定権を認めたということは，当然地方自治体ごとに異なった扱いが生ずることを予定していることを示している。よって憲法14条違反の問題は生じないと考える。

《売春等取り締まり条例違反被告事件》

　東京都内で料亭を経営していたＸは，同料亭内で複数の女中に不特定の相手に対し売春せしめ，その報酬の一部を自ら取得した行為に対し罰金刑に処せられた。これに対しＸは売春の取り締まりは全国一律に行うべきで居住地の違いにより異なった取り扱いになるのは平等権に反すると上告した事件である。最高裁は「憲法が各地方公共団体の条例制定権を認める以上地域によって差別が生ずることは当然に予測されることであるから，かかる差別は憲法自ら容認するところである」とした（最大判昭33.10.15刑集12巻14号3305頁）。

8．特別法の住民投票

　憲法95条は「一の地方公共団体のみに適用される特別法」についての住民投票制度を定めている。この規定をおいたのはある特定の地方公共団体に対し，重要で特別な扱いを行うことになる法案を，国会の議決だけで決定しては他の地方公共団体との間で不平等になるなどの問題や，関係住民の不利益に関わったりするのではないかとの懸念からであるといわれる（清宮・420頁）。ただ，再

度この条文を考えた時，現在制定されている[2]ような国際観光振興などの法律ではなく，地方をもっと活性化する方向での活用が可能なシステムになる。その意味で今後，もっとこの規定を活用することが望まれる。

「一の地方公共団体」とは，必ずしも1つの公共団体である必要はない。複数の場合も含む。しかし地方公共団体に適用される法律であって，地方や地域に対し適用される法律ではない（例：中国地方など）。また，すでに存在する地方公共団体が対象で，これから作られる地方公共団体は対象にならない（秋田県の大潟村に対する特例法）。

《米軍基地と地方自治》

沖縄における普天間基地の辺野古への移転問題が県と国とで争われている。この問題を地方自治の観点から考えると，米軍基地の設置を内閣の判断（閣議）だけで一体なしうるものか問題となる。本来，国政の重要事項は国会で法律をもって決まる。基地ができれば，日米地位協定もありその地方自治体の権限は大きく制約される現実がある。このようなことを考えれば本来基地を持ってくるということは閣議決定だけでなしうるものではない。また憲法92条によれば「地方公共団体の組織及び運営に関する事項は，地方自治の本旨に基いて，法律でこれを定める」とある。自治権が大幅に制限されることになるのであるからこれは運営に関することになる。そうであるなら法律で定めることが憲法上必要ということになる。しかも基地は特定の地方自治体に設置されるのであるから95条にいう「一の地方公共団体のみに適用される特別法は，法律の定めるところにより，その地方公共団体の住民の投票においてその過半数の同意を得なければ，これを制定することができない」に該当することとなる。これらの手順を踏むことが基地設置のためのプロセスだろう。以上の問題提起を木村草太教授がされている（『憲法という希望』80頁以下）。日本では米軍が進駐し基地を作りそれがそのまま維持されてきた現実がある。日米安保条約がある以上それは日本の義務だし，地方公共団体の自治権も侵害していないと国は言う。しかし条約があるから閣議のみで基地を持ってくることが許されるという考えは，憲法と条約，地方自治といった憲法の統治秩序を考えるときはなはだおかしな論理というほかない。これは「安全保障のための必要」の一言で地方自治を有名無実化することを可能にする考えに他ならな

2） 横須賀・呉・佐世保・舞鶴の4市に適用された旧軍港市転換法，広島平和記念都市建設法，長崎国際文化都市建設法など15件18都市について制定。

いであろう。

9．法律上の直接請求と住民投票

地方自治法では直接請求として①議員，長，役員の解職請求，②議会の解散
請求，③条例制定・改廃請求，④事務監査請求を認めており住民自治の反映と
いわれている。

この問題に関連して近時住民投票が各地で実施されるようになっている。市
町村の合併や原発建設・産業廃棄物処理場・川の堰・基地建設などの公共事業，
大阪都構想の是非など様々な住民投票が行われるに至っている。これらの住民
投票を巡っては様々な問題点が指摘されている。

（1）間接民主制との矛盾・抵触について

民主主義の実現のためには代議制の方が優れているのではないかとの認識が
あり，その上で住民投票は代議制の弱体化につながるのではないかと考える立
場がある。しかし，間接民主制が主権者意思の正確な反映をしているかについ
ては疑問となる場合も多い。主権者意思の正確な反映という意味は大きい。ゆ
えに直接民主制の手法を活用することの意義はあるものと考える。とくに民主
主義の学校として地方自治がいわれること，地方自治法が種々の直接請求を認
めていること[3]から見ても住民投票に一定の法的効果を認めさせることも十分
根拠があると考える。

（2）プレビシット[4]の危険性

為政者が自分の地位や権力を守るために住民投票を利用するという使い方を

3） 地方自治法94条によれば町村では議会を置かずに町村総会で直接決定する制度も認
めており直接民主制の制度を肯定している。
4） プレビシット 住民投票を否定的に考える立場からプレビシットという語が使わ
れたので住民投票を肯定的にとらえるフランス語として「レファレンダム」という語
が使われる。プレビシットの例としてナポレオンの皇帝就任がまずあげられるがこの
制度を最も頻繁に利用した政治家がヒトラーである。1933年の国際連盟脱退，34年の総↗

行う危険があるのではないかという疑問である。これらについては対象事項の制限やイニシアティブを誰に任せるか，裁判所や議会のコントロール制度の整備により，これを回避できると考え住民投票自体を否定すべきではない。とくに実施に当たっては情報の制限や公開の不足による世論操作の危険や，質問の設定による投票者の誘導など大きな危険を内包していることも忘れてはならない。

（3）対象事項について

　住民投票が地方自治の一環として行われるとするならば，原則は国の固有権限に関しての事項は含まれないことになる。しかし固有権限に関する事項であってもたとえば沖縄における基地問題に関しての県民投票は可能なのか，また国の原子力政策に関して原発建設地における住民投票が可能なのかが問題となる。確かに日米地位協定自体は国の固有権限であるが当該地方住民にとって（原発建設も同様）は生活上大きな関連を有する問題であり，諮問として住民意思を問うことは可能であると考える。

　また，人権とくに精神的自由権に関する問題などは人権規定自体が少数者の人権保護を目的とするものでありもとより多数決になじまない問題で対象になり得ない。

（4）住民投票の法的拘束力

　諮問型である限り法的拘束力はない。しかし政治責任の視点から見れば事実的拘束力は生じるであろう。なぜならば，住民投票により反対の意見が示された事項に関し首長がこれを否定する政策を行えばこれが地方自治法に基づく首長リコールを行ったり議会解散請求手続きにつながることもあるからである。

統就任，38年のオーストリア併合では，追認のための国民投票を実施して「民衆の支持」を演出した。国民投票は可否の結果が明確に表れるので敵を定めて攻撃することで人気を得るポピュリストや独裁者が使いたがることを最近の政治事情・手法も踏まえて忘れてはならない。

《住民投票結果と異なる首長の判断の是非》

　この問題については，市民投票における有効投票の賛否いずれかの過半数の意思を尊重するのとするとの条例のもとでの住民投票に於いて，住民投票結果と異なる判断を行ったことに対し，「住民投票の結果に法的拘束力を肯定すると，間接民主制によって市政を執行しようとする現行法の制度原理と整合しない結果を招来することにもなりかねないから……市民投票における……意思に従う義務があるとまで解することはできない」（那覇地判平12.5.9判時1746号123頁）との判例がある。

第19章
憲法改正

■ この章の point

憲法はどのような場合にどのような手続きで改正できるのか。またどこまでの改正が可能なのかを理解する。

1．憲法改正の意義

憲法改正とは憲法所定の手続きに従って，憲法典中の個別条項について削除・習性・追加を行ったり（部分改正），新たな条項を加える（追加修正）ことを言う。このことで憲法の社会的な変化への対応をはかる。

2．改正手続き

（1）日本国憲法の改正手続き

憲法の改正とは成典憲法中の条項の修正・削除および追加あるいは別に条項を設けることをいう。憲法は，「この憲法の改正は，各議院の総議員の3分の2以上の賛成で，国会が，これを発議し，国民に提案してその承認を経なければならない。この承認には，特別の国民投票又は国会の定める選挙の際行はれる投票において，その過半数の賛成を必要とする。②憲法改正について前項の承認を経たときは，天皇は，国民の名で，この憲法と一体を成すものとして，直ちにこれを公布する」(96条) と規定する。すなわち国会の議決→国会の発議→国民の承認→天皇の公布を必要としている。憲法の改正は通常の法律の制定や改正より遙かに困難になっている。このように通常の法律の改正より困難な手続きを必要とする憲法を硬性憲法という。世界のほとんどの国の憲法は程度の差こそあれ硬性憲法である。わが国の憲法はその中でも高度の硬性を持つといわれる。

（2）国会の発議

　国会の発議とは国会が憲法改正案を作成し国民に対して発案することをいう。

　憲法改正の発議が成立するためにはその前に１つの議院で議案が提案されねばならないが，発案とはその前に誰かによって議案が提出されることをいう。問題は議員がこれを行いうることは当然だが，他に内閣に発案権があるかが問題となる。これを否定する説は，①憲法が内閣の発案権を明記していない事は否定の趣旨，②憲法が「国会がこれを発議し」と定めていることは国会のみが発議できることを意味する，③国民主権の精神から国民の代表にゆだねられている等を理由とする。肯定説は，①憲法が明記してないといって禁じる趣旨ではない，②内閣提出の多数の法律案が成立している現実があり，③議院内閣制の下にあって国会と内閣の共働関係からみても内閣の発案権を否定する理由はない等を理由とする。ただこの学説の争いは現実に多くの内閣の構成員が国会議員であることを考えるとき大きな意味はなく，肯定説の立場で問題はないと考える。

　2007年５月に「日本国憲法の改正手続に関する法律」として憲法改正のための国民投票法案が，時の与党の強行採決により制定された。この法律により，国会法が改正され，第６章の２として「日本国憲法の改正の発議」の章が設けられ，68条の２から68条の６まで５条が新設された。この法律によれば発議は，衆議院議員100人以上，参議院議員50人以上の賛成を要するとされている（国会法68条の２）。

　審議は，とくに定めはないが法律案の場合に準じて行われうると考えられている。議事の定足数については，明治憲法では総員の３分の２と定められていたが，現憲法に規定はない。ただ大事な問題の審議であり，３分の２とするのは望ましい。衆議院と参議院の関係においてもどちらかの院が優越するということはなく先議・後議の区別もない。ただ修正の動議については，発議と同じく衆議院議員100人以上，参議院議員50人以上の賛成を要するとしている（国会法68条の４）。

議決は両院のそれぞれの議院において総議員の3分の2[1]以上の賛成を必要とする。片方の議院において3分の2に達しない場合は，発議は成立しない。

国会において憲法改正原案に最後の可決があったとき，その可決をもって国会が国民に対し96条1項の発議をしたとされる（国会法68条の5第1項）。

(3) 国民の承認

国民の承認は憲法改正の決定要件である。よってこの承認が得られない場合は憲法改正は成立しない。国民の承認は「特別の国民投票又は国会の定める選挙の際行はれる投票」により成される。この法律については前述のように2007年5月に可決成立している。

国民の承認が得られるためには国民投票の過半数の賛成を必要とする。過半数とは有権者の過半数か，総投票の過半数か，有効投票の過半数かが問題となる。投票に参加しなかった者を反対者とみなすことは妥当でないが，積極的な改正意思を求めるべきと考え投票総数の過半数と考える。しかし国民投票法では98条で投票総数とは賛成票と反対票の合計にすると定めた。

この憲法改正のために国民投票を必要としたのは国民主権に由来する。

(4) 天皇の公布

憲法改正は国民投票の承認で成立し，天皇によって「直ちに」公布される。

---

1) この3分の2の要件はあまりに困難であるとしてこれを2分の1にするという主張が2013年前半に安倍総理によって主張された。この主張自体は2012年秋に発表された自民党の改正案にあるものであるが，硬性憲法の性格を法律と同じ要件に変える，すなわち軟性憲法化するものとして大きな批判を浴びた。世論調査などもおおむね支持が得られない形になった。後述改正規定の改正参照。

この問題は「改正禁止規定の改正」という問題としても論じられる（219頁参照）。フランスの憲法には共和制を憲法改正の対象とすることを禁ずる規定がある。そこでまずこの改正規定を改正してしまえば，共和制を君主制にすることも可能になるというものである。2回改正手続きを行えば共和制を廃止できる。これでは共和制を改正してはならないという禁止規定の意味はなくなる。96条改正の問題はこの論理と同様の問題が含まれる。

公布により効力が発生する。「国民の名」で公布されるのは国民の意思であることを示すためである。

3. 改正の限界

憲法の改正はどのような内容であっても可能なのであろうか。この点について限界説・無限界説の争いがある。

無限界説は，憲法を自由に制定することができる以上，改正についても限界はないとする。しかし，憲法改正は最初に憲法を制定した国民から後世の国民に対し与えられた権限である。だから改正手続きもあらかじめ与えられた手続きで行うのである。憲法を改正できる範囲も最初の憲法の本質を大きく変更するような改正はできないと考えるべきである。具体的には現憲法の三大原理，すなわち国民主権・基本的人権尊重主義・平和主義は現憲法の本質をなす重要な原理であり，この本質を損なうような改正をする事はできない。また同様に，改正条項の改正も憲法制定時の国民から現在の国民に与えられた権限の内容変更であるから許されないと考える。

もしそのような改正がなされた場合，それは憲法の改正ではなく革命になると考える。

4. 改正規定の改正（96条の改正）

改正規定の改正が改正規定によってできるかについての議論がある（218頁脚注1）参照）。この問題については多数説はこれを否定に解している。その理由は，①憲法改正規定は憲法制定権力にもとづくものであって憲法改正権にもとづくものではなく，改正権者が自身の根拠となる改正規定たる96条の改正を96条により根拠づけるのは改正権の根本に関する限り法論理的に不可能，②硬性憲法を軟性憲法に，軟性憲法を硬性憲法に変更することを改正規定により根拠づけることはできない（清宮2)）といわれている。すなわち，憲法の基本的

2) 清宮『憲法Ⅰ』411頁。また小林直樹教授は「普通の立法と同じ要件で足りるとするまでのラディカルな改正はそもそも改正規定を設置した憲法の基本趣旨を全く失わしめ↗

性格の変更は憲法の同一性の喪失を意味すると解されるからである。

　すなわち，96条により憲法の個々の条項が改正された場合，その修正，追加，補足削除などは憲法と一体をなすものとして公布されるのであって，この憲法改正要件自体を変更するということはもとより予定の範囲外であって，憲法の廃棄に該当するということである。

5．憲法の変動・変遷・憲法保障
（1）憲法の変遷
　憲法の変遷という概念がある。これは憲法の条項自体には変更が加えられないのに解釈や運用によって事実上の憲法の意味が変えられてしまうことをいう。実質上憲法の改正がされたのと同じことになるが，憲法の改正手続きを経ていない点で憲法改正と異なる。この点で問題となるのは自衛隊の問題である。9条は絶対的な戦争放棄と戦力の不保持を内容とするが，戦力の解釈や自衛権の解釈などについての政府の解釈の変遷により，現在では世界有数といわれる軍事力を持つに至っている。そこで変遷が完成しているのかということになるが，憲法学者の多数はまだ合憲とみていないことや，この問題について最高裁判所による合憲解釈が出されていないことから，変遷が完成したとはまだいえないと考えられている。

（2）解釈改憲について
　解釈改憲とは憲法の文言を変えることなく，無理な条文解釈を行うことで違憲の事態を合憲にする手法をいう。当然法律には解釈が行われその違いによりいくつかの現実への対応が行われるが，あくまでそれは解釈の限界の中でなされることであり限界を超えることはできない。その解釈の限界を超えた場合をいうのである。解釈改憲がいわれるのは9条を巡ってであり，どこまでが許されるのかが問題となるが，時の政権の考え方によりたとえば政権の今までの解

　＼る」という。

釈根拠となってきた内閣法制局の解釈を長官の変更などにより目指すとすれば
それは解釈改憲[3]になってしまうであろう。安倍政権はまさにその手法をとっ
たが，司法判断により違憲となった場合の影響の大きさを考えるならば一見安
易とみえる方法も邪道に他ならない。その意味で，2014年7月1日の閣議決定
により政府の憲法解釈を変更し，それまで憲法上否定されてきた集団的自衛権
の行使を容認したことは，内容的に憲法改正に匹敵する変更であり，解釈改憲
そのものであったといえる。

(3) 憲 法 保 障

　憲法保障とは憲法が守られる事およびその方法を意味する。たとえばアメリ
カ合衆国憲法では大統領の憲法擁護の宣誓義務や制裁規定もある。現憲法にお
いてはまず裁判所による違憲立法審査権（事後的保障）があると共に，99条に
おいて「天皇又は摂政及び国務大臣，国会議員，裁判官その他の公務員は，こ
の憲法を尊重し擁護する義務を負ふ」と規定する（予防的保障）。この義務は単
なる道義的義務ではなく一定の場合には法的義務違反[4]になると考えるべきで
ある。もし憲法改正論者であったとしても改正は96条の手続きによってなされ
るべきであり，規定による改正ができないからといって改正規定によらない憲
法変更を試みることは，この義務に反するということができる。

　なお，国民に関しては12条で「不断の努力によって」保持することを述べて

3）　この問題で記憶に新しいのは，2014年7月の集団自衛権是認への閣議決定とそれを具
　体化した2015年の安保法制である。2015年6月4日の憲法審査会で自民党推薦の参考
　人長谷部恭男教授が「集団的自衛権の行使が許されるというその点につき私は憲法違
　反であり，従来の政府見解の基本的枠内で説明がつかない」と明言された。また，野
　党推薦の参考人も全て違憲との判断を示した。これに続く各マスコミの憲法学者への
　アンケートでも回答者の96％が違憲と回答している。閣議という総理大臣に対する反
　対者のいない場での決定を以て憲法の本質を変えるという手法は悪しき例として歴史
　に残るであろう。
4）　たとえば佐藤幸治『日本国憲法論』では「積極的な作為義務違反は場合によって政
　治責任追及の対象となりうるにとどまるが，憲法の侵犯・破壊を行わないという消極
　的作為義務違反については法律による制裁の対象になりうる」（同書46頁）とする。

いるが，尊重擁護義務という形は取っていない。このことは主権者たる国民が権力機構構成員たる公務員に憲法尊重擁護義務を課すことで憲法を保障するという構成を取ったと解される。

（4）国家緊急権

　国家緊急権とは，戦争や内乱などの非常時における国家存立維持のため一時的に立憲主義を停止することをいう。具体的には人権保障や権力分立の停止であり権力者が憲法の拘束から免れることに他ならない。明治憲法においては戒厳（14条）戦時または国家事変（31条）についての規定をおいていたが，現憲法ではこれらの規定をおいていない。国家緊急権はこれを濫用した場合[5]のおそれなどからあえておかなかったと考えるべきである。この規定に関して，2011.3.11の大災害のような場合を例に，緊急権の規定をおいた方がいいのではないかとの意見もある。しかし，世界各国では緊急事態は戦争のことを意味しており，自然災害を緊急事態に入れている国はあまりない。これは戦争とのセットで置かれるため戦争を放棄しているわが国ではあえておかなかったと考える。大災害時には現在ある法律（災害対策基本法ほか）で対処可能であり，安易に緊急権規定の導入を行うことは疑問である。またテロ対策をいうものもあるがそもそもテロは国家緊急権の対象ではなく，犯罪として警察が対処するケースである。なによりも災害等が起きたとき何をすべきかは想定可能であり，これらの事態に事前に安全対策を講じておくことは可能である。また警報，避難指示，物資運搬，感染症対策などを細かく準備しておくことは憲法ではなく個別の法律で行うことである（外国での対応もこの体制が基本）。

　現在の日本においては，緊急時の対処のためには，現在警察法での緊急事態の布告（警察法71条）や自衛隊法上の防衛出動・治安出動（76条・78条など）が規定されている。さらに，2003年6月いわゆる「武力攻撃事態対処関連3法[6]」

5）　ワイマール憲法48条の非常時の緊急措置権にもとづく大統領緊急令の濫発によりナチス独裁を招いたことは有名な例である。

6）　武力攻撃事態対処法，自衛隊法及び防衛庁の職員の給与等に関する法律の一部を改正↗

や2004年6月いわゆる「有事関連7法[7]」が制定されている。2020年に新型コロナウィルス禍が起きたが，これに対してもグローバル化で感染症の流入は避けられないことから有識者の警告があったにもかかわらず感染症対策を手薄にしていったことが問題であり，憲法上の緊急事態創設を持ち出すことは的外れである。

6. 最 後 に

　現在のこの日本国憲法は，普遍的近代立憲主義と現代憲法原理を採用している。正に憲法の王道ともいえるべき内容を持った憲法である。残念なことにこの憲法が十分に尊重され活用されてきたかと言えば否である。

　現在においても，国際間では戦いのやむことはなく，戦争のもたらす人権の侵害は目を覆うばかりである。力の政策に対するテロも世界規模になってきた。飢餓や貧困は決して珍しくはなく，環境の悪化も世界的気象異常の頻発といった状況に現れており，世界的規模で考えなくてはならない時代である。

　この世界の状況にわが日本国憲法を照らしてみよう。正に世界に誇りうる内容を持った憲法である。この憲法をさらに実質化し，使いこなせば世界の多くの国に十分な貢献をなし得るであろう。しかし現在憲法の改正が取りざたされている。私に限らず憲法の改正を一切否定する考えを持つものは少ない。改正自体否定はしない。しかし，改正をするならこの憲法を十分使い尽くした上で，対処すべき新たな状況の出現に対してこのような問題があるからこのように改正をと提案した上でのことだと考えている。単に気分で改正を行うものではない（お試し改憲論の否定）。

　この憲法を使いこなすことで多くの国々に多大な国際貢献もなし得るはずである。新たな貧困や差別，宗教対立，人権無視など課題は山積している。紛争解決手段として安易な武力介入がさらなる悲劇を生み出す実態を私たちは今世

　　＼する法律，安全保障会議設置法の一部を改正する法律。
　7）　国民保護法，米軍行動円滑化法，特定公共施設利用法，国債人道法違反行為処罰法，
　　　外国軍用品海上輸送規制法，捕虜等取締法，自衛隊法の一部を改正する法律。

界の中に見ている。とくに価値観が多様化する中で，安全保障のあり方自体が変わらざるを得ない。

　しかし，平和維持とわが国の平和主義という面からみると，姑息ともいえる方策[8]を実行した上で，2014年7月に違憲ともいえる集団的自衛権行使を容認する閣議決定がなされ，翌2015年9月19日いわゆる安保関連法[9]が成立した。この法案は，これに先立つ2015年6月の憲法審査会でも与党側の参考人も含め出席した憲法学者のすべてが違憲と断じたものであった。また日本におけるほとんどすべてといっていいほどの憲法学者も違憲の見解であった。青井未帆教授が言われるように政治が数の力で憲法を乗り越え，立憲主義を大きく傷つけた事件であった。そしてさらに改憲に向けて歩みだそうとしている。

　そもそも憲法は国家が権力を濫用することで人権を侵害した過去を反省し，国家が犯しがちな失敗をリスト化したものである（木村草太「憲法の新手」112頁）。当然国民にとっては国民の権利を守り権力者の権力濫用を防止してくれる法である。権力者から見れば常に足かせとなる面倒な法である。だから足かせをすり抜ける手段をあの手この手と考えてとりがちである[10]。この点は主権者として十分意識しておかねばならない点である。

　さらに現憲法は前文において，「われらは，全世界の国民が，ひとしく恐怖と欠乏から免れ，平和のうちに生存する権利を有することを確認する」と宣言しグローバル的視点も併せ持つ。近年多くの国の指導者が自国ファーストの主

8）　内閣の解釈基準となってきた内閣法制局長に首相自らの考えに合致する長官を任命し解釈改憲を図るなど。前述したように99条の憲法尊重擁護義務に反する疑いがある。

9）　安保関連法とは国際平和支援法という新法と10もの既存の法律の改正案を一つにまとめた平和安全法制整備法をいう。成立した法を概観すると，武力攻撃事態法が改正され集団的自衛権行使の要件が明記され，周辺事態法が改正されて重要影響事態法へと名称変更され地球規模での後方支援を可能とした。PKO協力法も改正され自衛隊の駆け付け警護も可能にされた。自衛隊法も改正され在外邦人の救出や米艦防護も可能にした。これら以外にも膨大な変更が行われた。

10）　安倍内閣で見れば憲法53条の臨時会の請求に対して2015年も2017年も期限の文言がないことを理由に召集を無視し，2020年の二次補正予算でも年間予算の一割にも当たる額を国会の議決が不要な予備費という形で，財政民主主義を無視した予算を出すなど憲法を自分の都合に合わせる手法を平然ととる例が目立つ。

張をするようになっているが，憲法は前文の最後で「いずれの国家も，自国のことのみに専念して他国を無視してはならないのであって，政治道徳の法則は普遍的なものであり，この法則に従うことは，自国の主権を維持し，他国と対等関係に立たうとする各国の責務であると信ずる」と明言する。貧困，差別，宗教対立，環境問題，さらには世界的規模での感染症の発生など国家的な我欲で解決できる問題ではない。

　憲法による支配（立憲主義）は人々の自由，人の生き方の自由を守るために作り出された，人類の歴史を通じての英知であることを今一度思い起こしてほしい。ぜひ，憲法の担い手たる主権者としてこの憲法の運用と実態を見つめ，12条に言うごとく，不断の努力によってこれを保持し，活かしてほしいと願う。

主な参考文献一覧

教科書・体系書

芦部信喜『憲法〔第5版・高橋和之補訂〕』（岩波書店，2011年）

阿部照哉『憲法〔改訂〕』（青林書院，1991年）

伊藤正巳『憲法〔第3版〕』（弘文堂，1995年）

岩井和由『要説　憲法講義』（ふくろう出版，2010年）

上田正一・水野健司・生駒正文編著・岩井和由他『目で学ぶ憲法』（嵯峨野書院，2000年）

上田正一・森本敦司・生駒正文編著・岩井和由他『アクセス憲法〔第2版〕』（嵯峨野書院，2006年）

浦部法穂『憲法学教室〔第3版〕』（日本評論社，2016年）

清宮四郎『憲法Ⅰ〔第3版〕』（有斐閣，1979年）

小島和司・大石眞『憲法概観〔第5版〕』（有斐閣，1983年）

阪本昌成『ベーシック憲法』（弘文堂，1989年）

佐藤功『日本国憲法概説〔全訂第5版〕』（学陽書房，1996年）

佐藤幸治編著『憲法Ⅰ』（成文堂，1987年）

佐藤幸治編著『憲法Ⅱ』（成文堂，1988年）

佐藤幸治『憲法〔第3版〕』（青林書林，1995年）

佐藤幸治『日本国憲法論』（成文堂，2011年）

渋谷秀樹・赤坂正浩『憲法1 人権〔第2版〕』（有斐閣，2004年）

初宿正典・高橋正俊・米沢広一・棟居快行『いちばんやさしい憲法入門〔第2版〕』（有斐閣，2000年）

辻村みよ子編『基本憲法』（悠々社，2009年）

辻村みよ子『憲法〔第6版〕』（日本評論社，2018年）

野中俊彦・中村睦夫・高橋和之・高見勝利『憲法Ⅰ〔第4版〕』（有斐閣，2006年）

野中俊彦・中村睦夫・高橋和之・高見勝利『憲法Ⅱ〔第4版〕』（有斐閣，2006年）

橋本公亘『憲法〔改訂版〕』（有斐閣，1988年）

樋口陽一『改訂版　憲法概論』（放送大学教育振興会，1993年）

宮沢俊義『憲法Ⅱ（新版）』（有斐閣，1971年）

元山健・建石真公子編『現代日本の憲法』(法律文化社, 2009年)

山内敏弘『新現代憲法入門〔第2版〕』(法律文化社, 2009年)

注釈書

小林考輔・芹沢斉編『基本法コンメンタール・憲法〔第5版〕』(日本評論社, 2006年)

佐藤功『憲法上〔新版〕』『憲法下〔新版〕』(有斐閣, 1983~1984年)

芹沢斉・市川正人・坂口正二郎編『新基本法コンメンタール・憲法』(日本評論社, 2011年)

その他

愛敬浩二『改憲問題』(筑摩書房, 2006年)

青井未帆『憲法を守るのは誰か』(幻冬舎, 2013年)

青井未帆『憲法と政治』(岩波書店, 2016年)

青井未帆・斉藤豊治他『逐条解説特定秘密保護法』(日本評論社, 2015年)

芦部信喜編『講座憲法訴訟1～3巻』(有斐閣, 1988年)

池上彰『超訳 日本国憲法』(新潮社, 2015年)

伊藤真『憲法のことがおもしろいほどわかる本』(中経出版, 2000年)

伊藤真『伊藤真の図解憲法のしくみがよくわかる本』(中経出版, 2001年)

浦田一郎『政府の憲法九条解釈』(信山社, 2013年)

奥平康宏・愛敬浩二・青井未帆編『改憲の何が問題か』(岩波書店, 2013年)

奥平康弘・木村草太『未完の憲法』(潮出版社, 2014年)

奥平康弘・樋口陽一編著『危機の憲法学』(弘文堂, 2013年)

片山杜秀・島薗進『近代天皇論』(集英社, 2017年)

木村草太著『平等なき平等条項論』(東京大学出版会, 2008年)

木村草太『憲法という希望』(講談社, 2016年)

木村草太『自衛隊と憲法』(晶文社, 2018年)

木村草太・西村裕一『憲法学再入門』(有斐閣, 2014年)

木村草太ほか『改憲の論点』(集英社, 2018年)

現代憲法教育研究会編『憲法とそれぞれの人権』(法律文化社, 2010年)

小西豊治『憲法「押しつけ」論の幻』(講談社, 2006年)

阪口正二郎ほか『憲法改正をよく考える』(日本評論社, 2018年)

佐藤功 復刻新装版『憲法と君たち』(時事通信出版局, 2016年)

佐藤幸治『立憲主義について』（左右社，2015年）

杉原泰雄『憲法読本〔第4版〕』（岩波書店，2014年）

曽我部真裕他編『憲法論点教室』（日本評論社，2012年）

高橋和之『立憲主義と日本国憲法〔第2版〕』（有斐閣，2010年）

高橋哲哉『国家と犠牲』（日本放送出版協会，2005年）

高橋哲哉『靖国問題』（筑摩書房，2005年）

辻村みよ子『概説ジェンダーと法』（信山社，2013年）

辻村みよ子『比較の中の改憲論』（岩波書店，2014年）

辻村みよ子編著『ニューアングル憲法』（法律文化社，2012年）

辻村みよ子他編著『憲法基本判例』（尚学社，2015年）

永井幸寿『憲法に緊急事態条項は必要か』（岩波書店，2016年）

中島岳志・島薗進『愛国と信仰の構造』（集英社，2016年）

根本博愛・青木宏治編『地球時代の憲法』（法律文化社，1998年）

野中俊彦・江橋崇・浦部法穂・戸波江二『ゼミナール憲法裁判』（日本評論社，1986年）

長谷部恭男『憲法の良識』（朝日新聞出版，2018年）

長谷部恭男・石田勇治『ナチスの「手口」と緊急事態条項』（集英社，2017年）

長谷部恭男編『論究憲法』（有斐閣，2017年）

樋口陽一『憲法と国家』（岩波書店，1999年）

樋口陽一『いま憲法は時代遅れか』（平凡社，2011年）

樋口陽一『今「憲法改正」をどう考えるか』（岩波書店，2013年）

前泊博盛『本当は憲法より大切な「日米地位協定入門」（創元社，2013年)』

松井茂記編著『スターバックスでラテを飲みながら憲法を考える』（有斐閣，2016年）

水島朝穂『18歳からはじめる憲法』（法律文化社，2010年）

山内敏弘『改憲問題と立憲平和主義』（敬文堂，2012年）

山崎雅弘『日本会議——戦前回帰への情念』（集英社，2016年）

山本龍彦編著『AIと憲法』（日本経済新聞出版社，2018年）

判例集

憲法基本判例（尚学社，2015年）　　辻村みよ子ほか編

ジュリスト重要判例解説（有斐閣）　各年度　　文中○○年重判解説と略す

判例百選憲法　各版　　文中特に記しない場合第7版（有斐閣，2019年）で百選Ⅰ，

Ⅱとのみ略す

雑誌
日本公法学会『公法研究』各号（有斐閣）
法学教室（有斐閣）
法律時報（日本評論社）
ジュリスト（有斐閣）
論究ジュリスト（有斐閣）

日本国憲法

[1946（昭和21）.11.3公布]

[1947（昭和22）.5.3施行]

朕は，日本国民の総意に基いて，新日本建設の礎が，定まるに至つたことを，深くよろこび，枢密顧問の諮詢及び帝国憲法第73条による帝国議会の議決を経た帝国憲法の改正を裁可し，ここにこれを公布せしめる。

御名御璽

昭和21年11月3日

内閣総理大臣兼外務大臣		吉田　　茂
国務大臣	男爵	幣原喜重郎
司法大臣		木村篤太郎
内務大臣		大村清一
文部大臣		田中耕太郎
農林大臣		和田博雄
国務大臣		斎藤隆夫
逓信大臣		一松定吉
商工大臣		星島二郎
厚生大臣		河合良成
国務大臣		植原悦二郎
運輸大臣		平塚常次郎
大蔵大臣		石橋湛山
国務大臣		金森徳次郎
国務大臣		膳　桂之助

日本国憲法

日本国民は，正当に選挙された国会における代表者を通じて行動し，われらとわれらの子孫のために，諸国民との協和による成果と，わが国全土にわたつて自由のもたらす恵沢を確保し，政府の行為によつて再び戦争の惨禍が起ることのないやうにすることを決意し，

ここに主権が国民に存することを宣言し，この憲法を確定する。そもそも国政は，国民の厳粛な信託によるものであつて，その権威は国民に由来し，その権力は国民の代表者がこれを行使し，その福利は国民がこれを享受する。これは人類普遍の原理であり，この憲法は，かかる原理に基くものである。われらは，これに反する一切の憲法，法令及び詔勅を排除する。

日本国民は，恒久の平和を念願し，人間相互の関係を支配する崇高な理想を深く自覚するのであつて，平和を愛する諸国民の公正と信義に信頼して，われらの安全と生存を保持しようと決意した。われらは，平和を維持し，専制と隷従，圧迫と偏狭を地上から永遠に除去しようと努めてゐる国際社会において，名誉ある地位を占めたいと思ふ。われらは，全世界の国民が，ひとしく恐怖と欠乏から免かれ，平和のうちに生存する権利を有することを確認する。

われらは，いづれの国家も，自国のことのみに専念して他国を無視してはならないのであつて，政治道徳の法則は，普遍的なものであり，この法則に従ふことは，自国の主権を維持し，他国と対等関係に立たうとする各国の責務であると信ずる。

日本国民は，国家の名誉にかけ，全力をあげてこの崇高な理想と目的を達成することを誓ふ。

第1章 天 皇

第1条 〔天皇の地位，国民主権〕

天皇は，日本国の象徴であり日本国民統合の象徴であつて，この地位は，主権の存する日本国民の総意に基く。

第2条 〔皇位の継承〕

皇位は，世襲のものであつて，国会の議決した皇室典範の定めるところにより，これを継承する。

第3条 〔天皇の国事行為と内閣の責任〕

天皇の国事に関するすべての行為には，内閣の助言と承認を必要とし，内閣が，その責任を負ふ。

第4条 〔天皇の権能の限界，天皇の国事行為の委任〕

① 天皇は，この憲法の定める国事に関する行為のみを行ひ，国政に関する権能を有しない。

② 天皇は，法律の定めるところにより，その国事に関する行為を委任することができる。

第5条 〔摂政〕

皇室典範の定めるところにより摂政を置くときは，摂政は，天皇の名でその国事に関する行為を行ふ。この場合には，前条第1項の規定を準用する。

第6条 〔天皇の任命権〕

① 天皇は，国会の指名に基いて，内閣総理大臣を任命する。

② 天皇は，内閣の指名に基いて，最高裁判所の長たる裁判官を任命する。

第7条 〔天皇の国事行為〕

天皇は，内閣の助言と承認により，国民のために，左の国事に関する行為を行ふ。

一 憲法改正，法律，政令及び条約を公布すること。

二 国会を召集すること。

三 衆議院を解散すること。

四 国会議員の総選挙の施行を公示すること。

五 国務大臣及び法律の定めるその他の官吏の任免並びに全権委任状及び大使及び公使の信任状を認証すること。

六 大赦，特赦，減刑，刑の執行の免除及び復権を認証すること。

七 栄典を授与すること。

八 批准書及び法律の定めるその他の外交文書を認証すること。

九 外国の大使及び公使を接受すること。

十 儀式を行ふこと。

第8条 〔皇室の財産授受の制限〕

皇室に財産を譲り渡し，又は皇室が，財産を譲り受け，若しくは賜与することは，国会の議決に基かなければならない。

第2章 戦争の放棄

第9条 〔戦争の放棄，軍備及び交戦権の否認〕

① 日本国民は，正義と秩序を基調とする国際平和を誠実に希求し，国権の発動たる戦争と，武力による威嚇又は武力の行使は，国際紛争を解決する手段としては，永久にこれを放棄する。

② 前項の目的を達するため，陸海空軍その他の戦力は，これを保持しない。国の交戦権は，これを認めない。

第 3 章　国民の権利及び義務

第10条〔日本国民の要件〕

日本国民たる要件は，法律でこれを定める。

第11条〔基本的人権の享有と本質〕

国民は，すべての基本的人権の享有を妨げられない。この憲法が国民に保障する基本的人権は，侵すことのできない永久の権利として，現在及び将来の国民に与へられる。

第12条〔自由・権利の保持義務，濫用の禁止，利用の責任〕

この憲法が国民に保障する自由及び権利は，国民の不断の努力によつて，これを保持しなければならない。又，国民は，これを濫用してはならないのであつて，常に公共の福祉のためにこれを利用する責任を負ふ。

第13条〔個人の尊重，生命・自由・幸福追求の権利の尊重〕

すべて国民は，個人として尊重される。生命，自由及び幸福追求に対する国民の権利については，公共の福祉に反しない限り，立法その他の国政の上で，最大の尊重を必要とする。

第14条〔法の下の平等，貴族制度の否認，栄典の限界〕

①　すべて国民は，法の下に平等であつて，人種，信条，性別，社会的身分又は門地により，政治的，経済的又は社会的関係において，差別されない。

②　華族その他の貴族の制度は，これを認めない。

③　栄誉，勲章その他の栄典の授与は，いかなる特権も伴はない。栄典の授与は，現にこれを有し，又は将来これを受ける者の一代に限り，その効力を有する。

第15条〔公務員の選定罷免権，公務員の性質，普通選挙・秘密投票の保障〕

①　公務員を選定し，及びこれを罷免することは，国民固有の権利である。

②　すべて公務員は，全体の奉仕者であつて，一部の奉仕者ではない。

③　公務員の選挙については，成年者による普通選挙を保障する。

④　すべて選挙における投票の秘密は，これを侵してはならない。選挙人は，その選択に関し公的にも私的にも責任を問はれない。

第16条〔請願権〕

何人も，損害の救済，公務員の罷免，法律，命令又は規則の制定，廃止又は改正その他の事項に関し，平穏に請願する権利を有し，何人も，かかる請願をしたためにいかなる差別待遇も受けない。

第17条 〔国及び公共団体の賠償責任〕

何人も，公務員の不法行為により，損害を受けたときは，法律の定めるところにより，国又は公共団体に，その賠償を求めることができる。

第18条 〔奴隷的拘束及び苦役からの自由〕

何人も，いかなる奴隷的拘束も受けない。又，犯罪に因る処罰の場合を除いては，その意に反する苦役に服させられない。

第19条 〔思想及び良心の自由〕

思想及び良心の自由は，これを侵してはならない。

第20条 〔信教の自由，国の宗教活動の禁止〕

① 信教の自由は，何人に対してもこれを保障する。いかなる宗教団体も，国から特権を受け，又は政治上の権力を行使してはならない。

② 何人も，宗教上の行為，祝典，儀式又は行事に参加することを強制されない。

③ 国及びその機関は，宗教教育その他いかなる宗教的活動もしてはならない。

第21条 〔集会・結社・表現の自由，検閲の禁止，通信の秘密〕

① 集会，結社及び言論，出版その他一切の表現の自由は，これを保障する。

② 検閲は，これをしてはならない。通信の秘密は，これを侵してはならない。

第22条 〔住居・移転・職業選択の自由，外国移住・国籍離脱の自由〕

① 何人も，公共の福祉に反しない限り，居住，移転及び職業選択の自由を有する。

② 何人も，外国に移住し，又は国籍を離脱する自由を侵されない。

第23条 〔学問の自由〕

学問の自由は，これを保障する。

第24条 〔家族生活における個人の尊厳と両性の平等〕

① 婚姻は，両性の合意のみに基いて成立し，夫婦が同等の権利を有することを基本として，相互の協力により，維持されなければならない。

② 配偶者の選択，財産権，相続，住居の選定，離婚並びに婚姻及び家族に関するその他の事項に関しては，法律は，個人の尊厳と両性の本質的平等に立脚して，制定されなければならない。

第25条 〔生存権，国の生存保障義務〕

① すべて国民は，健康で文化的な最低限度の生活を営む権利を有する。

② 国は，すべての生活部面について，社会福祉，社会保障及び公衆衛生の向上及び増進に努めなければならない。

第26条 〔教育を受ける権利，教育を受けさせる義務，義務教育の無償〕

① すべて国民は，法律の定めるところにより，その能力に応じて，ひとしく教育を受

ける権利を有する。

② すべて国民は，法律の定めるところにより，その保護する子女に普通教育を受けさせる義務を負ふ。義務教育は，これを無償とする。

第27条　〔勤労の権利・義務，勤労条件の基準，児童酷使の禁止〕

① すべて国民は，勤労の権利を有し，義務を負ふ。

② 賃金，就業時間，休息その他の勤労条件に関する基準は，法律でこれを定める。

③ 児童は，これを酷使してはならない。

第28条　〔勤労者の団結権・団体交渉権その他団体行動権〕

勤労者の団結する権利及び団体交渉その他の団体行動をする権利は，これを保障する。

第29条　〔財産権〕

① 財産権は，これを侵してはならない。

② 財産権の内容は，公共の福祉に適合するやうに，法律でこれを定める。

③ 私有財産は，正当な補償の下に，これを公共のために用ひることができる。

第30条　〔納税の義務〕

国民は，法律の定めるところにより，納税の義務を負ふ。

第31条　〔法定手続の保障〕

何人も，法律の定める手続によらなければ，その生命若しくは自由を奪はれ，又はその他の刑罰を科せられない。

第32条　〔裁判を受ける権利〕

何人も，裁判所において裁判を受ける権利を奪はれない。

第33条　〔逮捕に対する保障〕

何人も，現行犯として逮捕される場合を除いては，権限を有する司法官憲が発し，且つ理由となつてゐる犯罪を明示する令状によらなければ，逮捕されない。

第34条　〔抑留・拘禁に対する保障〕

何人も，理由を直ちに告げられ，且つ，直ちに弁護人に依頼する権利を与へられなければ，抑留又は拘禁されない。又，何人も，正当な理由がなければ，拘禁されず，要求があれば，その理由は，直ちに本人及びその弁護人の出席する公開の法廷で示されなければならない。

第35条　〔住居侵入・捜索・押収に対する保障〕

① 何人も，その住居，書類及び所持品について，侵入，捜索及び押収を受けることのない権利は，第33条の場合を除いては，正当な理由に基いて発せられ，且つ捜索する場所及び押収する物を明示する令状がなければ，侵されない。

② 捜索又は押収は，権限を有する司法官憲が発する各別の令状により，これを行ふ。

第36条 〔拷問及び残虐な刑罰の禁止〕

公務員による拷問及び残虐な刑罰は，絶対にこれを禁ずる。

第37条 〔刑事被告人の権利〕

① すべて刑事事件においては，被告人は，公平な裁判所の迅速な公開裁判を受ける権利を有する。

② 刑事被告人は，すべての証人に対して審問する機会を充分に与へられ，又，公費で自己のために強制的手続により証人を求める権利を有する。

③ 刑事被告人は，いかなる場合にも，資格を有する弁護人を依頼することができる。被告人が自らこれを依頼することができないときは，国でこれを附する。

第38条 〔不利益な供述の強要禁止，自白の証拠能力〕

① 何人も，自己に不利益な供述を強要されない。

② 強制，拷問若しくは脅迫による自白又は不当に長く抑留若しくは拘禁された後の自白は，これを証拠とすることができない。

③ 何人も，自己に不利益な唯一の証拠が本人の自白である場合には，有罪とされ，又は刑罰を科せられない。

第39条 〔刑罰法規の遡及処罰の禁止，一事不再理〕

何人も，実行の時に適法であつた行為又は既に無罪とされた行為については，刑事上の責任を問はれない。又，同一の犯罪について，重ねて刑事上の責任を問はれない。

第40条 〔刑事補償〕

何人も，抑留又は拘禁された後，無罪の裁判を受けたときは，法律の定めるところにより，国にその補償を求めることができる。

第4章 国 会

第41条 〔国会の地位・立法権〕

国会は，国権の最高機関であつて，国の唯一の立法機関である。

第42条 〔両院制〕

国会は，衆議院及び参議院の両議院でこれを構成する。

第43条 〔両議院の組織〕

① 両議院は，全国民を代表する選挙された議員でこれを組織する。

② 両議院の議員の定数は，法律でこれを定める。

第44条 〔議員及び選挙人の資格〕

両議院の議員及びその選挙人の資格は，法律でこれを定める。但し，人種，信条，性別，

社会的身分，門地，教育，財産又は収入によつて差別してはならない。

第45条 〔衆議院議員の任期〕

衆議院議員の任期は，４年とする。但し，衆議院解散の場合には，その期間満了前に終了する。

第46条 〔参議院議員の任期〕

参議院議員の任期は，６年とし，３年ごとに議員の半数を改選する。

第47条 〔選挙に関する事項の法定〕

選挙区，投票の方法その他両議院の議員の選挙に関する事項は，法律でこれを定める。

第48条 〔両議院議員兼職禁止〕

何人も，同時に両議院の議員たることはできない。

第49条 〔議員の歳費〕

両議院の議員は，法律の定めるところにより，国庫から相当額の歳費を受ける。

第50条 〔議員の不逮捕特権〕

両議院の議員は，法律の定める場合を除いては，国会の会期中逮捕されず，会期前に逮捕された議員は，その議院の要求があれば，会期中これを釈放しなければならない。

第51条 〔議員の発言・表決の無責任〕

両議院の議員は，議院で行つた演説，討論又は表決について，院外で責任を問はれない。

第52条 〔常会〕

国会の常会は，毎年１回これを召集する。

第53条 〔臨時会〕

内閣は，国会の臨時会の召集を決定することができる。いづれかの議院の総議員の４分の１以上の要求があれば，内閣は，その召集を決定しなければならない。

第54条 〔衆議院の解散，特別会，参議院の緊急集会〕

① 衆議院が解散されたときは，解散の日から40日以内に，衆議院議員の総選挙を行ひ，その選挙の日から30日以内に，国会を召集しなければならない。

② 衆議院が解散されたときは，参議院は，同時に閉会となる。但し，内閣は，国に緊急の必要があるときは，参議院の緊急集会を求めることができる。

③ 前項但書の緊急集会において採られた措置は，臨時のものであつて，次の国会開会の後10日以内に，衆議院の同意がない場合には，その効力を失ふ。

第55条 〔議員の資格争訟〕

両議院は，各〻その議員の資格に関する争訟を裁判する。但し，議員の議席を失はせるには，出席議員の３分の２以上の多数による議決を必要とする。

第56条 〔定足数・表決〕

① 両議院は，各々その総議員の３分の１以上の出席がなければ，議事を開き議決することができない。

② 両議院の議事は，この憲法に特別の定のある場合を除いては，出席議員の過半数でこれを決し，可否同数のときは，議長の決するところによる。

第57条 〔会議の公開，秘密会〕

① 両議院の会議は，公開とする。但し，出席議員の３分の２以上の多数で議決したときは，秘密会を開くことができる。

② 両議院は，各々その会議の記録を保存し，秘密会の記録の中で特に秘密を要すると認められるもの以外は，これを公表し，且つ一般に頒布しなければならない。

③ 出席議員の５分の１以上の要求があれば，各議員の表決は，これを会議録に記載しなければならない。

第58条 〔役員の選任，議員規則，懲罰〕

① 両議院は，各々その議長その他の役員を選任する。

② 両議院は，各々その会議その他の手続及び内部の規律に関する規則を定め，又，院内の秩序をみだした議員を懲罰することができる。但し，議員を除名するには，出席議員の３分の２以上の多数による議決を必要とする。

第59条 〔法律案の議決，衆議院の優越〕

① 法律案は，この憲法に特別の定のある場合を除いては，両議院で可決したとき法律となる。

② 衆議院で可決し，参議院でこれと異なつた議決をした法律案は，衆議院で出席議員の３分の２以上の多数で再び可決したときは，法律となる。

③ 前項の規定は，法律の定めるところにより，衆議院が，両議院の協議会を開くことを求めることを妨げない。

④ 参議院が，衆議院の可決した法律案を受け取つた後，国会休会中の期間を除いて60日以内に，議決しないときは，衆議院は，参議院がその法律案を否決したものとみなすことができる。

第60条 〔衆議院の予算先議と優越〕

① 予算は，さきに衆議院に提出しなければならない。

② 予算について，参議院で衆議院と異なつた議決をした場合に，法律の定めるところにより，両議院の協議会を開いても意見が一致しないとき，又は参議院が，衆議院の可決した予算を受け取つた後，国会休会中の期間を除いて30日以内に，議決しないときは，衆議院の議決を国会の議決とする。

第61条 〔条約の国会の承認と衆議院の優越〕

　条約の締結に必要な国会の承認については，前条第２項の規定を準用する。

第62条 〔議院の国政調査権〕

　両議院は，各々国政に関する調査を行ひ，これに関して，証人の出頭及び証言並びに記録の提出を要求することができる。

第63条 〔国務大臣の議員出席〕

　内閣総理大臣その他の国務大臣は，両議院の一に議席を有すると有しないとにかかはらず，何時でも議案について発言するため議院に出席することができる。又，答弁又は説明のため出席を求められたときは，出席しなければならない。

第64条 〔弾劾裁判所〕

　①　国会は，罷免の訴追を受けた裁判官を裁判するため，両議院の議員で組織する弾劾裁判所を設ける。

　②　弾劾に関する事項は，法律でこれを定める。

第５章　内　　　閣

第65条 〔行政権と内閣〕

　行政権は，内閣に属する。

第66条 〔内閣の組織〕

　①　内閣は，法律の定めるところにより，その首長たる内閣総理大臣及びその他の国務大臣でこれを組織する。

　②　内閣総理大臣その他の国務大臣は，文民でなければならない。

　③　内閣は，行政権の行使について，国会に対し連帯して責任を負ふ。

第67条 〔内閣総理大臣の指名，衆議院の優越〕

　①　内閣総理大臣は，国会議員の中から国会の議決で，これを指名する。この指名は，他のすべての案件に先だつて，これを行ふ。

　②　衆議院と参議院とが異なつた指名の議決をした場合に，法律の定めるところにより，両議院の協議会を開いても意見が一致しないとき，又は衆議院が指名の議決をした後，国会休会中の期間を除いて10日以内に，参議院が，指名の議決をしないときは，衆議院の議決を国会の議決とする。

第68条 〔国務大臣の任免〕

　①　内閣総理大臣は，国務大臣を任命する。但し，その過半数は，国会議員の中から選ばれなければならない。

② 内閣総理大臣は，任意に国務大臣を罷免することができる。

第69条 〔内閣不信任決議の効果〕

内閣は，衆議院で不信任の決議案を可決し，又は信任の決議案を否決したときは，10日以内に衆議院が解散されない限り，総辞職をしなければならない。

第70条 〔内閣総理大臣の欠缺又は総選挙後の総辞職〕

内閣総理大臣が欠けたとき，又は衆議院議員総選挙の後に初めて国会の召集があつたときは，内閣は，総辞職をしなければならない。

第71条 〔総辞職後の内閣の職務〕

前2条の場合には，内閣は，あらたに内閣総理大臣が任命されるまで引き続きその職務を行ふ。

第72条 〔内閣総理大臣の職務〕

内閣総理大臣は，内閣を代表して議案を国会に提出し，一般国務及び外交関係について国会に報告し，並びに行政各部を指揮監督する。

第73条 〔内閣の事務〕

内閣は，他の一般行政事務の外，左の事務を行ふ。

一　法律を誠実に執行し，国務を総理すること。

二　外交関係を処理すること。

三　条約を締結すること。但し，事前に，時宜によつては事後に，国会の承認を経ることを必要とする。

四　法律の定める基準に従ひ，官吏に関する事務を掌理すること。

五　予算を作成して国会に提出すること。

六　この憲法及び法律の規定を実施するために，政令を制定すること。但し，政令には，特にその法律の委任がある場合を除いては，罰則を設けることができない。

七　大赦，特赦，減刑，刑の執行の免除及び復権を決定すること。

第74条 〔法律・政令の署名・連署〕

法律及び政令には，すべて主任の国務大臣が署名し，内閣総理大臣が連署することを必要とする。

第75条 〔国務大臣の訴追〕

国務大臣は，その在任中，内閣総理大臣の同意がなければ，訴追されない。但し，これがため，訴追の権利は，害されない。

第6章 司 法

第76条 〔司法権，裁判所，特別裁判所の禁止，裁判官の独立〕

① すべて司法権は，最高裁判所及び法律の定めるところにより設置する下級裁判所に属する。

② 特別裁判所は，これを設置することができない。行政機関は，終審として裁判を行ふことができない。

③ すべて裁判官は，その良心に従ひ独立してその職権を行ひ，この憲法及び法律にのみ拘束される。

第77条 〔最高裁判所の規則制定権〕

① 最高裁判所は，訴訟に関する手続，弁護士，裁判所の内部規律及び司法事務処理に関する事項について，規則を定める権限を有する。

② 検察官は，最高裁判所の定める規則に従はなければならない。

③ 最高裁判所は，下級裁判所に関する規則を定める権限を，下級裁判所に委任することができる。

第78条 〔裁判官の身分保障〕

裁判官は，裁判により，心身の故障のために職務を執ることができないと決定された場合を除いては，公の弾劾によらなければ罷免されない。裁判官の懲戒処分は，行政機関がこれを行ふことはできない。

第79条 〔最高裁判所の構成等〕

① 最高裁判所は，その長たる裁判官及び法律の定める員数のその他の裁判官でこれを構成し，その長たる裁判官以外の裁判官は，内閣でこれを任命する。

② 最高裁判所の裁判官の任命は，その任命後初めて行はれる衆議院議員総選挙の際国民の審査に付し，その後10年を経過した後初めて行はれる衆議院議員総選挙の際更に審査に付し，その後も同様とする。

③ 前項の場合において，投票者の多数が裁判官の罷免を可とするときは，その裁判官は，罷免される。

④ 審査に関する事項は，法律でこれを定める。

⑤ 最高裁判所の裁判官は，法律の定める年齢に達した時に退官する。

⑥ 最高裁判所の裁判官は，すべて定期に相当額の報酬を受ける。この報酬は，在任中，これを減額することができない。

第80条 〔下級裁判所の裁判官，任期，定年，報酬〕

① 下級裁判所の裁判官は，最高裁判所の指名した者の名簿によつて，内閣でこれを任命する。その裁判官は，任期を10年とし，再任されることができる。但し，法律の定める年齢に達した時には退官する。

② 下級裁判所の裁判官は，すべて定期に相当額の報酬を受ける。この報酬は，在任中，これを減額することができない。

第81条 〔法令審査権と最高裁判所〕

最高裁判所は，一切の法律，命令，規則又は処分が憲法に適合するかしないかを決定する権限を有する終審裁判所である。

第82条 〔裁判の公開〕

① 裁判の対審及び判決は，公開法廷でこれを行ふ。

② 裁判所が，裁判官の全員一致で，公の秩序又は善良の風俗を害する虞があると決した場合には，対審は，公開しないでこれを行ふことができる。但し，政治犯罪，出版に関する犯罪又はこの憲法第3章で保障する国民の権利が問題となつてゐる事件の対審は，常にこれを公開しなければならない。

第7章 財 政

第83条 〔財産処理の権限〕

国の財政を処理する権限は，国会の議決に基いて，これを行使しなければならない。

第84条 〔課税の要件〕

あらたに租税を課し，又は現行の租税を変更するには，法律又は法律の定める条件によることを必要とする。

第85条 〔国費支出と国の債務負担〕

国費を支出し，又は国が債務を負担するには，国会の議決に基くことを必要とする。

第86条 〔予算の作成と国会の議決〕

内閣は，毎会計年度の予算を作成し，国会に提出して，その審議を受け議決を経なければならない。

第87条 〔予備費〕

① 予見し難い予算の不足に充てるため，国会の議決に基いて予備費を設け，内閣の責任でこれを支出することができる。

② すべて予備費の支出については，内閣は，事後に国会の承諾を得なければならない。

第88条 〔皇室財産・皇室費用〕

すべて皇室財産は，国に属する。すべて皇室の費用は，予算に計上して国会の議決を経なければならない。

第89条 〔公の財産の支出・利用の制限〕

公金その他の公の財産は，宗教上の組織若しくは団体の使用，便益若しくは維持のため，又は公の支配に属しない慈善，教育若しくは博愛の事業に対し，これを支出し，又はその利用に供してはならない。

第90条 〔決算検査，会計検査院〕

① 国の収入支出の決算は，すべて毎年会計検査院がこれを検査し，内閣は，次の年度に，その検査報告とともに，これを国会に提出しなければならない。

② 会計検査院の組織及び権限は，法律でこれを定める。

第91条 〔財政状況の報告〕

内閣は，国会及び国民に対し，定期に，少くとも毎年1回，国の財政状況について報告しなければならない。

第8章 地 方 自 治

第92条 〔地方自治の基本原則〕

地方公共団体の組織及び運営に関する事項は，地方自治の本旨に基いて，法律でこれを定める。

第93条 〔地方公共団体の機関とその直接選挙〕

① 地方公共団体には，法律の定めるところにより，その議事機関として議会を設置する。

② 地方公共団体の長，その議会の議員及び法律の定めるその他の吏員は，その地方公共団体の住民が，直接これを選挙する。

第94条 〔地方公共団体の権能〕

地方公共団体は，その財産を管理し，事務を処理し，及び行政を執行する権能を有し，法律の範囲内で条例を制定することができる。

第95条 〔特別法の住民投票〕

一の地方公共団体のみに適用される特別法は，法律の定めるところにより，その地方公共団体の住民の投票においてその過半数の同意を得なければ，国会は，これを制定することができない。

（※「一」をどう読むかは決まっていない。
いち、ひとつ、いつ、などがあるが、ここで理解のためにひとつを使用した。）

第9章　改　　正

第96条　〔憲法の改正の手続〕

①　この憲法の改正は，各議院の総議員の３分の２以上の賛成で，国会が，これを発議し，国民に提案してその承認を経なければならない。この承認には，特別の国民投票又は国会の定める選挙の際行はれる投票において，その過半数の賛成を必要とする。

②　憲法改正について前項の承認を経たときは，天皇は，国民の名で，この憲法と一体を成すものとして，直ちにこれを公布する。

第10章　最　高　法　規

第97条　〔基本的人権の本質〕

この憲法が日本国民に保障する基本的人権は，人類の多年にわたる自由獲得の努力の成果であつて，これらの権利は，過去幾多の試錬に堪へ，現在及び将来の国民に対し，侵すことのできない永久の権利として信託されたものである。

第98条　〔憲法の最高法規性，条約・国際法規の遵守〕

①　この憲法は，国の最高法規であつて，その条規に反する法律，命令，詔勅及び国務に関するその他の行為の全部又は一部は，その効力を有しない。

②　日本国が締結した条約及び確立された国際法規は，これを誠実に遵守することを必要とする。

第99条　〔憲法尊重擁護義務〕

天皇又は摂政及び国務大臣，国会議員，裁判官その他の公務員は，この憲法を尊重し擁護する義務を負ふ。

第11章　補　　則

第100条　〔憲法施行期日〕

①　この憲法は，公布の日から起算して６箇月を経過した日から，これを施行する。

②　この憲法を施行するために必要な法律の制定，参議院議員の選挙及び国会召集の手続並びにこの憲法を施行するために必要な準備手続は，前項の期日よりも前に，これを行ふことができる。

第101条 〔国会に関する経過規定〕

　この憲法施行の際，参議院がまだ成立してゐないときは，その成立するまでの間，衆議院は，国会としての権限を行ふ。

第102条 〔第１期参議院議員の任期〕

　この憲法による第一期の参議院議員のうち，その半数の者の任期は，これを３年とする。その議員は，法律の定めるところにより，これを定める。

第103条 〔公務員に関する経過規定〕

　この憲法施行の際現に在職する国務大臣，衆議院議員及び裁判官並びにその他の公務員で，その地位に相応する地位がこの憲法で認められてゐる者は，法律で特別の定をした場合を除いては，この憲法施行のため，当然にはその地位を失ふことはない。但し，この憲法によつて，後任者が選挙又は任命されたときは，当然その地位を失ふ。

大日本帝国憲法（明治憲法）

告　文

皇朕レ謹ミ畏ミ

皇祖

皇宗ノ神霊ニ誥ケ白サク皇朕レ天壌無窮ノ宏謨ニ循ヒ惟神ノ宝祚ヲ承継シ旧図ヲ保持シテ
敢テ失墜スルコト無シ顧ミルニ世局ノ進運ニ膺リ人文ノ発達ニ随ヒ宜ク

皇祖

皇宗ノ遺訓ヲ明徴ニシ典憲ヲ成立シ条章ヲ昭示シ内ハ以テ子孫ノ率由スル所ト為シ外ハ以
テ臣民翼賛ノ道ヲ広メ永遠ニ遵行セシメ益〻国家ノ丕基ヲ鞏固ニシ八洲民生ノ慶福ヲ増進
スヘシ茲ニ皇室典範及憲法ヲ制定ス惟フニ此レ皆

皇祖

皇宗ノ後裔ニ貽シタマヘル統治ノ洪範ヲ紹述スルニ外ナラス而シテ朕カ躬ニ逮テ時ト倶ニ
挙行スルコトヲ得ルハ洵ニ

皇祖

皇宗及我カ

皇考ノ威霊ニ倚藉スルニ由ラサルハ無シ皇朕レ仰テ

皇祖

皇宗及

皇考ノ神祐ヲ禱リ併セテ朕カ現在及将来ニ臣民ニ率先シ此ノ憲章ヲ履行シテ愆ラサラムコ
トヲ誓フ庶幾クハ

神霊此レヲ鑒ミタマヘ

憲法発布勅語

朕国家ノ隆昌ト臣民ノ慶福トヲ以テ中心ノ欣栄トシ朕カ祖宗ニ承クルノ大権ニ依リ現在及
将来ニ臣民ニ対シ此ノ不磨ノ大典ヲ宣布ス

惟フニ我カ祖我カ宗ハ我カ臣民祖先ノ協力輔翼ニ倚リ我カ帝国ヲ肇造シ以テ無窮ニ垂レタ
リ此レ我カ神聖ナル祖宗ノ威徳ト並ニ臣民ノ忠実勇武ニシテ国ヲ愛シ公ニ殉ヒ以テ此ノ光
輝アル国史ノ成跡ヲ貽シタルナリ朕我カ臣民ハ即チ祖宗ノ忠良ナル臣民ノ子孫ナルヲ回想
シ其ノ朕カ意ヲ奉体シ朕カ事ヲ奨順シ相与ニ和衷協同シ益〻我カ帝国ノ光栄ヲ中外ニ宣揚
シ祖宗ノ遺業ヲ永久ニ鞏固ナラシムルノ希望ヲ同クシ此ノ負担ヲ分ツニ堪フルコトヲ疑ハ
サルナリ

朕祖宗ノ遺烈ヲ承ケ万世一系ノ帝位ヲ践ミ朕カ親愛スル所ノ臣民ハ即チ朕カ祖宗ノ恵撫慈養シタマヒシ所ノ臣民ナルヲ念ヒ其ノ康福ヲ増進シ其ノ懿徳良能ヲ発達セシメムコトヲ願ヒ又其ノ翼賛ニ依リ与ニ倶ニ国家ノ進運ヲ扶持セムコトヲ望ミ乃チ明治14年10月12日ノ詔命ヲ履践シ茲ニ大憲ヲ制定シ朕カ率由スル所ヲ示シ朕カ後嗣及臣民及臣民ノ子孫タル者ヲシテ永遠ニ循行スル所ヲ知ラシム

国家統治ノ大権ハ朕カ之ヲ祖宗ニ承ケテ之ヲ子孫ニ伝フル所ナリ朕及朕カ子孫ハ将来此ノ憲法ノ条章ニ循ヒ之ヲ行フコトヲ愆ラサルヘシ

朕ハ我カ臣民ノ権利及財産ノ安全ヲ貴重シ及之ヲ保護シ此ノ憲法及法律ノ範囲内ニ於テ其ノ享有ヲ完全ナラシムヘキコトヲ宣言ス

帝国議会ハ明治23年ヲ以テ之ヲ召集シ議会開会ノ時ヲ以テ此ノ憲法ヲシテ有効ナラシムルノ期トスヘシ

将来若此ノ憲法ノ或ル条章ヲ改定スルノ必要ナル時宜ヲ見ルニ至ラハ朕及朕カ継統ノ子孫ハ発議ノ権ヲ執リ之ヲ議会ニ付シ議会ハ此ノ憲法ニ定メタル要件ニ依リ之ヲ議決スルノ外朕カ子孫及臣民ハ敢テ之カ紛更ヲ試ミルコトヲ得サルヘシ

朕カ在廷ノ大臣ハ朕カ為ニ此ノ憲法ヲ施行スルノ責ニ任スヘク朕カ現在及将来ノ臣民ハ此ノ憲法ニ対シ永遠ニ従順ノ義務ヲ負フヘシ

　　御　名　御　璽

　　　明治22年 2 月11日

　　　　　内閣総理大臣　　　　伯爵　　黒田清隆
　　　　　枢密院議長　　　　　伯爵　　伊藤博文
　　　　　外務大臣　　　　　　伯爵　　大隈重信
　　　　　海軍大臣　　　　　　伯爵　　西郷従道
　　　　　農商務大臣　　　　　伯爵　　井上　馨
　　　　　司法大臣　　　　　　伯爵　　山田顕義
　　　　　大蔵大臣兼内務大臣　伯爵　　松方正義
　　　　　陸軍大臣　　　　　　伯爵　　大山　巌
　　　　　文部大臣　　　　　　子爵　　森　有礼
　　　　　逓信大臣　　　　　　子爵　　榎本武揚

大日本帝国憲法

第1章　天　　皇

第1条　大日本帝国ハ万世一系ノ天皇之ヲ統治ス

第2条　皇位ハ皇室典範ノ定ムル所ニ依リ皇男子孫之ヲ継承ス

第3条　天皇ハ神聖ニシテ侵スヘカラス

第4条　天皇ハ国ノ元首ニシテ統治権ヲ総攬シ此ノ憲法ノ条規ニ依リ之ヲ行フ

第5条　天皇ハ帝国議会ノ協賛ヲ以テ立法権ヲ行フ

第6条　天皇ハ法律ヲ裁可シ其ノ公布及執行ヲ命ス

第7条　天皇ハ帝国議会ヲ召集シ其ノ開会閉会停会及衆議院ノ解散ヲ命ス

第8条　①　天皇ハ公共ノ安全ヲ保持シ又ハ其ノ災厄ヲ避クル為緊急ノ必要ニ由リ帝国議会閉会ノ場合ニ於テ法律ニ代ヘキ勅令ヲ発ス

②　此ノ勅令ハ次ノ会期ニ於テ帝国議会ニ提出スヘシ若議会ニ於テ承諾セサルトキハ政府ハ将来ニ向テ其ノ効力ヲ失フコトヲ公布スヘシ

第9条　天皇ハ法律ヲ執行スル為ニ又ハ公共ノ安寧秩序ヲ保持シ及臣民ノ幸福ヲ増進スル為ニ必要ナル命令ヲ発シ又ハ発セシム但シ命令ヲ以テ法律ヲ変更スルコトヲ得ス

第10条　天皇ハ行政各部ノ官制及文武官ノ俸給ヲ定メ及文武官ヲ任免ス但シ此ノ憲法又ハ他ノ法律ニ特例ヲ掲ケタルモノハ各々其ノ条項ニ依ル

第11条　天皇ハ陸海軍ヲ統帥ス

第12条　天皇ハ陸海軍ノ編制及常備兵額ヲ定ム

第13条　天皇ハ戦ヲ宣シ和ヲ講シ及諸般ノ条約ヲ締結ス

第14条　①　天皇ハ戒厳ヲ宣告ス

②　戒厳ノ要件及効力ハ法律ヲ以テ之ヲ定ム

第15条　天皇ハ爵位勲章及其ノ他ノ栄典ヲ授与ス

第16条　天皇ハ大赦特赦減刑及復権ヲ命ス

第17条　①　摂政ヲ置クハ皇室典範ノ定ムル所ニ依ル

②　摂政ハ天皇ノ名ニ於テ大権ヲ行フ

第2章　臣民権利義務

第18条　日本臣民タルノ要件ハ法律ノ定ムル所ニ依ル

第19条　日本臣民ハ法律命令ノ定ムル所ノ資格ニ応シ均ク文武官ニ任セラレ及其ノ他ノ公

務ニ就クコトヲ得

第20条　日本臣民ハ法律ノ定ムル所ニ従ヒ兵役ノ義務ヲ有ス

第21条　日本臣民ハ法律ノ定ムル所ニ従ヒ納税ノ義務ヲ有ス

第22条　日本臣民ハ法律ノ範囲内ニ於テ居住及移転ノ自由ヲ有ス

第23条　日本臣民ハ法律ニ依ルニ非スシテ逮捕監禁審問処罰ヲ受クルコトナシ

第24条　日本臣民ハ法律ニ定メタル裁判官ノ裁判ヲ受クルノ権ヲ奪ハルヽコトナシ

第25条　日本臣民ハ法律ニ定メタル場合ヲ除ク外其ノ許諾ナクシテ住所ニ侵入セラレ及捜
索セラルヽコトナシ

第26条　日本臣民ハ法律ニ定メタル場合ヲ除ク外信書ノ秘密ヲ侵サルヽコトナシ

第27条　①　日本臣民ハ其ノ所有権ヲ侵サルヽコトナシ

②　公益ノ為必要ナル処分ハ法律ノ定ムル所ニ依ル

第28条　日本臣民ハ安寧秩序ヲ妨ケス及臣民タルノ義務ニ背カサル限ニ於テ信教ノ自由ヲ
有ス

第29条　日本臣民ハ法律ノ範囲内ニ於テ言論著作印行集会及結社ノ自由ヲ有ス

第30条　日本臣民ハ相当ノ敬礼ヲ守リ別ニ定ムル所ノ規程ニ従ヒ請願ヲ為スコトヲ得

第31条　本章ニ掲ケタル条規ハ戦時又ハ国家事変ノ場合ニ於テ天皇大権ノ施行ヲ妨クルコ
トナシ

第32条　本章ニ掲ケタル条規ハ陸海軍ノ法令又ハ紀律ニ牴触セサルモノニ限リ軍人ニ準行
ス

第 3 章　帝　国　議　会

第33条　帝国議会ハ貴族院衆議院ノ両院ヲ以テ成立ス

第34条　貴族院ハ貴族院令ノ定ムル所ニ依リ皇族華族及勅任セラレタル議員ヲ以テ組織ス

第35条　衆議院ハ選挙法ノ定ムル所ニ依リ公選セラレタル議員ヲ以テ組織ス

第36条　何人モ同時ニ両議院ノ議員タルコトヲ得ス

第37条　凡テ法律ハ帝国議会ノ協賛ヲ経ルヲ要ス

第38条　両議院ハ政府ノ提出スル法律案ヲ議決シ及各〻法律案ヲ提出スルコトヲ得

第39条　両議院ノ一ニ於テ否決シタル法律案ハ同会期中ニ於テ再ヒ提出スルコトヲ得ス

第40条　両議院ハ法律又ハ其ノ他ノ事件ニ付各〻其ノ意見ヲ政府ニ建議スルコトヲ得但シ
其ノ採納ヲ得サルモノハ同会期中ニ於テ再ヒ建議スルコトヲ得ス

第41条　帝国議会ハ毎年之ヲ召集ス

第42条　帝国議会ハ3箇月ヲ以テ会期トス必要アル場合ニ於テハ勅命ヲ以テ之ヲ延長スル

コトアルヘシ

第43条　①　臨時緊急ノ必要アル場合ニ於テ常会ノ外臨時会ヲ召集スヘシ

②　臨時会ノ会期ヲ定ムルハ勅命ニ依ル

第44条　①　帝国議会ノ開会閉会会期ノ延長及停会ハ両院同時ニ之ヲ行フヘシ

②　衆議院解散ヲ命セラレタルトキハ貴族院ハ同時ニ停会セラルヘシ

第45条　衆議院解散ヲ命セラレタルトキハ勅命ヲ以テ新ニ議員ヲ選挙セシメ解散ノ日ヨリ
5箇月以内ニ之ヲ召集スヘシ

第46条　両議院ハ各〻其ノ総議員3分ノ1以上出席スルニ非サレハ議事ヲ開キ議決ヲ為ス
コトヲ得ス

第47条　両議院ノ議事ハ過半数ヲ以テ決ス可否同数ナルトキハ議長ノ決スル所ニ依ル

第48条　両議院ノ会議ハ公開ス但シ政府ノ要求又ハ其ノ院ノ決議ニ依リ秘密会ト為スコト
ヲ得

第49条　両議院ハ各〻天皇ニ上奏スルコトヲ得

第50条　両議院ハ臣民ヨリ呈出スル請願書ヲ受クルコトヲ得

第51条　両議院ハ此ノ憲法及議院法ニ掲クルモノ、外内部ノ整理ニ必要ナル諸規則ヲ定ム
ルコトヲ得

第52条　両議院ノ議員ハ議院ニ於テ発言シタル意見及表決ニ付院外ニ於テ責ヲ負フコトナ
シ但シ議員自ラ其ノ言論ヲ演説刊行筆記又ハ其ノ他ノ方法ヲ以テ公布シタルトキハ一般
ノ法律ニ依リ処分セラルヘシ

第53条　両議院ノ議員ハ現行犯罪又ハ内乱外患ニ関ル罪ヲ除ク外会期中其ノ院ノ許諾ナク
シテ逮捕セラル、コトナシ

第54条　国務大臣及政府委員ハ何時タリトモ各議院ニ出席シ及発言スルコトヲ得

第4章　国務大臣及枢密顧問

第55条　①　国務各大臣ハ天皇ヲ輔弼シ其ノ責ニ任ス

②　凡テ法律勅令其ノ他国務ニ関ル詔勅ハ国務大臣ノ副署ヲ要ス

第56条　枢密顧問ハ枢密院官制ノ定ムル所ニ依リ天皇ノ諮詢ニ応ヘ重要ノ国務ヲ審議ス

第5章　司　　　法

第57条　①　司法権ハ天皇ノ名ニ於テ法律ニ依リ裁判所之ヲ行フ

②　裁判所ノ構成ハ法律ヲ以テ之ヲ定ム

第58条 ① 裁判官ハ法律ニ定メタル資格ヲ具フル者ヲ以テ之ニ任ス

② 裁判官ハ刑法ノ宣告又ハ懲戒ノ処分ニ由ルノ外其ノ職ヲ免セラルヽコトナシ

③ 懲戒ノ条規ハ法律ヲ以テ之ヲ定ム

第59条 裁判ノ対審判決ハ之ヲ公開ス但シ安寧秩序又ハ風俗ヲ害スルノ虞アルトキハ法律ニ依リ又ハ裁判所ノ決議ヲ以テ対審ノ公開ヲ停ムルコトヲ得

第60条 特別裁判所ノ管轄ニ属スヘキモノハ別ニ法律ヲ以テ之ヲ定ム

第61条 行政官庁ノ違法処分ニ由リ権利ヲ傷害セラレタリトスルノ訴訟ニシテ別ニ法律ヲ以テ定メタル行政裁判所ノ裁判ニ属スヘキモノハ司法裁判所ニ於テ受理スルノ限ニ在ラス

第6章 会　　計

第62条 ① 新ニ租税ヲ課シ及税率ヲ変更スルハ法律ヲ以テ之ヲ定ムヘシ

② 但シ報償ニ属スル行政上ノ手数料及其ノ他ノ収納金ハ前項ノ限ニ在ラス

③ 国債ヲ起シ及予算ニ定メタルモノヲ除ク外国庫ノ負担トナルヘキ契約ヲ為スハ帝国議会ノ協賛ヲ経ヘシ

第63条 現行ノ租税ハ更ニ法律ヲ以テ之ヲ改メサル限ハ旧ニ依リ之ヲ徴収ス

第64条 ① 国家ノ歳出歳入ハ毎年予算ヲ以テ帝国議会ノ協賛ヲ経ヘシ

② 予算ノ款項ニ超過シ又ハ予算ノ外ニ生シタル支出アルトキハ後日帝国議会ノ承諾ヲ求ムルヲ要ス

第65条 予算ハ前ニ衆議院ニ提出スヘシ

第66条 皇室経費ハ現在ノ定額ニ依リ毎年国庫ヨリ之ヲ支出シ将来増額ヲ要スル場合ヲ除ク外帝国議会ノ協賛ヲ要セス

第67条 憲法上ノ大権ニ基ツケル既定ノ歳出及法律ノ結果ニ由リ又ハ法律上政府ノ義務ニ属スル歳出ハ政府ノ同意ナクシテ帝国議会之ヲ廃除シ又ハ削減スルコトヲ得ス

第68条 特別ノ須要ニ因リ政府ハ予メ年限ヲ定メ継続費トシテ帝国議会ノ協賛ヲ求ムルコトヲ得

第69条 避クヘカラサル予算ノ不足ヲ補フ為ニ又ハ予算ノ外ニ生シタル必要ノ費用ニ充ツル為ニ予備費ヲ設クヘシ

第70条 ① 公共ノ安全ヲ保持スル為緊急ノ需用アル場合ニ於テ内外ノ情形ニ因リ政府ハ帝国議会ヲ召集スルコト能ハサルトキハ勅令ニ依リ財政上必要ノ処分ヲ為スコトヲ得

② 前項ノ場合ニ於テハ次ノ会期ニ於テ帝国議会ニ提出シ其ノ承諾ヲ求ムルヲ要ス

第71条 帝国議会ニ於テ予算ヲ議定セス又ハ予算成立ニ至ラサルトキハ政府ハ前年度ノ予

算ヲ施行スヘシ

第72条　①　国家ノ歳出歳入ノ決算ハ会計検査院之ヲ検査確定シ政府ハ其ノ検査報告ト倶ニ之ヲ帝国議会ニ提出スヘシ

②　会計検査院ノ組織及職権ハ法律ヲ以テ之ヲ定ム

第7章　補　　則

第73条　①　将来此ノ憲法ノ条項ヲ改正スルノ必要アルトキハ勅命ヲ以テ議案ヲ帝国議会ノ議ニ付スヘシ

②　此ノ場合ニ於テ両議院ハ各〻其ノ総員3分ノ2以上出席スルニ非サレハ議事ヲ開クコトヲ得ス出席議員3分ノ2以上ノ多数ヲ得ルニ非サレハ改正ノ議決ヲ為スコトヲ得ス

第74条　①　皇室典範ノ改正ハ帝国議会ノ議ヲ経ルヲ要セス

②　皇室典範ヲ以テ此ノ憲法ノ条規ヲ変更スルコトヲ得ス

第75条　憲法及皇室典範ハ摂政ヲ置クノ間之ヲ変更スルコトヲ得ス

第76条　①　法律規則命令又ハ何等ノ名称ヲ用キタルニ拘ラス此ノ憲法ニ矛盾セサル現行ノ法令ハ総テ遵由ノ効力ヲ有ス

②　歳出上政府ノ義務ニ係ル現在ノ契約又ハ命令ハ総テ第67条ノ例ニ依ル

判 例 索 引

◎ 最高裁判所

◎　高 等 裁 判 所

◎ 地 方 裁 判 所

索　引

ま行

や行

ら行

[著者紹介]

岩 井 和 由［いわい　かずよし］

神奈川県横浜市出身
島根大学法文学部法学科非常勤講師，鳥取短期大学非常勤講師をへて
鳥取短期大学生活学科 情報・経営専攻 教授（2020年3月退官）
鳥取大学医学部医学科非常勤講師（刑法）
鳥取看護大学非常勤講師（憲法）

〔主要著作〕
『目で学ぶ憲法』（共著，嵯峨野書院，1999年）
『目で学ぶビジネス実務法務』（共著，嵯峨野書院，1999年，改訂新版2002年）
『目で学ぶ知的財産権法』（共著，嵯峨野書院，2001年）
『アクセス憲法』（共著，嵯峨野書院，2004年，第2版2006年）
『アクセスビジネス実務法務』（共著，嵯峨野書院，2005年）
『アクセス知的財産法』（共著，嵯峨野書院，2006年，改訂第2版2010年）
『要説　憲法講義』（単著，ふくろう出版，2010年）
『生活の法律　刑法編サブノート』（単著，ふくろう出版，2010年）ほか

憲法を学ぶ［三訂版］　　　　　　　　　　　　　　　　　　　《検印省略》

2014年 4 月20日　第 1 版第 1 刷発行
2017年10月20日　改訂版第 1 刷発行
2020年 9 月18日　三訂版第 1 刷発行

著　者　　岩　井　和　由

発行者　　前　田　　茂

発行所　　嵯　峨　野　書　院

〒615-8045　京都市西京区牛ヶ瀬南ノ口町39　電話（075）391-7686　振替 01020-8-40694

© Kazuyoshi Iwai, 2020　　　　　　　　　　　　　　　　　　　　西濃印刷㈱

ISBN978-4-7823-0601-7